Tödliche Aussichten

Gerd Frey

Tödliche Aussichten

Kurzgeschichten

Science-Fiction, Fantasy, Unheimliches

Pandämonium Verlag

2. Auflage Juli 2015

Layout und Illustrationen: Gerd Frey
Umschlaggestaltung und Titelgrafik: Gerd Frey
Druck und Vertrieb: Books on Demand GmbH, Norderstedt

Made in Germany

ISBN: 978-3-944893-08-2

Inhalt

Magische Geschichten

Rovares von Modavna

Guyal lehnte sich gegen eine der verwitterten Säulen und blickte zu den Sternen auf. „Alles Wissen steht uns offen, Shierl – wir brauchen nur danach zu greifen. Was sollen wir tun?“
Jack Vance, The Dying Earth, 1950

Rovares schritt durch seinen fruchtbaren Garten, in dem einige der letzten Pflanzen der alt gewordenen Erde wuchsen. Feuerrote Kürbisblumen, die ihre betäubend duftenden Samen meterweit schleuderten, ein Baum der ewigen Ruhe, der den unachtsamen Wanderer in tiefen Schlaf versetzte, um ihn mit geschmeidigen Wurzeln zu erwürgen und in die feuchte Tiefe zu zerren, wo ein hungriger Schlund auf ihn wartete, oder die vierfingrige Orchidee, die man mit Purpurschmetterlingen füttern konnte. Rovares liebte seine Pflanzen und war bereit, für so manches letzte Exemplar ein Vermögen auszugeben. Erst vor vier Wochen hatte er von *Bosgar dem Melancholischen* einen leuchtenden Kaktus erworben, eine Metamorphose aus Pflanze und Tier. Leider hatte sich das Gewächs als Fälschung erwiesen. Als der Zauber von ihm wich, blieb ein verdorrter, unansehnlicher Strunk zurück. *Bosgars* Ruf zufolge hätte er auf Derartiges gefasst sein sollen, doch seine Gier nach immer neuen, noch ungewöhnlicheren Lebensformen ließ ihn unachtsam werden. Rovares wurde auf einen Twkmann aufmerksam, der auf einer großen Libelle ritt.

„Was führt dich in meinen Garten“, rief er den Eindringling an. „Ich nehme an, du hast einen guten Grund für die Verletzung meines Territoriums.“

„*Dester der Magier* schickt mich. Er lässt dir mitteilen, dass er eine Sonnenblume für dich hat. Eine Pflanze aus der jungfräulichen Zeit der Erde.“

Dester, selbst ein Liebhaber seltener Pflanzen, war bisher eher als Rovares' Widersacher aufgetreten. Dabei galten seine Kenntnisse über diese Pflanzen als dürftig. Doch war er ein besessener Sammler, der auch vor Hinterlist nicht zurückschreckte.

Rovares gab dem Twkmann drei Gramm Salz für seine Auskunft. Der kleine Mensch verstaute das Salz in den winzigen bestickten Beuteln die an kleinen Haken an seinem Gürtel hingen, tätschelte die Libelle, bedankte sich und flog davon.

Rovares lief, so schnell ihn seine Füße trugen, in den Palast, um seine Ausrüstung zusammenzustellen. Er hängte sich ein schweres bronzenes Amulett um, das ihn vor den Untoten im Moor beschützte, schob den Degen der Kälte, der beim Kampf ganz von selbst den tödlichsten Punkt des Opfers fand, in die Scheide und lernte drei Zaubersprüche auswendig, die ihn befähigten, selbst den schrecklichsten Kreaturen zu trotzen. Eine Flasche Wein, ein Stück Trockenfleisch und ein Laib Brot bildeten seinen Reiseproviant. Er schwang sich auf seinen fliegenden Teppich, dessen Stoff löchrig und dessen Farbe ausgeblichen war. Das alte Gewebe zuckte bei seiner Beschwörung und erhob sich langsam vom Boden.

„Bring mich zum *Kobaltberg* zu *Dester, dem Magier*“, befahl er. Der Teppich schwebte davon.

Das *Modavna Moor* mit seinen Nebelbänken und Irrlichtern erstreckte sich bis an den Horizont. Kahle Baumriesen reckten sich wie verdorrte Hände in einen roten Himmel. Träge zog die verlöschende Sonne ihre Bahn. Heute bedeckten besonders viele Sonnenflecken ihren altersschwachen Leib, der ab und an leicht erzitterte. Zwei Folsanten zogen mit ausladenden Schwingen ihre Bahn. Sie schienen nicht hungrig, da keiner von ihnen herabstürzte, um sich an seinem Fleisch zu laben. Rovares sprach rasch einige einfache Bannzauber und war froh, die Folsanten schnell hinter sich zu wissen. Sein Flug führte über die bewaldete Fläche *Ascolais*, das *Maurenron Gebirge* mit seinen tiefen Schluchten, in denen unzählige Deodanten hausten, die ihr unheimliches Schluchzen erklingen ließen, bis über das *Land der Fallenden Wand* zum *Kobaltberg*. Rovares drückte seinen roten Hut an den Kopf, damit er nicht fortgeweht wurde. Der *Kobaltberg* ragte wie ein Schatten der Vorhölle in den dunkler werdenden Himmel, und zwischen den abschüssigen Begrenzungen einer tiefen Schlucht erblickte er die vielfarbigen Türme von *Desters* Palast. Das Licht der untergehenden Sonne fing sich auf ihnen und zerstob, einem Feuerwerk gleich, in grelle Lichtsplitter.

Rovares landete auf dem Vorplatz, der von einem Brunnen mit üppigen Frauengestalten geschmückt wurde, befahl dem Teppich, sich zusammenzurollen, und betrat den Palast.

Dester saß an einem riesigen Tisch, der mit duftendem Braten und aromatischem Obst gedeckt war. „Seid willkommen!" rief er schmeichlerisch. „Setzt Euch und genießt die vorzüglichen Speisen."

Rovares setzte sich *Dester* gegenüber und nahm etwas vom Obst. „Ihr habt einen Twkmann zu mir geschickt. Er sagte, Ihr hättet eine seltene Pflanze für mich. Was verlangt Ihr als Gegenleistung?"

Dester lächelte. „Ihr kommt schnell zum Zweck Eures Hierseins. Seid versichert, dieses Geschäft gereicht Euch nur zum Vorteil. Ich benötige magischen Schutz und starken Zauber, um an das Gewünschte zu gelangen. Ich weiß, dass ihr das bronzene Amulett in Eurem Besitz haltet, mit dem man Untote in die Flucht schlägt, und es auch tragt, sobald Ihr Euer Haus verlasst."

„Wofür benötigt Ihr den Schutz vor Untoten?"

„Ich bin vor einiger Zeit an ein seltenes Buch *Pandelumes* gelangt. Der Text wurde auf dünne elastische Metallseiten geprägt. Die Aufzeichnungen reichen Jahrtausende zurück und beschreiben eine Stadt in der Wüste im *Land der Fallenden Wand*. Die Geschichte der Stadt, deren Name in Vergessenheit geraten ist, scheint zum Anbeginn der Zivilisation zurückzureichen, als die Sonne noch als gleißender Ball am Himmel stand und Magie und Zauberei nahezu unbekannt waren. Den Bewohnern der Stadt ging es lange Zeit sehr gut. Der natürliche Reichtum des Landes und die ehrliche Geschäftigkeit der Bürger ließen sie wie eine Blume erblühen. Doch das Glück war nicht von Dauer. Ein Irrglaube verdrehte den Menschen das Hirn. Teufel und Dämonen wurden beschworen, schwarze Messen gefeiert. Irgendwann übertrieben sie es und ein Fluch bemächtigte sich ihrer. Die Stadt versank in der Zeit. Nur alle sechshundertsechundsechzig Jahre taucht sie für einige Augenblicke aus den Tiefen der Zeit auf, um dann wiederum zu versinken. Die Bewohner müssen so lange ihr grausiges Leben als Untote fristen, bis der Fluch von ihnen genommen ist. Es finden sich eine ganze Reihe solcher Sagen im Buch. So werden gläserne Schiffe zwischen den Sternen beschrieben, die durch Feuerstrahlen die Abgründe der Leere überwinden, um auf fruchtbaren Himmelskörpern die bizarren Lebensformen fremder Welten zu entdecken."

Rovares blickte zweifelnd. „Wozu erzählt Ihr mir diese alten Geschichten?"

„Nun", rief *Dester* triumphierend. „Morgen ist jener Tag, an dem die Stadt aus der Tiefe der Zeit emporsteigt, um für wenige Minuten am Lauf der Welt teilzuhaben. Eine Stadt, in der die Sonnenblume auch über die religiösen Irrnisse hinaus als heilig galt. Für diesen Augenblick stehen uns alle Schätze ihrer Bewohner offen. Dein Amulett wird uns ermöglichen, die Stadt unbeschadet zu passieren und zu nehmen, was das Herz begehrt."

Rovares überlegte nur einen Augenblick. „Ich glaube, ich kann mich für Eure Idee erwärmen.“

Kalter Wind empfing die beiden Magier, als sie den Palast verließen.

„Wir müssen die Stadt vor Sonnenaufgang erreichen“, sagte *Dester*. „Kommen wir zu spät, ist das Schauspiel vorüber. Wir haben keine Zeit, sechshundertsechsundsechzig Jahre zu warten. Bis dahin ist alles Leben von der Oberfläche der Erde getilgt.“

Die Magier zogen sich die flinken Stiefel über, die sie zum *Land der Fallenden Wand* bringen sollten. Ein tiefschwarzer Himmel, in dem vereinzelt schwache Sterne funkelten, spannte sich über ihren Köpfen. Rovares machte einen Schritt, und die Stiefel rannten los. *Dester* folgte ihm dichtauf. Sie durchquerten einen großen Wald, liefen an einem reißenden Fluß entlang, der sich seinen Weg durch das Gestein bahnte, und erreichten eine Lichtung, in deren Zentrum ein Feuer loderte. Zwei Deodanten stellten sich ihnen in den Weg. Ihre maskenhaften Gesichter zeigen keine Regung, als einer von ihnen mit gewaltigen Pranken nach *Dester* griff und ihn zu sich heranzog. Rovares zückte seinen Degen und bohrte ihn dem Angreifer in die Stirn. Blut sprudelte auf den teuren Stoff seines Mantels. Der Deodant stürzte zu Boden, ohne einen Ton von sich zu geben. Da packte der andere Rovares' Degen und zerbrach ihn ohne Kraftanstrengung in zwei Hälften. Rovares stürzte und rief verzweifelt den Spruch der *Prismatischen Berieselung*. Gleißende Feuerzungen zuckten vom Himmel und durchbohrten den Deodanten, der hilflos um sich schlug, um kurz darauf mit tiefen Wunden zusammenzubrechen. *Dester* lag am Boden und zitterte. Rovares half ihm auf und klopfte sich den Staub vom Mantel.

„Ihr seid ein geschickter Kämpfer“, schmeichelte *Dester*. „Kommt, wir haben keine Zeit zum Verweilen.“

Sie liefen weiter durch den dichter werdenden Wald und erreichten ein kleines Holzhaus, das von Öllampen beleuchtet wurde.

„Wir sollten einen Bogen um das Haus machen", riet *Dester*. „Es sieht ganz danach aus, als würde sich jemand bemühen, einsame Wanderer anzulocken."

Die beiden Magier liefen zurück und benutzten einen anderen Weg, um ihr Ziel zu erreichen. Sie trieben die flinken Stiefel, die fast schwerelos über den Waldboden glitten, zu noch größerem Tempo an. Der Sonnenaufgang war nicht mehr fern, als sie in die Nähe eines riesigen Sees kamen, an dessen anderem Ufer die Umrisse eines kleinen Dorfes auszumachen waren. Ein Schwarm Glühwürmchen folgte ihnen ein Stück Weges und Rovares sprach einen Bannzauber, um einen möglichen Fluch abzuwehren.

Sie hatten den Wald hinter sich und liefen schon einige Zeit über eine steinige Ebene, als *Dester* in seinem Lauf innehielt. Er holte ein längliches Amulett hervor, das schwach zu leuchten begann. „Wir sind am Ziel", sagte er. „Gerade noch rechtzeitig, jeden Augenblick geht die Sonne auf."

Rovares blickte zum Wald zurück, über dem das Morgenrot die Nacht verdrängte. Die Bruchstücke des Mondes glitzerten über ihnen und eine beängstigende Stille legte sich auf die Ebene. Als das erste Stück der Sonnenscheibe über den Horizont lugte und die Umgebung in lange Schatten tauchte, fühlte Rovares, wie der Boden unter seinen Füßen erzitterte. Ein Tosen, ähnlich einem stattlichen Wasserfall, schwoll an und steigerte sich zu fast schmerzhafter Lautstärke. Langsam schälte sich die Stadt aus der Dunkelheit. Weiße Lehmhütten, hochaufragende Spitzen goldener und silberner Türme und ein marmorner Palast offenbarten ihre Pracht.

Vor ihnen lag das geöffnete Stadttor. Weit und breit war keine Menschenseele zu beobachten. Rovares ging voraus, und *Dester* folgte ihm vorsichtig. Sie durchschritten das steinerne Tor, und Rovares glaubte in den dunklen Bereichen der Stadt schattenhafte Bewegungen auszumachen. Kaum hörbares Wispern Tausender Stimmen drang an seine Ohren. Plötzlich traf ihn ein Stein an der Schulter, ein zweiter zischte an seinem Ohr vorbei. In demselben Augenblick packte ihn *Dester* von hinten, riss ihm das Amulett vom Hals und stieß ihn von sich. Rovares stürzte auf die Knie, als ihm ein großer Stein gegen die Stirn geschmettert wurde. Er spürte, wie ihn die Kraft verließ und sich bedrohliches Knurren von allen Seiten näherte. Erstickt rief er den Spruch der *Vorübergehenden Starre* und erhob sich stöhnend. Aus einer Platzwunde auf seiner Stirn sickerte Blut. Er lief, so schnell er konnte, zum Stadttor zurück – und blieb wie gebannt davor stehen. Eine bläulich funkelnde Membrane versperrte ihm den Weg. Rovares blickte nach oben und starrte in die absolute Dunkelheit der Ewigkeit. Hinter ihm wurde heiseres Knurren hörbar.

Dester hob den Kopf. Hinter ihm versank die Stadt in der Zeitlosigkeit. Er hielt das bronzene Amulett fest in der Hand und konnte immer noch nicht glauben, dass Rovares auf seinen Hinterhalt hereingefallen war. Er frohlockte bei dem Gedanken an die Reichtümer, die ihm jetzt offen standen: Die unschätzbare Sammlung seltsamer Artefakte längst vergessener Kulturen, die Bibliothek mächtiger Zauberbücher, unter denen viele Einzelanfertigungen zu finden waren – und natürlich der prachtvolle Garten.

Dester überlegte nicht lange, es drängte ihn zu Rovares' Anwesen. Er nahm aus einem kleinen, fast leeren Beutel ein wenig von dem sehr selten gewordenen *Reisestaub* und warf ihn in die Luft. Als sich der Staub, gleich einer golden funkelnden Wolke, auf ihn herabsenkte, rief er: „Bring mich zu Rovares' Garten, geschwind!" Sogleich stand er zwischen Hunderten unterschiedlicher Pflanzen, die ihn mit betörendem Duft empfingen. Über ihm strahlte das

Trugbild einer jungen Sonne, die Blumen, Gräser und Bäume des Gartens mit samtenem Licht verwöhnte. Zwischen zwei riesigen Bäumen, die mit Stacheln bewehrte grüne Früchte trugen, erkannte er Rovares' Palast.

Ziellos lief er durch den Garten, atmete die Sporen unbekannter Gewächse ein, ließ sich von Gerüchen und Farben führen. Schmetterlinge, winzige fliegende Luftschlangen und Hummeln tollten durch die lockende Farbenpracht. Sein eigener Garten verblasste dagegen. Die Zeit, als er mit Neid und Missgunst an Rovares' Reichtümer gedacht hatte, war vorbei.

Er hatte den Garten fast durchquert, als er von schwerer Müdigkeit erfasst wurde. *Dester* bemerkte einen Flecken weichen Mooses, das ihm für ein Nickerchen wie geschaffen schien. Er setzte sich auf das seidige Gras, lehnte seinen Rücken an den Stamm eines Baumes, dessen schwer mit Laub behangene Äste fast den Boden berührten, und schloss die Augen. Als die ersten Wurzeln aus dem Boden drangen und sich sanft um seinen Oberkörper legten, war er längst eingeschlafen.

Ikondrars Versuchung

Ikondrar wischte sich mit einem Tuch den zerstampften Gelbwurz von den Händen, mit dem er die magischen Symbole auf den Boden gezeichnet hatte. Einhundertelf Kerzen, mit selbstgefertigtem Wachs eigenhändig gegossen, erleuchteten flackernd die Höhle. Die Kerzen waren in einem weiten Halbkreis angeordnet und umgaben eine Mischung seltener Pulver, die in einem tönernen Gefäß auf dem Boden stand. Ikondrar hatte mehrere Tage für die Zubereitung der Mischung benötigt. Wich die Menge nur einer Zutat unwesentlich vom Rezept ab, konnten die Folgen tödlich sein. Doch Ikondrar war neugierig und bereit, dieses Risiko einzugehen.

Es war Zeit, sein Werk zu vollenden. Vorsichtig entzündete er ein langes Feuerholz, hielt es über das Gefäß mit dem Pulver und ließ es fallen. Ein lautes Zischen, eine kleine Stichflamme, und die Höhle war innerhalb von Sekunden mit übelriechendem Qualm gefüllt. Ikondrar spürte die Präsenz eines mächtigen Geschöpfes. Durch den wabernden Rauch konnte er organische Formen ausmachen. Wie blutiges Gedärm schwebte eine ineinander verschlungene Masse über dem Boden, regte sich fast unmerklich. Entsetzlicher Gestank schlug Ikondrar entgegen, als sich eine faulige Fratze zwischen den sich windenden Tentakeln erhob.

„Erlöse mich!“ flehte eine jammervolle Stimme. „Ich habe genug für meine Sünden gebüßt.“

„Schweig!“ rief Ikondrar. „Dein Wunsch soll erfüllt werden. Doch zuerst musst du mir einen Blick in die Zukunft ermöglichen.“

„Befreie mich von meiner Qual. Ich kann sie nicht länger ertragen!“

„Offenbare mir zuerst die Zukunft“, befahl Ikondrar. „Wie wird es mir ergehen?“

„Zukunft?“ Die faulige Fratze verfiel in lautes Gelächter. „Eine Zukunft gibt es nicht. Nicht für dich oder sonst jemanden auf diesem Planeten. Die Sonne wird in wenigen Monaten im Todeskampf die Erde an sich reißen und allem irdischen Leben das Ende bereiten. Du wirst sterben, Zauberer!“

„Du lügst!“ schrie Ikondrar. „Und für diese Unverschämtheit verlangst du das Ende deiner Qual ...?“

Mit der Fußspitze stieß er das tönerne Gefäß beiseite und beobachtete, wie die Kreatur zurück zur spirituellen Ebene gezogen wurde. Sie schien sich selbst zu verzehren und dabei die Raumstruktur zu verzerren. Kurz bevor sich der Zugang zur Geisterwelt gänzlich schloss, griff eine unbarmherzige Energie nach ihm und entzog ihm innerhalb eines Augenblickes einen Teil Seelenessenz. Ikondrar hätte schwören können, danach keine Veränderung wahrzunehmen. Dennoch wusste er, dass sich sein Gefühl irrte. Je öfter er die Kreaturen der Unterwelt ins reale Universum zwang, umso mehr würde er von sich selbst aufgeben und irgendwann nur noch als seelenloser Geist in einem menschlichen Körper hausen.

Ikondrar fiel geschwächt auf die Knie. Er spürte den Schmerz kaum, da er instinktiv wusste, dass ihn die schreckliche Fratze nicht angelogen hatte. Diese Erkenntnis erschütterte ihn bis in die tiefsten Winkel seines Verstandes, und die Angst vor dem baldigen Tod gewann in seinem Bewusstsein die Oberhand.

Ikondrar erhob sich mühsam, während seine Gedanken aufgeschreckt in alle möglichen Richtungen strebten. Durch sein neu errungenes Wissen hatte er sich Zeit verschafft, und er beabsichtigte, diese Zeit so einträglich wie möglich zu nutzen. In tiefer Vergangenheit hatte es ein Zeitalter gegeben, in dem die Menschen den Hochmut besaßen, mit purer Wissenschaft den Weg zu anderen Welten zu wagen. Einige seiner ältesten und wertvollsten Folianten berichteten über imposante Raumschiffe aus Metall, Gold oder glitzerndem Kristall, angetrieben durch einen Feuerstrahl aus fixiertem purem Licht. Vielleicht fand er so einen Weg, dem drohenden Unheil zu entgehen.

Noch immer benommen, lief Ikondrar über den Friedhof, der nur wenige hundert Meter von seinem Anwesen entfernt war. Im Laufe der Jahre hatte er den größten Teil der noch halbwegs intakten Gräber geöffnet und die Überreste der Toten, darunter auch einige unbedeutende Magier, für seine Experimente verwendet. Gerade die Leichen spirituell begabter Geschöpfe verwesten nur sehr langsam, bis die letzten Reste magischer Energien im feuchten Boden versickert waren. Durch die Bruchstücke des zerborstenen Mondes beleuchtet, hoben sich die Umrisse von Grabsteinen und toten blattlosen Bäumen vor der Nacht ab. Ein kleines Irrlicht, die von Ikondrar im Weltlichen fixierte Seele eines Geistlichen, wies dem Zauberer den Weg. Er hatte viele solcher Irrlichter gekapselt und benutzte die gefangenen Seelen hauptsächlich, um sein riesiges Anwesen – ehemals die Residenz hochherrschaftlicher Adelsgeschlechter, hinweggerafft durch eine heimtückische Krankheit – zu beleuchten.

Ikondrar stellte sich vor das mit Eisen beschlagene Eingangsportal und sprach eine Beschwörungsformel, die Zahnräder und Kolben in Gang setzte und den Schlossmechanismus aktivierte. Er betrat den Empfangsraum, der mit handgefertigten, jedoch inzwischen löchrigen Teppichen ausgelegt war. An den Wänden hingen unzählige mechanische Uhren aller Zeitalter und gaben ein vielstimmiges geschäftiges Ticken und Klacken von sich. Ikondrar liebte diese Uhren, ebenso wie er in jedwedes andere mechanische Gerät vernarrt war.

Schritte kamen näher. Am Surren und Rattern erkannte er, dass es sich nicht um einen Dieb, sondern um seinen mechanischen Diener handelte. Damals hatte er allein zwei Wochen für die Fertigstellung der filigranen goldenen Finger gebraucht, deren Gelenke so tadellos wie die einer menschlichen Hand funktionierten. Der Butler trat durch die Tür und lief zielgerichtet auf Ikondrar zu. Sein starres Metallgesicht reflektierte den Schein einiger Irrlichter. Als hätte man einen Schalter umgelegt, blieb er plötzlich stehen und wartete auf Anweisungen – Ikondrar hatte absichtlich darauf verzichtet, ihn mit einer Sprachmechanik auszustatten. Gewöhnlich pflegte er sich nach dem Heimkommen mit einer guten Tasse Tee aufzuwärmen, doch dafür hatte er jetzt keine Zeit. Ikondrar winkte die Maschine beiseite und lief mit schnellen Schritten zur Bibliothek. In den altersschwachen Nußbaumregalen lagerten an die dreitausend Bücher. Viele davon ehemals im Besitz mächtiger Magier, Hexen oder Wunderheiler, über die die Zeit das Gespinst des Vergessens gebreitet hatte. Einige Exemplare waren so alt, dass Ikondrar die Seiten nur mit reiner Geisteskraft umwenden konnte. Sie wären sonst zu Staub zerfallen.

Ikondrars Blick glitt suchend über die gegerbten dunklen Bücherrücken und fand schließlich, was er suchte. Ein schmaler unscheinbarer Band mit dem Titel *Himmelsschiffe*. Er zog das Buch aus dem Regal, setzte sich auf den Hocker in der Mitte des Zimmers und blätterte durch die erstaunlich gut erhaltenen Seiten. In den Berichten war die Rede von Sternenschiffen, die zum Mond geflogen waren, bevor dieser durch eine kosmische Katastrophe in unzählige Stücke zerbrach. Auch die Welten des Mars waren von den Menschen erforscht worden. Die mutigen Männer und Frauen hatten jedoch nur Tod und Verderben gefunden, als sich die Geister der verstorbenen Marsianer ihrer angenommen hatten.

Das größte Vorhaben, eines der sonnennächsten Licht-Gestirne anzufliegen, scheiterte kurz vor der Vollendung. Das über hundert

Meter hohe gläserne Schiff stand wartend in der Rampe, wurde jedoch nie gestartet. Warum, konnte Ikondrar dem Buch nicht mehr entnehmen. Die entsprechenden Seiten waren herausgerissen, und der Rest des Buches bestand nur noch aus wissenschaftlichen Erläuterungen.

Ikondrar kratzte sich am kahlen Schädel. Er war sich ziemlich sicher, dass es das Schiff noch geben mußte, und er glaubte auch zu wissen, in wessen Besitz es sich befand. Vor einigen Jahren hatte er einen Dieb bei seinem flinken Handwerk erwischt. Der Eindringling hatte nicht mit Ikondrars ausgeklügeltem Fallensystem gerechnet und sich in einem Segment gefrorener Zeit gefangen. Nachdem Ikondrar das Zeitsegment mit einer Luftbarriere umgeben hatte, hatte er den Zeitablauf auf das normale Maß beschleunigt und dem Dieb verschiedene Fragen gestellt. Hatte ihm die Antwort gefallen, ließ er den Zeitfluß unverändert, zweifelte er jedoch am Wahrheitsgehalt des Gesagten, beschleunigte er den Zeitfluß um ein entsprechendes Maß.

Nachdem der Dieb seinen Wissensvorrat erschöpft hatte, verließ er gebeugt, mit grauen Haaren und brüchigen Knochen das Anwesen. Ikondrar hatte auf diese Weise von einem gläsernen Sternenschiff erfahren, das sich in Korellanders Besitz befand. Ikondrar hielt diese Information für so interessant, dass er den Dieb laufen ließ, obwohl seine Pflanzen schon länger als üblich hungerten. Er war einfach zu glücklich, um sich jetzt mit der Fütterung zu beschäftigen.

Ikondrar wußte nun, in welcher Richtung er zu suchen hatte, und das verschaffte ihm einen unbezahlbaren Vorteil.

Mit zerbrechlichen Uhrmacherwerkzeugen richtete Ikondrar die letzten Schrauben am empfindlichen Metallkörper. Acht bläulich schimmernde winzige Füße bewegten sich in einem gleichmäßigem Rhythmus, während ein kaum hörbares Surren erklang.

Ikondrar erfaßte den scharfkantigen Käferkörper mit spitzen Fingern und drehte ihn auf den Bauch. Die größte Bewährungsprobe für das metallene Insekt stand noch bevor. Ikondrar griff nach einem kleinen Fläschchen mit einem Trunk, den er am Abend zuvor zubereitet hatte, und leerte es in einem Zug. Die bittere Flüssigkeit brannte wie schlechter Alkohol in seiner Kehle und hinterließ ein pelziges Gefühl auf seiner Zunge. Einige Minuten später spürte er die ersten Auswirkungen. Er hatte den Eindruck, als würde sein Bewusstsein auseinandertreiben. Ein Teil löste sich von ihm und schwebte langsam zur Decke. Sein körperliches Ich schloss die Augen, um durch die optische Überlagerung nicht die Orientierung zu verlieren. Die Bilder, die sein abgetrenntes Bewusstsein lieferte, waren fast monochrom und merkwürdig verzerrt. Seltsamerweise empfand er es nicht als beängstigend, sich auf diese Art zu verändern. Das körperlose Bruchstück seines Bewusstseins schwebte zum Tisch herunter, drang in den metallenen Körper des Käfers, schloss die Verbindungen zu den Sinnesorganen und erfüllte ihn mit Leben.

Im ersten Moment erlebte Ikondrar die Eindrücke als Schock. Die goldenen Flügel des Insekts entfalteten sich unkontrolliert, um die Luft zu peitschen. Doch die Desorientierung währte nur kurz. Nach einigen Minuten konnte er zielgerichtet über den Tisch krabbeln, und auch die Flügel bewegten sich mit erstaunlicher Sicherheit. Er setzte zu seinem ersten Flugversuch an, schwebte einige Zentimeter in die Höhe, begann dann jedoch leicht zur Seite abzudriften. Aus Angst, neben dem Tisch ins Bodenlose zu stürzen, hielt er die Flügel augenblicklich starr und fiel zurück auf die Tischplatte. Der zweite Versuch klappte schon besser, und Ikondrar flog mit wachsendem Vergnügen einige Runden an der Zimmerdecke.

Mit dem *Spruch der räumlichen Versetzung* teleportierte sich Ikondrar in die Nähe von Korrellanders Anwesen. Wie es schien, liebte Korrellander die Zurückgezogenheit und verabscheute Besuch. Die Burganlage, deren Mauern sich in luftige Höhen reckten, war zur Hälfte mit Kletterpflanzen bewachsen, deren metallene Dornen kalt im Licht der sterbenden Sonne blitzten.

Korrellanders Reich strahlte Düsternis und Verfall aus, und nirgendwo war die Bewegung von Lebewesen oder gar frisches Grün auszumachen. Die wenigen Bäume waren schon vor Jahrzehnten verdorrt und ragten nur noch als verrottende Stummel in den blutrot leuchtenden Himmel. Eine ölig glänzende Wasserfläche erstreckte sich rechts von ihm.

Ikondrar schaute in den Sonnenball. Das Muttergestirn schien heute besonders riesig und ergoss sein altersschwaches Licht über die weite, sanft geschwungene Landschaft. Am Horizont konnte er die schartigen Formen entfernter Gebirgszüge ausmachen. Schwacher Wind wehte aus Richtung der Wasserfläche und trug die erdigen Gerüche faulender Vegetation herüber. Ikondrar schaute sich nach einem sicheren Unterstand um, konnte jedoch keine geeignete Stelle entdecken. In der Nähe eines fast schwarzen Baumstumpfes mit einem Durchmesser, dass man bequem eine Hütte darauf errichten konnte, hockte er sich auf den Boden, stellte die Schatulle mit dem Metallkäfer vor sich hin und verfiel für einige Augenblicke in tiefe Meditation. Mit klammen Fingern zog er dann das Fläschchen mit der Mixtur aus seinem Mantel und trank es aus. Dieses Mal wirkte der Trank ohne Verzögerung. Ein Teil seines Bewusstseins löste sich von ihm und verband sich mit dem bis dahin seelenlosen Metallkörper. Ikondrar hatte augenblicklich die Kontrolle über seine mechanische Schöpfung und schoss mit wild schlagenden Flügeln nach oben. Er erreichte schnell eine Höhe von zehn Metern und flog auf Korrellanders Burg zu. Schwacher Wind zwang ihn, leicht gegenzusteuern, während die

Burg immer bedrohlichere Züge annahm. Die Spitzen der Türme liefen in gebogene, scharfkantige Formen aus, die sich drohend in den Himmel reckten.

Nach einigen Minuten entdeckte er ein offenes Fenster, auf das er zusteuerte. Eine Fackel erhellte den Raum und ließ die Umrisse von Bücherregalen erkennen. Die eng stehenden Gitterstäbe waren für Ikondrar kein Hindernis. Schnell schlüpfte er zwischen den Stäben hindurch und landete hart auf dem holzgetäfelten Boden. Ikondrar war durch den Dieb an wertvolle Informationen gelangt. So wusste er auch, dass der Zugang zum Sternenschiff nur durch ein Portal in Korrellanders Burg möglich war. Ikondrar vermutete, dass Korrellander das Sternenschiff in eine Raum-Zeit-Blase eingeschlossen und in eine parallele Dimension verschoben hatte, die nur ihm zugänglich war.

Er musste einen Weg zum Portal finden und Korrellander unschädlich machen. Für seinen Rivalen hatte er ein Gift vorbereitet, das das Blut innerhalb von Sekunden verdickte und für einen schnellen Tod sorgte. Er hatte zwei Möglichkeiten, Korrellander das Gift zu verabreichen. Die gefährlichere bestand darin, ihm das Gift mit einem Stachel einzuspritzen. Er hatte das Insekt entsprechend vorbereitet. Lieber wäre es Ikondrar jedoch gewesen, Korrellander das Gift in ein Getränk zu geben. Es wirkte dann zwar langsamer, aber die Verabreichung war wesentlich unauffälliger zu bewerkstelligen.

Ikondrar kroch durch den schmalen Türspalt am Boden auf einen langen Korridor hinaus. Blaues Licht elektrischer Energie erhellte den Raum. Ikondrar überfielen plötzlich Zweifel an seinem Vorhaben. Seine durch Jahrhunderte geschärften Sinne nahmen unzählige Fallensysteme wahr. Falltüren, die sich in dornengespickte Gruben öffneten, in Wänden verborgene Katapulte, die mit Gift gefüllte Geschosse auf unerwünschte Eindringlinge schleuderten, magische Felder, die den bedauernswerten Pechvogel, der seinen Fuß darauf setzte, mit allen möglichen Naturgewalten attackierten. Korrellander war entweder sehr vorsichtig und ängstlich oder einfach nur verrückt.

Trotz der vielfältigen magischen Energien, die Korrellanders Burg ausstrahlte, war für Ikondrar die kraftvolle Präsenz des Portals deutlich auszumachen. Es lag zwei Stockwerke tiefer und rief ihn mit lockender Stimme.

Ikondrar bewegte sich langsam, aber zielstrebig den Flur entlang, mit der Hoffnung, dass sein unbedeutendes Gewicht von den meisten Fallensystemen unbemerkt blieb. Etwas seltsam empfand Ikondrar die bizarre Geräuschkulisse, die gedämpft aus einigen verschlossenen Räumen drang. Da gab es Töne von Spieluhren wie aus einem Kinderzimmer. Ein auf- und abschwellendes Stöhnen lag kaum merklich im Hintergrund, und aus einem anderen Zimmer klang ein Geräusch wie von Hunderten zuschnappender Scheren und ein metallisches Rasseln und Klappern. Das Stöhnen beunruhigte Ikondrar am stärksten. Es berührte in seiner beängstigenden Eindringlichkeit Saiten seines UnterBewusstseins und legte nackte Angst in ihm offen.

Ikondrar erreichte das Ende des Flurs und damit einen Treppenabgang. Er konnte sich die einzelnen Stufen nicht herunterfallen lassen, da er befürchtete, die empfindlichen Füße des Insektes zu beschädigen. Er entfaltete die Flügel, erhob sich langsam vom Boden und steuerte in die düstere Ungewissheit des tiefer gelegenen Stockwerkes. Unten angekommen, verharrte er einen Augenblick. Unnatürliche Stille füllte einen weiteren Gang vor ihm. Ikondrar bewegte sich noch langsamer und vorsichtiger als zuvor, jeden Augenblick damit rechnend, von einer heimtückischen Falle zerschmettert, verbrannt, zerrissen oder auf andere Art vernichtet zu werden. Doch nichts dergleichen geschah. Der am anderen Ende von einer fast verbrauchten Fackel erhellte Flur erwies sich als ungefährlich – zumindest für ein so winziges Geschöpf.

Auf halber Wegstrecke zum nächsten Treppenabgang öffnete sich plötzlich eine Tür, und die lange, sehnige Gestalt Korrellanders betrat den Korridor. Korrellander strahlte mit seinem blassen, fast aristokratisch wirkenden Gesicht und dem schweren, dunklen Umhang, der bis zum Boden reichte, eine beinahe körperlich spürbare Dominanz aus.

Ohne lange Überlegung entschied sich Ikondrar für den gefährlicheren Plan. Schnell erhob er sich in die Luft und suchte nach einer geeigneten Angriffsfläche. Da der Umhang den Körper Korrellanders fast gänzlich bedeckte und eine Attacke ins Gesicht des Zauberers wohl die dümmste Vorgehensweise war, entschied sich Ikondrar, Korrellander das Gift in die feingliedrige Hand zu spritzen.

Ikondrar näherte sich Korrellander von der Seite. Vorsichtig landete er auf dem dünnen Stoff des Handschuhs und klammerte sich mit winzigen Widerhaken an das fein gearbeitete Gewebe. Er drückte den Käferkörper so flach wie möglich an den Stoff und ließ die Injektionsnadel herausgleiten. Korrellanders Hand zuckte beim Einstich zurück. Ikondrar verlor den Halt und fiel zu Boden. Kurz vor dem Aufschlag öffnete er die Flügel und fing die meiste Energie seines Sturzes ab. Trotzdem prallte er unsanft auf und spürte, wie zwei der Metallfüße wegsplitterten. Obwohl er keinerlei Schmerz empfand, verspürte er leichtes Unbehagen. Vorsichtig prüfte er die verbleibenden sechs Füße, als er einen dumpfen Schlag hörte, der den Boden erschütterte. Durch die fehlenden Füße und einige verzogene Gelenke behindert, drehte sich Ikondrar vorsichtig nach hinten. Korrellander lag leblos und mit verdrehten Augen am Boden. Reglos wartete Ikondrar einige Augenblicke. Als sich der Zauberer auch danach nicht mehr bewegte, wagte er seinen Weg fortzusetzen. Ikondrar konnte es nicht glauben. Korrellander galt als bösartig und verschlagen, und dennoch lag er jetzt tot in seiner eigenen Burg, an einem künstlichen Insektenstich verreckt.

Ikondrar warf einen letzten zweifelnden Blick auf den bewegungslosen Körper und setzte seinen Weg fort. Ein weiteres Stockwerk tiefer spürte er die übermächtige Präsenz des Portals. Er wußte genau, hinter welcher der eisenverstärkten Holztüren es sich befand, und kroch wieder durch den Türspalt am Boden. Der Raum, in dem er sich nun befand, glich einer religiösen Gebetsstätte, die eher durch Größe und Architektur Ehrfurcht erweckte als durch prunkvolle Ausstattung. Dieser riesige Saal übertraf Korrellanders Burg in Ausdehnung und Höhe, also musste er zum Teil in jene Bereiche hineinragen, zu denen das Portal den Übergang ermöglichte. Das Dimensionstor, das einen eher technischen als magischen Eindruck erweckte, befand sich auf einem Podest, zu dem marmorne Stufen hinaufführten. Das Portal selbst hatte die Form eines flachen Ovals. Eine bläulich schimmernde Membrane, die sich wie eine schwach bewegte Wasserfläche leicht kräuselte, füllte die gesamte Öffnung. Ikondrar vermutete, dass gewaltige elektrische Energie die Membrane erzeugte. Er hielt inne. Es war Zeit, sein Bewusstsein zusammenzuführen.

Der abgetrennte Teil von Ikondrars Bewusstsein löste sich aus dem Körper des Insekts, und er spürte fast schmerzhaft, wie er den Kontakt zu den künstlichen Sinnesorganen verlor. Die Zusammenführung seines geteilten Bewusstseins geschah fast im selben Moment. Er verlor die Besinnung und kam kurz danach am Boden liegend wieder zu sich. Mit zitternden Füßen erhob er sich, spürte die nasse Kälte in seinen Kleidern und zog fröstelnd den Umhang fester.

Von Norden waren dichte Wolkenberge herangezogen, und Blitze zuckten am Horizont. Ikondrar bereitete seinen letzten Zauber vor. Er tastete mit seinen Sinnen in Korrellanders Burg und erfühlte den zurückgelassenen Insektenkörper schon nach wenigen

Augenblicken. Er hob die Arme, ließ seine magischen Energien durch die Hände fließen und sprach erneut den *Spruch der räumlichen Versetzung*. Die Umgebung wischte in dunstigen Schlieren an ihm vorbei und formte sich zum Bild des blau schimmernden Portals, umgeben von der majestätischen Größe der Kathedrale.

Seltsam benommen stieg er die marmornen Stufen hinauf, geradewegs auf die schimmernde Membrane zu. Er verharrte einen Augenblick, und erneut schossen ihm Zweifel durch den Kopf. Als er durch das Portal trat, war der Übergang so unspektakulär, als würde er aus einer einfachen Tür ins Freie treten. Er erblickte die vertraute Landschaft des Dunkelmoors. Am Himmel stand keine kränkelnde, kurz vor dem Verlöschen stehende Sonne, sondern ein blasser milchiger Ball, der die Landschaft in gespenstisches Licht tauchte. Doch das, was seinen Blick am meisten bannte, war die schlanke, in den Himmel weisende Silhouette des Sternenschiffs, das nur wenige Meter von ihm entfernt stand. Auf der gläsernen Oberfläche wurde die Umgebung tausendfach gebrochen und schimmerte in betörenden Regenbogenfarben. Ikondrar näherte sich langsam der einschüchternden Konstruktion. Auf der Oberfläche konnte er kondensierte Wassertropfen erkennen.

Er ging die schmale Treppe hinauf, die zu einer sich in der Schiffshülle schwach abzeichnenden Tür führte. Oben angelangt, öffnete sich die Tür mit einem bedrohlichen Fauchen und eröffnete den Blick in die fast absolute Dunkelheit des Schiffsinnern. Nur schwach waren die Konturen fremdartiger Technologie auszumachen, und Ikondrar spürte das Pulsieren mächtiger Energien.

Ikondrar betrat das Schiff. Hinter ihm schloss sich die Tür, und das erste, was er sah, als sich flackernd das Licht einschaltete, waren Hunderte von Skalpellen, die, von silbernen Maschinen geführt, auf ihn herabsanken und sich beinahe sanft in sein weiches Fleisch bohrten.

Korrellander betrachtete fasziniert das feine Gewebe von Ikondrars Gehirn, das jetzt neue, unverbrauchte Bilder für seine Traummaschine lieferte. Es würde ein wenig Abwechslung in seinen trist gewordenen Alltag bringen. Schon seit vielen Jahren war er der Welt überdrüssig geworden und sehnte sich nach neuen Erfahrungen und unverbrauchten Reizen.

Ikondrar in sein Anwesen zu locken hatte ihm viel Mühe bereitet, und der Verlust seines Doppelgängers schmerzte ihn sehr. Er hatte lange gebraucht, um aus entsprechenden Körperteilen ein brauchbares Ebenbild von sich zu schaffen. Doch Korrellander wusste, dass es die so gewonnenen Erfahrungen wert waren und der Preis dagegen verblasste.

Korrellander füllte ein prachtvolles Kristallglas mit einem tiefroten Wein, hielt es prüfend ins Licht und bemerkte mit Gleichgültigkeit, wie der fleckige Sonnenball zu doppelter Größe herangewachsen war und sich scheinbar immer weiter ausdehnte.

Teufelssaat

Kolvar streckte die Hände von sich, konzentrierte seine letzten Energien und heftete den Blick auf Marwaks schmächtige Gestalt. Marwaks ehemals prächtiges Zaubergewand war schmutzig und der edle Stoff an vielen Stellen aufgerissen. Die sich sonst auf dem dunklen samtenen Stoff bewegenden Gestirne waren ihrer Leuchtkraft beraubt und gaben lediglich ein trübes Glimmen von sich. Marwak hatte seine Kräfte längst aufgebraucht und Kolvar musste ihm nur noch den Todesstoß versetzen. Einem Wirbelsturm gleich, begannen Wolken über Marwak zu kreisen und das tosende Brausen eines mächtigen Sturms überdeckte alle anderen Geräusche. Der Zauberer schien nichts davon wahrzunehmen. Er versuchte vielmehr davonzulaufen. Lächerlich! Erbärmlich!

Kolvar hob die Hände, als wolle er einen Gegner abwehren, formulierte in kurz und hart hervor gestoßenen Worten einen Zauberspruch und entfesselte damit die angesammelten magischen Energien. Eine weiße, von Blitzen umrankte Lichtsäule zuckte wie ein gleißender Hammer des Himmels auf den flüchtenden Magier nieder und stanzte ein viele Fuß tiefes Loch in den Boden. Verflüssigtes Gestein spritzte empor und stürzte qualmend auf den umliegenden Boden hinab.

Dichter Rauch und Schwefelgestank.

Brütende Hitze schlug Kolvar entgegen. Er näherte sich langsam dem kraterähnlichen Loch. An den Rändern tanzten fluoreszierende Lichter. Schmale Rauchfahnen schlängelten sich wie Geisterscheinungen zum Himmel. Die Szenerie erinnerte an alte Gemälde auf denen der Künstler seiner Vision einer Vorhölle Form verliehen hatte. Über ihm zogen dunkle Wolkenfetzen hinweg, zwischen denen hin und wieder eine altersschwache, fleckengesprenkelte Sonne hervorlugte und die zerrissene Landschaft in großflächigen Abschnitten in blutrotes Licht tauchte. Rechts erhob sich als schwarzer Schattenriss Marwaks prächtiges Anwesen. Ein düsteres Bauwerk, mit vielen hoch aufragenden Türmen. Welche Verschwendung! Marwak bewohnte nur einen winzigen Teil des Jahrtausende alten Schlosses und hatte den Rest verkommen lassen.

Kolvar näherte sich dem Krater so weit, dass er in dessen Mitte blicken konnte. Eine leuchtende, halbtransparente Kugel schwebte dort. Beunruhigende Formen bewegten sich in deren Zentrum. Marwaks eingekapselte Seele! Kolvar war vor ein paar Wochen mehr durch Zufall auf diesen mächtigen Zauberspruch gestoßen, mit dem man die Seelen soeben Verstorbener in der materiellen Welt binden konnte. Er begann vorsichtig in den Krater hinabzusteigen, um die gebundene Seele in sich aufzunehmen und damit Marwaks Fähigkeiten den seinen hinzuzufügen.

Der Boden erzitterte. Grollen, Brüllen und Schmerzensgeschrei drang aus den Tiefen der Erde, so dass er entsetzt zurückwich. Etwas schien sich unter ihm durch den Boden zu graben. Genau im Zentrum des Kraters riss die Erde auf und eine gewaltige klauenbewehrte Hand schnappte nach Marwaks Seele. Die Hand gehörte zu einem schwarz glänzenden Ungeheuer, dass sich laut brüllend aus dem Loch zwängte und dann mit seinem schuppigen Schwanz nach Kolvar schlug. Der Angriff traf ihn hart und schleuderte ihn quer durch die Luft. Er landete wie eine weggeworfene Puppe am Rand des Kraters. Die riesige Hand des Monsters umfasste die blau schimmernde Seele. Tastete sie prüfend ab. Dann schloss sich die Hand um die Kugel und die Kreatur wühlte sich wieder in den Boden zurück.

Kolvar lag zusammengekrümmt auf der ausgedörrten Erde. Es gelang ihm lange nicht, das heftige Zittern seines geschwächten Körpers zu unterdrücken.

○ ○ ○

Den Zugang zum Geheimgang aufzuspüren, erwies sich schwieriger als gedacht. Kolvar erfuhr von dessen Existenz nur durch Zufall. Er hatte genau am Tag der Sommersonnenwende einen Dieb auf seinem Anwesen gestellt. Die Dreistigkeit des Ganoven imponierte ihm, so dass er dem Dieb gestattete, sich durch die Preisgabe einiger Geheimnisse freizukaufen. Eine kleine Strafe musste dennoch sein, so dass sich der Halsabschneider jetzt nur noch in einer alten, seit Jahrhunderten vergessenen, Sprache artikulieren konnte. Kolvar war sich sicher, dass der Bursche gerissen genug war, um auch dies zu seinem Vorteil zu nutzen.

Obwohl er von dem Geheimgang hinter dem mittleren Bücherregal des Arbeitszimmers wusste, benötigte er länger als erwartet, um den winzigen, in einer der Zierleisten versteckten Schalter zu finden.

Mit einem trockenem Ächzen des Holzes öffnete sich das Bücherregal wie eine Tür von ihm weg und gab den Blick auf eine dunkle, nach unten führende Treppe frei. Kolvar würde die Bücher nachher genauer unter die Lupe nehmen. Da verbarg sich sicher so manch wertvoller Schatz.

Die massiven Steinstufen der alten Treppe waren mit einer dicken Schicht Staub bedeckt. Er lief langsam hinab, darauf bedacht, dabei nicht zu viel Staub aufzuwirbeln. Der gläserne Löwenkopf seines Zauberstabes spendete genügend Licht, um die nähere Umgebung zu erhellen. Marwak schien den Gang nicht allzuoft benutzt zu haben.

Kolvar konnte es noch immer nicht begreifen. Wie konnte es Marwak nur wagen, ihm eine so offensichtliche Falle zu stellen. Eine derartige Arroganz und Selbstüberschätzung sah ihm gar nicht ähnlich. Kolvar runzelte die Stirn. Vielleicht hatte Marwak unter einem mächtigen Bann gestanden und war nicht mehr Herr seiner Selbst gewesen. Dies würde immerhin auch das Auftauchen dieser entsetzlichen Bestie erklären. Kolvar wollte gar nicht darüber nachgrübeln, was die Kreatur mit der erbeuteten Seele alles anzustellen vermochte. Marwak würde mit Sicherheit keinen Spaß daran haben.

Am Ende der Treppe öffnete sich der Gang zu einem kuppelförmigen Raum. Im Raum selbst befanden sich zwei Tische, ein schmaler Schrank, der ihm bis zur Stirn reichte, ein Bücherregal und eine mit Edelsteinen verzierte Truhe, die genau in der Mitte des Zimmers auf einem runden Podest stand. Der Tisch war mit einer Vielzahl an Phiolen, verschieden großen Glasbehältern und Reagenzien zugestellt, der andere diente als Sekretär. Auf dem Sekretär befand sich ein unverschlossenes Tintenfass neben einem zur Hälfte beschriebenen Pergament. In der Ablage lehnte eine Schreibfeder, an deren Spitze angetrocknete Reste von Tinte zu erkennen waren. Kolvar hob das Blatt vor seine Augen. Unbekannte Schriftzeichen! Alles machte den Eindruck, als wäre Marwak bei etwas unterbrochen wurden und hatte daraufhin den Raum in großer Eile verlassen.

Kolvar schaute sich das Bücherregal genauer an. Darin befanden sich hauptsächlich Folianten, die sich mit Alchemie, Giften, magischen Tränken und Ähnlichem beschäftigten. Nichts wirklich Außergewöhnliches. An der Wand zwischen den beiden Tischen hing ein schwerer blauer Gobelin. Ein wertvolles, mit aufwändigen Stickereien versehenes Stück. Kolvar befühlte den Stoff. Der Gobelin war weich und ohne sichtbare Alterserscheinungen, als hätte man ihn erst vor kurzem angefertigt. Diesen Schatz würde er sich nicht entgehen lassen.

Das wertvollste Objekt schien sich jedoch innerhalb der Truhe zu befinden. Überraschenderweise war sie unverschlossen. Kolvar hob die Abdeckung. Innen war die Truhe mit rotem Samt bespannt. In zwei separaten Aussparungen befanden sich ein kleines Buch und eine silberne Kapsel. Kolvar verstaute Beides in seinem Gewand.

Eine seltsame Unruhe ergriff ihn plötzlich. Sein Körper erfasste instinktiv, dass eine Veränderung eingetreten war. Nicht sofort fassbar, berührte sie dennoch die Ebenen des Unbewussten. Er besaß ein untrügliches Gespür für Gefahr und hatte jetzt das drängende Bedürfnis, so schnell wie möglich das Weite zu suchen.

Er hatte sich kaum umgewandt, als der Boden erzitterte. Staub und kleine Steine rieselten von der Decke. Kolvar tippte auf die grauenhafte Kreatur, die sich Marwaks Seele geschnappt hatte und in ihm wohl neue Beute witterte. Er lief, so schnell es ihm möglich war, wieder die Treppe hinauf. Mit wem oder was hatte sich der alte Zauberer da nur eingelassen?

Kolvar sondierte mit schnellen Blicken die Umgebung. Er konnte es sich nicht leisten, in dem riesigen Schloss die Orientierung zu verlieren.

Ohrenbetäubendes Krachen hinter ihm. Steine polterten zu Boden. Der Gang, durch den er gerade lief, schien kein Ende zu nehmen: Eine von Marwaks lächerlichen Fallen, die ihm im Augenblick jedoch zum Verhängnis zu werden drohte. Silbern fächerte Mondlicht durch die schmalen Fenster links von ihm. Kolvar schüttelte verwirrt den Kopf, schließlich war es mitten am Tag. Endlich erreicht er die schwere massive Tür am Ende des Ganges. Er stieß sie auf und betrat die, mit prachtvollen Gemälden und Wandverzierungen geschmückte, Eingangshalle. Rechts und links von ihm führten breite Treppenfluchten zur nächsten Etage.

Die Präsenz eines mächtigen Wesens erstickte jegliche magische Energie im Raum. Die Kreatur suchte nach ihn, während ihm nur noch ein Ausweg blieb. Kolvar lief auf das massive Eingangsportal zu. Die Türen waren mit eindrucksvollen Schnitzereien versehen. Teufelsköpfe, in deren Augenhöhlen rote Edelsteine blitzten. Höhnisch starrten sie ihm entgegen. Kaum näherte er sich den beiden Türhälften, wanden sich schmale Äste aus dem alten Holz. Sie wuchsen in rasender Geschwindigkeit und schlangen sich dabei so dicht ineinander, dass sich die Tür nicht mehr öffnen ließ. Kolvar hob den Stab. Seine Hände zitterten, während er den Zauber des *Einfachen Verkümmerns* sprach. Seine magischen Kräfte waren zu sehr vom Kampf gegen Marwak geschwächt. Kurzzeitig schrumpften die Äste um eine Winzigkeit, nur um sich daraufhin umso machtvoller zu entfalten. Kolvar war gefangen. Obwohl er nicht genau wusste, was da auf ihn lauerte, war er sich sicher, dass es sein Ende bedeuten würde, sobald es ihn fand.

Der Boden bebte. Dumpfe, machtvolle Schläge. Die Erschütterungen waren so stark, dass Kolvar den Halt verlor und schmerzhaft gegen das Treppengeländer torkelte. Ihm blieb keine Wahl. Er zog eine winzige blaue Perle aus seinem Umhang und schleuderte sie so heftig auf den Boden, dass sie zerplatzte. Ein greller Lichtblitz erhellte die Eingangshalle und ein schimmerndes Portal entflammte direkt vor ihm. Leider besaß Kolvar nur diese eine Perle und es ärgerte ihn, dass er sie bei so einer unergiebigen Gelegenheit verschwenden musste.

Das wabernde Oval des Portals zeigte einen Ausschnitt sonnenbeschienen Waldes, auf den Kolvar mit wehendem Mantel zulief. Als hinter ihm der Boden aufbrach und wütendes Brüllen alle anderen Geräusche hinweg fegte, trat er schon in das weiche Gras einer weit entfernten Lichtung.

○ ○ ○

Die Aussicht aus dem Kristallglasfenster seines Arbeitszimmers erlaubte Kolvar einen umfassenden Blick auf den weitläufigen Garten seines Anwesens. Die altersschwache Sonne spendete mehr Licht und Wärme als üblich und hüllte die kunstvoll beschnittenen Bäume in sanftes rötliches Licht. Der Gärtner, den Kolvar seit einiger Zeit beschäftigte, vollbrachte wahre Wunder. Die aus aller Welt stammenden Flora gedieh prächtig. Der wolkenlose Himmel überspannte die Landschaft mit der Illusion von Frieden und Unschuld.

Kolvar ging mit gemächlichen Schritten zurück an seinen Arbeitstisch. Dort lag, in der Mitte aufgeschlagen, Marwacks Buch. Daneben ruhte die silbern glänzende Kapsel. Es war ein grausiges Mitbringsel, dass ihm da in die Hände gefallen war. Kein Wunder, dass Marwak es in diesem unterirdischen Versteck verborgen hatte. Kolvar musste das Buch erst mühsam übersetzen, da wichtige Teile in der geheimen Sprache der Schwarzmagier verfasst waren. Über das Buch erfuhr er, dass sich im Innern der Kapsel ein Samen befand, der als „Die Saat des Bösen“ bezeichnet wurde. Der Samen besaß tatsächlich teuflische Eigenschaften. Benetzte man ihn mit dem Blut eines Menschen und vergrub ihn, während man die in der Zeremonie vorgeschriebenen Beschwörungsformeln sprach, entwickelte sich der Samen innerhalb weniger Tage zu einer riesigen Frucht. Innerhalb der Frucht wuchs gleichzeitig eine grauenhafte Kreatur heran: Ein Doppelgänger jenes Menschen, von dem das Blutopfer stammte. Der Doppelgänger würde sich – sobald der Reifeprozess abgeschlossen war - aus der Frucht befreien, sein Ebenbild aufsuchen, es erschlagen und dessen Platz einnehmen. Dabei war der Doppelgänger jedoch jener Person untertan, die die Zeremonie durchgeführt hatte. Kolvar war hier ein Schatz in die Hände geraten, der den Verlust seiner Fluchtportal-Perle mehr als ausglich.

Kolvar setzte sich auf seinen hochlehnigen Arbeitsstuhl und blätterte nachdenklich in der Anleitung, die die Aussaat des Samen beschrieb. Er hatte lange auf eine Gelegenheit wie diese gewartet. Wie oft hatte ihn Ikondrar verspottet und ihn in der Akademie der Magier vor aller Augen gedemütigt. Eines musste sich

Kolvar jedoch zähneknirschend eingestehen: Ikondrar war ein begabterer Magier als er. Doch das gab ihm nicht das Recht, auf diese herablassende Art mit ihm umzuspringen.

Kolvars ernstes Gesicht entspannte sich langsam, bis sich schließlich sein Mund zu einem dünnen Lächeln verzog. Seine Zeit würde kommen und Ikondrar würde für seine Anmaßungen büßen ...

○ ○ ○

Die alles in Dunkelheit einhüllenden schweren Regenwolken zogen davon und entblößten die blasse Silberscheibe des zerborstenen Mondes. Ein dunkler und abgründiger Himmel, in dem nur wenige Sterne funkelten. Wenn man zu lange in die alles umschließende Leere blickte, konnte man den Verstand verlieren.

Kolvar wartete seit Einbruch der Nacht neben einem kleinen Gasthaus, aus dessen Schornstein eine klägliche Rauchfahne sickerte. Das kurze Unwetter hatte so heftig gewütet, dass selbst die Bettler irgendwo Unterschlupf gesucht hatten.

Es drang nur wenig Licht aus den schmutzverkrusteten Fenstern der Gastwirtschaft. Die strohgedeckte Hütte lag am Rande der Stadt, direkt neben einem eingefallenem Rest der ehemaligen Stadtmauer. Schäbige und ungepflegte Häuser, wohin er auch blickte. Die Armut war allgegenwärtig.

Kolvar fand es befremdlich, dass ein vermögender Arzt wie Baldrug in einem solchem - seinem Stand eigentlich unangemessenem - Gasthof einkehrte.

Es sollte noch einige Zeit dauern, bevor sich die Tür öffnete und der Arzt hinaustrat. Leicht angetrunken torkelte er über die Straße. Trotz der Kälte trug er seinen Mantel offen. Für Diebe und Totschläger wäre er ein leichtes Opfer gewesen.

Kolvar trat aus dem Schatten.

„Einen schönen Abend, Herr Baldrug“, rief er ihn an. „So spät noch unterwegs? Plagt euch der Kummer oder betrauert ihr noch immer den tragischen Tod eures Weibes?“

Baldrug hielt inne. Kleine feuchte Augen blickten ihn an. Ein volles, jedoch von Traurigkeit gezeichnetes Gesicht. Kolvar konnte keine besondere Regung darin ausmachen. Er starrte Baldrug mit unverhohlener Abscheu in die Augen.

„Was ... wollt ihr - und woher wisst ihr über den Tod meiner ... Frau?“ fragte Baldrug mit schwerer Stimme, während er leicht vor und zurück schwankte.

„Ich weiß inzwischen vieles über euch“, flüsterte Kolvar. „Und dass, obwohl sich mein Interesse indirekt auf eure Person richtet.“ Er umfasste Baldrugs Arm und zog ihn vom Eingang fort. „Wir sollten einen kleinen Spaziergang machen - dann verrate ich euch mehr.“

Baldrug verharrte unschlüssig, folgte ihm dann aber doch der mit groben Steinen gepflasterten Straße, an deren Rändern sich Küchenabfälle und Fäkalien anhäuften, die selbst der starke Regen nicht mehr wegwaschen konnte. Sie passierten einem Wachmann, der zusammengesunken und mit ausgestreckten Beinen auf dem nassen Boden saß und schnarchte. Der Geruch von billigem Wein und Erbrochenem stach Kolvar in die Nase.

Sie verließen die trügerische Sicherheit der Stadt und erreichten einige Zeit später einen Landstrich, den die Menschen der Gegend als Nebeltal bezeichneten. Das Licht des Mondes erhellte dürftig die Umgebung. Den schmaler werdenden Pfad säumten kahle Bäume, deren feuchte, glatte Rinde das Mondlicht reflektierte. Sie erreichten schließlich eine Lichtung, von der weitere Wege abzweigten.

Baldrug hielt inne: „Nun sagt schon! Was wisst ihr ... und vor allem: Was wollt ihr von mir?“

Kolvar zog seinen löwenkopfgeschmückten Zauberstab aus dem Umhang und schlug ihn hart auf den Boden. Leise murmelte er einen Zauberspruch. Direkt vor ihm fauchte plötzlich eine große hell leuchtende Kugel silbern flackernden Funken aus der Dunkelheit. Innerhalb der Erscheinung zeichneten sich dunkle Schatten ab. Lichter, Farben und Formen wogten hin und her, flossen zusammen und lösten sich wieder voneinander. Schließlich bildeten sich deutlichere Konturen. Die schlanke Silhouette einer Frau wurde sichtbar. Baldrug wich einen Schritt zurück, als er erkannte, was sich dort abzeichnete.

„Meine Tochter!“ stöhnte er „Was habt ihr meinem Kind angetan?“

Kolvar bemerkte, wie sich Baldrugs Gestalt anspannte. Er sah aus, als würde er ihn jeden Augenblick anspringen wollen. Doch der Quacksalber beherrschte sich.

„Eurem Kind geht es gut! Sie ist unversehrt und sie wird es auch bleiben, soweit ihr bereit seit, mir einen kleinen Gefallen zu gewähren.“

Kolvar trat näher an Baldrug heran, der noch immer wie in Trance auf das von hellen Lichtern umtanzte Antlitz seiner Tochter starrte. „Solltet ihr Euch jedoch widersetzen, wird sie verloren sein. Ihr habt zehn Tage Zeit, um mir meinen Wunsch zu erfüllen. Schafft ihr es nicht, bin ich gezwungen, eure Tochter für euer Versagen büßen zu lassen.“

Baldrug schwieg, während er mit unerwartetem Aufbegehren Kolvars Blick erwiderte. Er schien jetzt völlig nüchtern zu sein.

„Sagt schon“, stieß er hervor. „Was soll ich für euch tun?“

Kolvar griff in eine Tasche seines Umhangs und zog ein kleines Glasfläschchen hervor. „Bringt mir etwas von Ikondrars Blut. Ihr seid sein Leibarzt und dürftet keine Schwierigkeiten haben, an das Gewünschte zu gelangen.“

Baldrugs wankte einen Schritt zurück, als hätte ihn ein Schlag getroffen. „Wisst ihr, was ihr da von mir verlangt?" Sein Gesicht schimmerte blass. „Ikondrar ist höchst misstrauisch. Man munkelt sogar, er könne Gedanken lesen."

„Weibergeschwätz!" unterbrach ihn Kolvar barsch. „Denkt an eure Tochter. Es ist eure Entscheidung!"

○ ○ ○

Kolvar erwachte in seinem riesigen Bett, dass, von uralter Magie gehalten, etwas mehr als eine Hand breit über dem Boden schwebte. Ein quälender Schmerz pochte hinter seiner Stirn. Langsam richtete er sich auf, während sein Blick auf den makellosen Körper einer wunderschönen Frau fiel. Mit dem Rücken zu ihm und leicht in sich gekrümmt, ruhte sie völlig entspannt auf dem weißen Laken. Noch während er sie betrachtete, kehrten die Ereignisse des gestrigen Tages in sein Gedächtnis zurück.

Es war später Nachmittag. Die ersten Händler, die aus Silberhof angereist waren, begannen ihre Waren zurück in die Wagen zu laden. Wie immer hatte Kolvar auf dem Markt mehr Geld ausgegeben als geplant und kehrte schließlich in einer Gastwirtschaft ein. Nach einem üppigen Mahl und etwas zu viel Wein trat er wieder ins Freie.

Er hatte gerade die Tür hinter sich geschlossen, als ihn jemand von der rechten Seite her ansprang. Übler Mundgeruch stieß ihm entgegen und er blickte ein hageres ungepflegtes Gesicht unter der löchrigen Kapuze. Der Angreifer war ihm schon in der Gastwirtschaft aufgefallen. Kolvar fühlte sich während des Essens ständig beobachtet. Schließlich bemerkte er die mit einer dunklen Kutte bekleidete Gestalt, die auffällig in seine Richtung starrte. Um einen Mönch schien es sich bei dem Unbekannten nicht zu handeln. Dafür benahm er sich etwas zu seltsam und gebildet schien er auch nicht zu sein. Schließlich verließ der Mann den Gasthof. Kolvar vermutete, dass er Draußen, hinter dem Schutz der Pferdetränke, auf ihn gewartet hatte. Der Überfall geschah innerhalb weniger Augenblicke. Der Bandit zwängte sich wie ein bösartiges Raubtier hinter ihn zog mit erstaunlicher Kraft seine Arme nach hinten. Als er gerade dabei war, das Messer über Kolvars Kehle zu ziehen, trat eine Frau aus dem Schatten. In ihren Händen ruhte eine scharf gemachte Armbrust. Der Bandit verharrte in seiner Bewegung und Kolvar spürte, wie das scharfe Messer leicht seinen Hals ritzte.

„Lasst ihn frei!“ rief sie. „Oder ich jage euch einen Pfeil in den Kopf.“

Der Dieb lockerte seinen Griff ein wenig, so dass sich Kolvar wagte, wieder ein wenig Luft zu holen.

„Törichtes Weib“, erwiderte der Dieb fassungslos. „Warum stört ihr mein Tun? Ist euch das Opfer bekannt?“

„Ich bin nur nicht gewillt, mit anzusehen, wie rechtschaffene Bürger auf offener Straße von Euresgleichen aufgeschlitzt und ausgeraubt werden.“

Der Dieb lachte dumpf. „Rechtschaffene Bürger. Der feine Herr hier hat sicher mehr Blut an seinen Händen, als ich es jemals haben werden.“

„Geht!“ rief die Frau. „Bevor mir die Hand zu sehr anfängt zu Zittern - und behaltet das Geschwätz für euch!“

Der Dieb stieß Kolvar von sich, so dass er auf den durchweichten, matschigen Boden fiel und wurde Teil der Dunkelheit.

Kolvar durchströmte eisige Kälte, als er begriff, wie knapp er am gestrigen Abend dem Tode entronnen war. Purer Zynismus: Da konnte er mächtige magische Energien entfesseln, um selbst gewaltige Ungeheuer zu Fall zu bringen, doch gegen das scharfe Messer eines Diebes, der sich in der Finsternis der Nacht an ihn anschlich, war er machtlos.

Die Schönheit in seinem Bett räkelte sich, drehte sich zu ihm und schaute ihn aus blau leuchtenden Augen an.

„Habt ihr gut geschlafen?“ fragte Kolvar und legte sein strahlendstes Lächeln auf.

„Ausgezeichnet“, antwortete sie, zog die Beine an und lächelte zurück.

„Ich weiß immer noch nicht genau, wie ich euch in ausreichendem Maße danken kann?“ schmeichelte er ihr. „Ihr habt völlig ohne Eigennutz Mut bewiesen und dabei euer Leben riskiert. Das ist außergewöhnlich!“

„Ihr habt mich schon dadurch beschenkt, mir Einlass in euer Anwesen zu gewähren“, erwiderte sie. „Das ist ein großer Vertrauensbeweis!“

„Gebt euch nicht so bescheiden“, sagte Kolvar. „Ihr habt euch Anerkennung und eine angemessene Entlohnung verdient. Ich hoffe, Ihr habt ein wenig Appetit. Ich habe uns ein Frühstück anrichten lassen.“

○ ○ ○

Kolvar saß schon weit über die vereinbarte Zeit an einem Tisch der Gastwirtschaft „Zur gelben Kröte“ und leerte das dritte Glas Wein. Er gab der Wirtin ein Zeichen, dass er seine Zeche zu begleichen wünschte, als Baldrug doch noch im Eingang der Schenke erschien. Seine Bewegungen waren schwerfällig und sein blasses, dickliches Gesicht wirkte wie die Haut eines Toten. Baldrug sah aus, als wäre er dem Teufel persönlich begegnet.

„Wo wart ihr so lange?“ rief Kolvar verärgert. „Ist euch das Leben eurer Tochter nichts wert. Ihr enttäuscht mich ...“

„Beruhigt euch!“ flüsterte Baldrug erschöpft. „Ich habe das von euch Gewünschte bei mir. Das Vorhaben erwies sich jedoch schwieriger, als ...“

„Erspart mir die Einzelheiten!“ unterbrach ihn Kolvar. „Gebt mir die Phiole!“

Baldrug griff in die Innentasche seines Mantels, dessen teurer Stoff matt schimmerte, und reichte Kolvar das in blaues Tuch eingeschlagene Fläschchen.

Kolvar nahm die Phiole mit der kostbaren Flüssigkeit an sich und verstaute sie in seinem Gewand. Dann ließ er einen kleinen Lederbeutel mit Silbermünzen auf den Tisch fallen. „Das ist für euch, schließlich bin ich kein Geizhals. Eure Tochter darf jedoch noch so lange meine Gastfreundschaft genießen, bis ich Gewissheit habe, dass ihr mir nicht das Blut eines Taugenichts oder gar eines Hundes vermacht habt.“

Baldrug erhob sich wutentbrannt und stieß dabei den schweren Tisch zurück. „Ihr habt mich betrogen! Ich will meine Tochter zurück.“

Kolvar blieb ungerührt sitzen: „Habt ihr mir das Gewünschte gebracht, ist eure Tochter in wenigen Tagen wieder bei euch, ohne dass ihr ein Leid geschieht. Habt ihr mich dagegen betrogen, geht sie in meinen Besitz über und euch werde ich töten.“

Baldrug erwiderte Kolvars herausfordernden Blick und stieß den Beutel mit den Münzen von sich. „Gebt mir meine Tochter unversehrt zurück - mehr verlange ich nicht.“

○ ○ ○

Der Tag zog sich warm und sonnig dahin. Die greise Sonne übergoss die sanft geschwungene Landschaft mit mildem, rötlichem Licht. Die Luft war so klar wie schon lange nicht mehr, so dass Kolvar bis zu den weißen schmalen Türmen der Stadt blicken konnte.

Kolvar spazierte durch seinen geliebten Garten, in den er sich gern zurückzog, wenn er schweren Gedanken nachhing, oder einfach nur Entspannung suchte. Diesmal war er jedoch nicht hier, um Zerstreuung zu finden. Zielgerichtet lief er auf die kleine Anhöhe am Rand eines kleinen Kräuterbeetes zu. Der Gärtner hatte dort ein Loch ausgehoben und die Erde reichlich mit Wasser getränkt. Kolvar schien es so, dass außer dem Geruch von feuchter Erde, auch noch ein Hauch Verwesung in der Luft lag.

Er entnahm den Samen der Kapsel und hielt ihn über das Loch. Das Samenkorn schien sich zwischen seinen Fingern zu winden. Angewidert ließ er es fallen. Kolvar zog hastig das Fläschchen mit Ikondrars Blut aus seinem Umhang, entfernte den Pfropfen und träufelte es über den unscheinbaren Keimling. Seine Lippen murmelten unterdessen die auswendig gelernten Beschwörungen. Nach Abschluss der Prozedur, bedeckte er den Samen mit der ausgehobenen Erde. Mit einem kleinen Spaten drückte er schließlich den aufgelockerten Boden wieder fest. Kaum hatte er dies erledigt, durchströmte ihn ein Gefühl intensiver Erleichterung. Schnell kehrte er in sein Anwesen zurück.

Die magischen Energien, die in dem Samen gebunden waren, spürte er selbst dann noch, als er im Schaukelstuhl seiner Bibliothek seinen Nachmittagstee zu sich nahm.

○ ○ ○

Kolvar saß in seinem kleinen Arbeitszimmer im Nordturm und untersuchte ein archäologisches Artefakt, dass ihm ein reisender Händler vor ein paar Wochen auf dem Markt angeboten hatte. Den Angaben des Händlers zufolge, stammte das seltene Stück aus den Blutwüsten weit im Süden des Landes. Ein rundes bronzenes Objekt, ähnlich einem Amulett. Es war an einer langen dünnen Kette befestigt, die man sich um den Hals hängen konnte. Auf seiner Oberfläche befanden sich eine Vielzahl unterschiedlich großer Erhebungen, die - sobald man sie mit dem Finger berührte

- schwach zu leuchten anfingen. Dabei gab das Artefakt ein tiefes Brummen von sich. Kolvar schätzte den Wert des Objektes recht hoch ein, kam bei seinen Untersuchungen dennoch kaum einen Schritt weiter.

Völlig außer Atem, stürzte plötzlich Kolvars Gärtner ins Arbeitszimmer. Mit ernstem und starrem Gesicht hatte er Kolvar in den letzten Tagen detailliert darüber Bericht erstattet, dass sämtliche Vegetation in der Nähe des neu gepflanzten Samens verkümmerte. Sogar das widerstandsfähige Trompetengras verdorrte zu unansehnlichen schwarzen Strünken. Dafür gedieh die Frucht des Samens prächtig und blähte sich wie ein riesiges Kürbisgewächs auf.

„Entschuldigt mein Eindringen, Herr, aber in der Frucht regt sich etwas. Als mich Etwas aus ihrem Innern heraus anknurrte, packte mich die Angst. Verzeiht mir, Herr ... ich konnte nur noch davonlaufen ...“

Kolvars Lippen verzogen sich zu einem Lächeln. „Es geschieht alles so, wie es vorgesehen ist. Keine Furcht, Du bist geschützt und in Sicherheit.“

Er erhob sich langsam von seinem Stuhl: „Vielleicht ist es ja schon soweit. Ich sollte selbst einmal nachsehen.“

Vielfarbige Schmetterlinge tanzten in der Luft, als Kolvar aus der schmalen Tür trat, die eigentlich für Dienstboten vorgesehen war. Diese besonderen Schmetterlinge gehörten nicht zur Gattung der Insekten, sondern waren Teil einer Pflanze, die sich auf diese Art fortpflanzte. Die Schmetterlinge konnten deshalb auch nur in der Nähe der Pflanze überleben. Kolvar lief dichtbegrünte Wege entlang. Prächtige Blüten hatten sich der Sonne geöffnet und wiegten sich im sanften Wind.

Je näher Kolvar dem gepflanzten Samen kam, um so weniger Blüten gab es zu bewundern. Viele Blätter waren verdorrt oder begannen gelb und braun zu werden. Manche Pflanzen dagegen waren dicht mit weißem Schimmel überzogen. Ein stärker werdender Geruch nach Verwesung drang ihm in die Nase. Schließlich erreichte er die Stelle, an der er den Samen gepflanzt hatte.

Die Größe der Frucht übertraf Kolvars Erwartungen. Ihre Hülle erinnerte ihn an dunkle ledrige Haut, unter deren grünlich schimmernder Oberfläche sich ein dicht verästelndes Adergeflecht ausbreitete. Die monströse Frucht schien wie im Rhythmus eines Herzschlages zu pulsieren.

Eine Stimme krächzte. Es klang, als würde ein Tier versuchen, sich in menschlicher Sprache zu artikulieren. Kolvar trat näher an den bizarren Fruchtkörper heran. Vorsichtig berührte er mit seinen Fingerspitzen dessen feucht glänzende Oberfläche. Sie fühlte sich wie sprödes Pergament an.

Kolvar zuckte zurück, als eine rötlich schimmernde Hand die Fruchthülle durchschlug. Stinkende, gelbliche Flüssigkeit quoll aus der Öffnung und ein grausiges Gebrüll, wie nur Irrsinnige es hervorzubringen vermochten, drückte sämtliche anderen Geräusche nieder. Eine zweite Hand drängte sich durch die entstandene Öffnung und beide Hände begannen die Bruchstelle auseinanderzuzwingen. Ein Riss öffnete sich. Mehr und mehr Flüssigkeit sprudelte hervor und benetzte den Boden. Ein lautes Knacken und der Riss verbreiterte sich schlagartig. Mit einem gewaltigen Schwall wurde die eingeschlossene Kreatur auf die Erde gespült. Die Frucht fiel mit feuchtem Schmatzen in sich zusammen.

Das schleimüberzogene Wesen lag einige Augenblicke völlig regungslos inmitten der dampfenden Brühe. Dann kam Leben in den bleichen Körper. Langsam erhob es sich. Kolvar wich zurück, als er in das Gesicht der Kreatur blickte. Schleimfäden hingen ihm von Nase, Lippen und Stirn. Es bestand kein Zweifel - es war sein eigenes Gesicht, in dass er da blickte.

„Das kann nicht sein“, stammelte Kolvar.

Hinter ihm ertönte das Lachen des Gärtners: „Es geschieht alles so, wie es vorgesehen ist.“

Kolvar drehte sich um und sah gerade noch, wie die Gestalt des Gärtners verschwamm und sich verzerrte. Das Gesicht gerann kurzzeitig zu einer grotesken Fratze und von einem Augenblick zum anderen stand plötzlich der süffisant lächelnde und makellos angekleidete Ikondrar vor ihm. Ein simpler Verwandlungszauber ...

„Baldrug hat mir alles gestanden“, sagte Ikondrar, dessen Lächeln Kolvar schmerzhafte Stiche versetzte. „Ich habe daraufhin einen Überfall arrangiert, um Euch mit der bezaubernden Leena bekannt zu machen. Sie besorgte mir etwas von eurem wertvollen Blut. Ihr habt nicht einmal bemerkt, dass sie euch ein Schlafmittel in den Wein mischte. Ihr könnt euch sicherlich denken, wofür ich das Blut benötigte ...“

Kolvar traf ein harter Schlag auf den Hinterkopf, so dass er nach vorn taumelte und beinahe zu Boden stürzte.

„Verzeiht mir, dass ich nicht zusehen kann, wie euch euer Ebenbild in Fetzen reißt“, rief Ikondrar. „Ich muss zuvor noch Baldrugs Tochter aus eurem jämmerlichen Gefängnis befreien. Dafür habt ihr doch sicher Verständnis.“

Kolvar traf ein weiterer heftiger Schlag auf den Rücken. Es gelang ihm, sich umzuwenden, bevor die nächste Attacke auf ihn niederprasselte.

In dem so vertrautem Gesicht seines Doppelgängers zeichnete sich nicht die geringste menschliche Regung ab.

Nachtgestalten

Einundzwanzig Uhr. Mit gebeugter Haltung betritt ein hoch gewachsener Mann mittleren Alters die Bar. Er trägt einen schweren dunklen Mantel. Der Stoff schon leicht schäbig.

Die Tür schlägt laut zu. Der Mann zuckt zusammen. Darauf wandert sein Blick ruhelos hin und her. Um diese Uhrzeit herrscht nur wenig Betrieb. Die meisten Tische sind noch unbesetzt. Er hält inne, scheint einen Augenblick zu überlegen. Schließlich geht er direkt zur Theke, setzt sich auf einen der Barhocker und bestellt einen Drink.

Neben ihm hockt eine unscheinbare Gestalt, die schon seit längerer Zeit abwesend auf ein halbvolles Whiskyglas starrt. Die Luft ist schwer vom Nikotin und atmet sich wie zäher Sirup. An seinem Drink nippend, beginnt der Mann schließlich zu erzählen. Es scheint ihm egal zu sein, ob jemand zuhört oder nicht.

Wissen Sie, er ist mir heute zum dritten Mal entwischt. Dabei habe ich alles nach Vorschrift gemacht. Aber irgendwie sind sie uns immer einen Schritt voraus.

Er macht eine Pause und betrachtete die abwesende und vor sich hinstarrende Gestalt neben sich. Der Barkeeper grinst ihm vielsagend zu. Entweder hält den Fremden für durchgeknallt oder schon ziemlich betrunken. Dann erzählt der Mann weiter.

Sie können das nicht wissen. Schließlich leben die noch immer im Untergrund – und dies mehr als im übertragenen Sinne. Erst vorige Woche wollten die Bullen eine Abschiebefamilie aus der Kanalisation vertreiben. Anwohner hatten etwas von Stimmen aus dem Gullyloch gemunkelt. Osteuropäischer Akzent! Aber als sie den Deckel entfernt hatten, fanden sie nur eine Unmenge Spinnweben, zwei leere Metallsärge und etliche Altarkerzen. Grufties in der Kanalisation, hieß es später in den Boulevardblättern.

Dabei sind Grufties heute eine aussterbende Minderheit. Nein, unsere lieben Freunde waren da unten. Ein Liebespaar ... und mit Metallsärgen natürlich. Holzsärge kamen aus der Mode, als die Vampir-Jäger damit anfingen, die Dinger einfach zuzunageln, um die armen Geschöpfe einer unfreiwilligen Hungerkur auszusetzen. Nichts als Knochen blieben nach einigen Wochen verzweifelten Gepoches zurück. Keine angenehme Art so zu sterben. Das kann ich ihnen sagen! Diese Bilder verfolgen einen bis in den Schlaf.

Sie müssen mich für verrückt halten. Glauben vielleicht, der Kerl hat eine Überdosis Akte X im Kleinhirn und beginnt gleich von bleichen schlitzäugigen Aliens in Kugelraumschiffen zu schwafeln. Ich kenn mich aus mit diesem Kram. Fliegende Frisbee-Scheiben, unscharf und in Slow Motion aufgezeichnet. Alles Kinderkram. Star Wars für Esoteriker. Ich rede von der wirklichen Welt.

Wissen Sie, womit sich die meisten von ihnen verraten? Sie tragen Sonnenbrillen in der Nacht!

Ich weiß nicht, wie viele Holzpflöcke ich schon in Vampirherzen versenkt habe. Eine Riesenschweinerei, so eine Zuführung – wie die Profis sagen. Ich hab damals ganz von vorn angefangen. Mit dem Einsteigerset sozusagen. Das Handwerkerpaket mit Bohrmaschine, Hammer und Meißel. Bevor der Pflock eingerammt wird, muss angekörnt - ja, so nennen wir das - werden. Rutschst du einmal ab, kann es schon zu spät sein. Die Typen haben einen verdammt leichten Schlaf. Das leiseste Rascheln und sie schlagen die Augen auf und blicken dir mit rot leuchtenden Augen direkt in die Seele.

Die Ansteckungsgefahr durch Blut- oder Speichelkontakt ist bei meinem Job nicht zu unterschätzen. Eine kleine Unachtsamkeit, und schon ist es zu spät. Hat dich ein Ausgehungerter erwischt, kannst du von Glück reden, da es kein Erwachen für dich gibt. Bist du jedoch an ein Exemplar mit normalem Appetit geraten, gehörst du zu ihnen.

Etwas verunsichert mich selbst bis heute. Sie sind menschlich und doch wieder nicht. Interims-Wesen zwischen dem Diesseits und dem Jenseits. Einige von ihnen behaupten sogar, dass ihnen die gleichen Rechte wie anderen kulturellen Minderheiten zustünden. Sie reden von Restaurants mit knoblauchfreiem Essen, von verlängerten Ladenöffnungszeiten bis vier Uhr und berufsfördernden Maßnahmen. Stellen Sie sich das vor: Demnächst vermittelt das städtische Arbeitsamt an diese Typen ABM-Stellen als Friedhofsgärtner, Leuchtturmwärter oder Nachtwächter mit Nachtschichtzuschlag. Einige sollen in SM-Studios untergekommen sein. Ich halte das jedoch für ein Gerücht.

Neuerdings werden auch weiterführende soziale Absicherungen diskutiert. Sogenannte Sozialisierungsmaßnahmen und Integrationshilfen wie die kostenfreie Bereitstellung von Blutersatzstoffen, um die Beschaffungskriminalität für Blutkonserven einzuschränken.

Inzwischen kämpfen sie dafür, dass diese Maßnahmen von den Krankenkassen getragen werden.

Vor wirklich greifenden Methoden schrecken sie jedoch zurück. Vorschläge wie beispielsweise das Abfeilen der riesigen Fangzähne gab es wahrlich genügend.

Dennoch habe ich großes Mitleid mit ihnen. Es sind traurige Kreaturen. Ungeliebt und meistens einsam. Viele von ihnen führen ein karges Leben und ernähren sich von Stierblut. Manche verfallen dem Alkohol und trinken unglaubliche Mengen Rotwein. Außerdem leiden sie an zu niedrigem Blutdruck und Untertemperatur ...

Der Mann verstummt plötzlich, als vier dunkel bekleidete Personen mit Sonnenbrillen den Raum betreten. Einer von ihnen hält eine weiße Jacke bereit. Sie gehen geradewegs auf die Bar zu, packen den Mann, heben ihn vom Hocker hoch und stülpen ihm die Jacke über. Er ist völlig still und lässt die Prozedur ohne Widerstand über sich ergehen.

Der Barkeeper tritt aus dem Schatten, schüttelt missbilligend den Kopf und taucht ein Glas tief ins Waschwasser.

Während drei der vier Männer das schweigende Bündel in der Zwangsjacke vor die Tür zerren, tritt der größte der Herren, dessen Haut im schwachen Neonlicht leicht bläulich schimmert, nach vorn. Ein Frösteln überläuft den Barkeeper, als er die Kälte spürt, die ihm entgegenschlägt.

„Ein Glas Blutorangensaft, bitte!“

Kosmische Geschichten

Welt Gottes

Als ich auf dem Raumhafen eintraf, ahnte ich nicht, was mich erwartete. Eine milde Herbstsonne lag über der Ebene. Das Schiff war bereits gelandet. Es stand in der äußersten Ecke des Landefeldes, so mit Ruß überzogen, dass es schwerfiel, die Kenn-Nummer zu entziffern. Gerade kam der Bus, der die von WELT GOTTES zurückkehrenden Reisenden von der Raumfähre zum Terminal brachte.

Er wurde von den Pilgern, die durch ihre auf unterschiedliche Konfessionen hinweisende Kleidung gekennzeichnet waren, begeistert empfangen. Die meisten knieten nieder, als die Rückkehrer den Bus verließen. Ihre Gewänder leuchteten in der Sonne.

„Seid gegrüßt, Pilger Gottes“, dröhnte eine lautsprecherverstärkte Stimme über den Platz. „Kniet nieder, empfangt den Segen des unermesslichen Geistes! Wer fest im Glauben ist, den nimmt Gott auf und verzeiht ihm seine Sünden ...“

Ein Ankömmling, der gestikulierte, wurde von Pilgern umringt. Manche knieten nieder, einige warfen sich zu Boden. „Ich bringe euch die Gnade, deren ich teilhaftig geworden bin.“

Die Rückkehrer mußten etwas Überwältigendes erlebt haben. Mein Auftrag schien interessant zu werden.

„Schau nur, Michael, diese Verrückten.“ Bernard Pelot, als Ressortchef mein direkter Vorgesetzter, zog seinen unförmigen Hut noch tiefer ins Gesicht. „Eine heiße Sache, dein erster Auftrag. So etwas hätte ich mir damals für mich gewünscht – anstatt einer Reportage über die Bewältigung der Todesangst bei Hellsehern. Aber das hier! Religiöse Fanatiker und ein ungelöstes kosmisches Rätsel. Delvon muss einen Narren an dir gefressen haben.“ Er lächelte mich an, seine gelbfleckigen Zähne wurden sichtbar. „Ein Tip,

Michael. Halte Augen und Ohren offen, frage sie aus bis aufs Hemd, aber lass dich auf keine Streitgespräche ein. Die sind dazu fähig, deinen Körper der kosmischen Kälte zu opfern."

Er gab mir einen kräftigen Schlag auf den Rücken. „Komm mir gesund wieder!"

Die Pilger wiesen jeden Versuch ab, mit ihnen ins Gespräch zu kommen. Sie widmeten sich ausschließlich ihren Gebetsriten und versenkten sich in Meditation. Ich musste, wenn ich mich unterhalten wollte, mit zwei Geschäftsreisenden vorlieb nehmen oder konnte mir von einem Service-Roboter die technischen Details des Schiffes erklären lassen.

Ich sehnte das Ende des Fluges herbei. Auch nach drei Wochen hatte ich mich nicht an das Dröhnen der Generatoren gewöhnt, das bis in die Schlafkabinen drang und mir Albträume bescherte. Drei Wochen? Einer Vorahnung folgend, befragte ich meinen Kommunikator – und erschrak. Bis zum Austritt aus dem Überraum waren es vierzig Sekunden ... Ich hatte gerade noch Zeit, mich anzuschnallen, als grelles Übergangslicht meine Augen blendete. Der Pilot hatte vergessen, das Warnsignal auszulösen.

Nach dreißig Sekunden hatten wir den Überraumsprung hinter uns. Ich erhob mich, stellte einen heruntergefallenen Blumentopf mit künstlichem Venustau auf den Tisch zurück und betrat den Hauptgang. Es herrschte ein vollkommenes Durcheinander. Die Hälfte der Leuchtkugeln war erloschen und der Boden von Ölflecken bedeckt. Reinigungsroboter konnte ich nirgends entdecken. Die Pilger liefen einander um und drängten sich vor dem Zentralmonitor, um einen Blick auf WELT GOTTES zu werfen. Der Planet glich einem blassen, milchigen Ball, in den man eine weißglühende Nadel gestochen hatte: Ein Energiestrahl von mehr als zwanzig Kilometern Durchmesser, der sich weit in die Tiefen des Weltraums erstreckte. Obwohl schon etliche Raumschiffe über

Jahre hinweg seinem Lauf gefolgt waren, hatten sie seinen Ausgangspunkt nicht erreicht.

Schmerzhaft hin und her gestoßen und von den emsig umherlaufenden Pilgern vom Zentralmonitor weggedrängt, kam ich mir inmitten dieser geballten Ansammlung von Frömmigkeit ziemlich überflüssig vor. Ich quetschte mich durch die Menschenmenge und lief zum Speisesaal.

Als die Fähre landete, wurde es gerade dunkel. Der Himmel war wolkenverhangen und schien uns jeden Augenblick mit Regen überschütten zu wollen. Obwohl heftiger Wind blies, war die Luft heiß und schwül.

Wegen des Sandsturms war der Hafentransporter, der uns zum Abfertigungsgebäude bringen sollte, kaum zu erkennen. Hinter trüben Fensteröffnungen bewegten sich dunkle Gestalten. Die Pilger begannen eine mit Schmutz verkrustete Metalltreppe hochzuklettern. Ich folgte als Letzter und bekam bei jedem Schritt meines Vordermannes eine Ladung Dreck ins Gesicht. Oben warteten Service-Roboter und führten uns zu abgewetzten Sitzen. Einer der Roboter trat zu mir.

„Mr. Lorenz? Michael Lorenz?“

Ich nickte. „Richtig!“

„Ich bin be-beauftragt, Sie als Be-berater und Führer auf WELT GOTTES zu be-begleiten.“

Ich blickte an seinem Gehäuse hinunter und bemerkte Rostflecken und kleinere Löcher. An einer Hand fehlten zwei Finger.

„Was soll das?“ fragte ich verärgert. „Warum wird mir kein menschlicher Begleiter gestellt?“

Ein klägliches Knacken erklang aus der Lautsprecheröffnung, bevor er antwortete: „Schon während des Au-aufbaus der Station kam man zur Einsicht, dass es keinem menschlichen Wesen zuzumuten ist, längere Zeit auf diesem Himmelskörper zuzubringen.“

In seinem Inneren rasselte etwas. „Übersinnliche Er-erscheinungen haben unvorhersehbare Reaktionen bei den Stationsmitarbeitern au-ausgelöst. Deshalb ...“

„Das ist die dümmste Ausrede, die ich je gehört habe“, gab ich zurück. „Bei ausreichender Motivation finden sich für jeden Job die richtigen Leute. Es zieht doch genügend Pilger hierher!“

„Es ist ...“ In seinen elektronischen Eingeweiden rumorte es, Zahnräder knackten, er verstummte. Aus seiner Ohrimitation stieg eine kleine Qualmwolke. Als er sich nach einer halben Minute immer noch nicht rührte, lehnte ich mich zurück.

Zwei Stunden später hielt der Transporter vor einem Gebäudekomplex, der aus dunklen Gesteinsplatten zusammengesetzt war. Die Roboter drängten uns von den Plätzen und folgten beim Aussteigen. Wir betraten eine notdürftig ausgebesserte Straße. Die ehemals glatte Oberfläche war aufgebrochen und zum Teil zugeweht. In der Station schaltete jemand die Außenscheinwerfer ein, um uns die Orientierung zu erleichtern. Der Eingang, eine große ovale Tür, öffnete sich einen Spalt breit. Für einen Augenblick legte sich der Wind, und wir kamen schnell ins Innere. Ein Androide neuester Bauart empfing uns mit warmer, weicher Stimme.

„Willkommen auf WELT GOTTES. Diese schon zweihundert Jahre alte Station ist für die nächsten Stunden Ihr Quartier. Sie können sich in dieser Nacht noch einmal auf sich selbst besinnen, bevor Sie morgen der *Manifestation Gottes* gegenübertreten. Der Marsch nimmt, je nach körperlicher Verfassung, vier bis fünf Stunden in Anspruch. Sollten Sie während des Aufenthaltes in dieser Station zu der Überzeugung gelangen, vom Pilgermarsch zurücktreten zu wollen, ist es möglich, die Zeit bis zur Rückreise hier zu verbringen.“

Fünf Stunden Fußmarsch! Warum hatte mir Bernard Pelot davon kein Wort gesagt? So schlecht waren die Vorrecherchen doch sicherlich nicht, dass er nichts davon gewußt haben sollte. Ich war nahe daran, mir zu wünschen, man hätte diesen Auftrag einem anderen vermacht.

Ich rief den mir zugeteilten Roboter und ließ mich zu meinem Zimmer führen. Ein großes Fenster ermöglichte den Blick auf den windumtosten Transporter, der verlassen vor der Station stand. O Gott, das Wetter schien noch schlechter zu werden.

Ich legte mich hin und versuchte zu schlafen. Das ständige Flüstern von Bibelzitaten aus dem Bibelspender ließ mich keine Ruhe finden. Es würde erst dann verstummen, wenn man für einen deftigen Preis eine der schlechtgedruckten Bibeln gekaufte hatte. Ich wälzte mich von einer Seite auf die andere, und nach einer Weile taten mir sämtliche Knochen weh. Der Roboter stand in einer Ecke und funkelte mit seinen Kontrollampen.

„Eine Partie Schach?" fragte ich und schaltete das Licht wieder ein.

Am nächsten Tag erwachte ich samt Spielbrett und Schachfiguren im Bett. Der Roboter befand sich nicht mehr im Zimmer. Nach dem Waschen meldete sich mein Magen, und ich machte mich auf den Weg zum Speisesaal. Bei meiner Suche lief mir einer der Pilger über den Weg. Bisher war er mir wie die anderen aus dem Wege gegangen, jetzt warf er mir einen seelsorgerischen Blick zu und trat näher. „Sie scheinen allein angereist zu sein." Seine Stimme klang rauh. „Kommen Sie doch zu uns und schließen sich der Gruppe an."

„Das würde ich gern." Ich versuchte mit einem verunglückten Lächeln, ein wenig von seiner Liebenswürdigkeit zurückzugeben, und reichte ihm die Hand. Wirklich, es wurde höchste Zeit, etwas für meinen Artikel zu tun. „Ich bin Michael Lorenz."

„Harlan", sagte er und erwiderte meinen Händedruck.

Ich aktivierte unauffällig mein Multifunktions-Aufnahmegerät und folgte ihm durch die schlecht beleuchteten Gänge. Im Speiseraum herrschte reger Betrieb. Hier entdeckte ich auch meinen Roboter wieder. Er war mit Küchenarbeiten beschäftigt und bemerkte mich nicht. Harlan lief zu einem großen Tisch, an dem etliche Pilger ihr Frühstück verzehrten, und stellte mich vor. Ich zog mir einen Stuhl vom Nachbartisch heran und setzte mich.

„Ich bin von der Vereinigung VERKÜNDER DER GROSSEN WIEDERKEHR", flüsterte mir jemand ins Ohr. „Ich hoffe hier Antwort auf all unsere Fragen zu finden."

„Ich kann das gut verstehen", antwortete ich. „Das ganze Leben an eine Sache zu glauben, ist sicher zu wenig. Irgendwann braucht man ein Zeichen, eine Bestätigung."

„Sie haben mich falsch verstanden", erwiderte er. „Zweifel kennen wir nicht. Es geht uns um eine Bewusstseinserweiterung. Warum sollten wir sie ausschlagen, da sie doch möglich erscheint? Ein Zeichen brauchen wir nicht. Wir sind auch ohne ein solches in der Lage zu glauben."

„Natürlich", stimmte ich ihm zu, während ich nach Marmelade für meine fast schwarze Toastscheibe suchte. „Das habe ich nie bezweifelt."

Er klappte den Deckel seines Aktenkoffers nach oben, der sich als Laptop entpuppte. Aus der Seitentasche seines schwarzen Umhangs zog er ein abgegriffenes Modul und klemmte es zwischen die Kontaktleisten. Darauf füllte sich der Bildschirm mit unverständlichen Zeichen.

„Dies sind sämtliche nachprüfbaren Beweise für die Richtigkeit unserer Theorien. Sie wurden im Laufe von siebenhundert Jahren gesammelt und auf ihre Echtheit untersucht. Die entsprechenden Gutachten sind am Ende einer jeden Beweisführung aufgelistet."

„Äußerst bemerkenswert", erklärte ich. „Damit würde ich mich gern intensiver beschäftigen. Könnten wir vielleicht nach ..."

„Absoluter Unfug", unterbrach mich ein weißhaariger Kayriede mit einer roten, spitz zulaufende Schädelwulst, dem Zeichen für eine starke Potenz. „Unsere Erkenntnisse lassen auf eine völlig andersartige Entstehungsgeschichte des Universums schließen. Zuerst gab es das UR-WESEN, das Paradoxon, das sich aus sich selbst erschuf. Ein Zeitwirbel, ausgelöst vom NULLDANACH. Eine Ursache-Wirkungs-Verschiebung, die nur vor der Existenz des Universums möglich war und durch die dessen Entstehung erst bedingt wurde. Das auslösende Moment sozusagen."

„Wenn ich Sie recht verstehe, sehen Sie das Universum aus einem Perpetuum mobile hervorgegangen?" warf ich leicht benommen ein.

„Gewiß." Der Kayriede blickte mir tief in die Augen. „Nicht nur das Universum. Hier ist wohl unser überzeugendster Beweis!" Er holte aus seinem Koffer einen schwarzen Kasten, an dessen Seite sich ein unscheinbares Rädchen drehte. Oben waren die beiden Symbole E.S. eingeprägt. Er tippte darauf. „Nichts als Zahnräder!"

„Eine Ihrer billigen Imitationen!" rief mein erster Gesprächspartner empört. „Wo haben Sie diesmal den Motor versteckt?"

„Eine Frage, Herr Lorenz!" unterbrach Harlan die Auseinandersetzung. Er saß an der anderen Seite des Tisches und schaute amüsiert drein. „Was hat Sie eigentlich in diese Gegend verschlagen?"

„Ich schreibe Auftragsarbeiten für eine große Fachzeitschrift, die sich mit Grenzwissenschaften beschäftigt", antwortete ich frei heraus.

Ich bemerkte, wie sich Harlans Gesichtsausdruck einen Augenblick lang veränderte. Der Kayriede rückte ein wenig von mir weg, es entstand eine angespannte Pause, in der niemand etwas sagte. Betont langsam trank ich einen Schluck Kaffee.

„Wir haben also einen Journalisten hier," beendete Harlan etwas hilflos das Schweigen. „Wer weiß, was Herr Lorenz nachher über uns schreibt?"

„Nein, nein“, versuchte ich einzulenken. „Ich schreibe kleinere Reportagen, und das auch erst seit einem Jahr.“

„Das muss doch ungeheuer interessant sein“, sagte jemand. „Sie müssen weit herumkommen.“

„Um ehrlich zu sein“, sagte ich leise, „dies ist mein erster großer Auftrag. Ich wäre Ihnen dankbar, wenn Sie mich dabei unterstützten. Es wäre mir eine große Hilfe, wenn Sie mir nach Ihrer Begegnung mit GOTT schilderten, was Sie erlebt haben, wie die geheimnisvollen Erscheinungen auf Sie gewirkt haben.“

„Sie würden wirklich darüber berichten? Das wäre großartig. Ich melde mich bei Ihnen!“

„Ich auch!“

„Aber das ist doch selbstverständlich!“

„Gehen Sie mit – oder bleiben Sie hier?“ fragte Harlan. Es klang misstrauisch.

„Wenn Sie einverstanden sind“, sagte ich, „schließe ich mich Ihnen an. Ich will es selber kennen lernen.“

Er nickte. „Also gemeinsam.“

Wir standen auf der sturmgepeitschten Oberfläche des Planeten und versuchten, durch den aufgewirbelten Sand und Staub wenigstens die nähere Umgebung auszumachen. Die Schutzanzüge waren schwer und unbequem. Der meine hatte einen Fehler im Luftfilter, so dass mir ständig Sandkörner zwischen die Zähne gerieten.

Jemand klopfte mir auf den Rücken. Ich blickte mich um und erkannte Harlan durch die Sichtscheibe des fremden Helms.

„Wo ist Ihr Roboter?“ hörte ich seine Stimme. „Ich hoffe, Sie wollen nicht ohne ihn losziehen.“

„Er ist gerade dabei, mein Aufnahmegerät zu verpacken, damit es vom Sand verschont bleibt. Dagegen sind die Dinger empfindlich.“ Ich wies zur Seite, wo sich im Sandgestöber ein kaum auszumachender schwarzer Fleck auf uns zu bewegte. „Das wird er wohl sein."

Mein Roboter tapste schwerfällig durch den Sand und hielt im linken Greifer den in Folie gewickelten Apparat.

„Ihr Aufnahmegerät!" schnarrte er und hielt mir das Bündel entgegen.

„Ich brauche es noch nicht", antwortete ich ihm. „Trag es solange."

Er zog seinen Greifer zurück und wartete.

„Wir müssen los", drängte Harlan. „Die anderen sind uns schon voraus."

„Welche Richtung?" fragte ich.

„Folgen Sie mir", meldete sich der Roboter und stakste an uns vorbei. Wir liefen hinter ihm her und hatten Schwierigkeiten, ihn nicht aus den Augen zu verlieren. Die Sicht schien noch schlechter zu werden.

„Warum nehmen wir kein Fahrzeug?" fragte ich. „Ist es nicht unsinnig, die Sache so zu erschweren?"

„Glauben Sie, wir laufen absichtlich zu Fuß?" Harlan lachte dumpf. „Ich habe mich informiert. Gäbe es eine andere Möglichkeit, diese Strecke zu überwinden, würde man sie nutzen. Leider bleibt jeder Motor innerhalb des Energiefeldes stehen. Keiner weiß warum – es ist eben so. Auch mit Tragtieren hat man es versucht. Sie scheuen vor der Erscheinung."

Ich hatte mit den Sandkörnern im Mund zu kämpfen, die Augen begannen mir zu tränen. Hatte ich anfangs die Sache noch für amüsant gehalten, so entwickelte ich angesichts der vor uns liegenden Strapazen regelrechten Widerwillen gegen meinen Auftrag. Wofür das alles? Um unerklärliche, pseudomystische Lichterscheinungen zu beobachten!

Harlan lief wie gebannt hinter meinem Roboter her. Irgendwie schaffte er es, den Sandsturm zu vergessen und sich auf das ferne

Ziel zu konzentrieren. Ich hatte große Lust, auf der Stelle umzukehren und die Pilger zu interviewen. Doch dazu hätte ich allein zurückgehen müssen – und das wollte ich auch wieder nicht.

Als mir das Fehlen von Harlans elektronischem Begleiter auffiel, schaute ich zurück. Außer gelblichgrauen Schlieren war nichts zu erkennen. Harlan war allein unterwegs.

„Wo haben Sie Ihren Roboter?“ fragte ich. „Hat er einen Defekt, oder weshalb gehen Sie allein?“

„Ich kann die Dinger nicht ausstehen.“ Seine Stimme war kaum zu verstehen. „Durch sie entfremdet man sich von Gott.“

„Und dennoch folgen Sie meinem Roboter?“

Harlan schwieg und starrte vor sich hin. Ich wollte noch eine Frage stellen, die mir jedoch im Halse stecken blieb. Unbewusst hatte ich mich seiner Kleidung erinnert und ahnte nun, was in ihm vorgehen musste: Vor zwei Jahren machte ein religiöser Skandal von sich reden. Man hatte entdeckt, dass der damalige, scheinbar unsterbliche Führer jener Sekte, der Harlan zugehörte, ein Simulacron war. Ich hatte die Ereignisse mit großem Interesse verfolgt und jeden Artikel für eine Arbeit gesammelt. Die Sekte zerfiel innerhalb weniger Wochen, nur eine kleine Gruppe überzeugter Fanatiker blieb erhalten. Ich mochte nicht darüber nachdenken, was Harlan mit seinem Roboter angestellt hatte. Sicherlich fehlten dem jetzt mehr als zwei Finger.

„Schauen Sie! Da vorn!“

Ich folgte Harlans ausgestreckter Hand und versuchte den Staub zu durchdringen. Ein blaues Leuchten war zu erkennen, aber möglicherweise täuschte mich auch eine Spiegelung in meinem Sichtfenster.

„Der Roboter läuft darauf zu!“ rief ich. „Das kann doch nicht schon das Energiefeld sein?“

„Was sonst“, sagte Harlan und legte einen Schritt zu.

Je näher wir kamen, um so intensiver wurde das Leuchten. Lichtblitze durchschnitten das Licht und entluden sich leise grollend.

„Hey! Roboter!" rief ich in den Sturm. „Was ist das hier? Sind wir schon da?"

„Das ist die äußere Grenze des Energiefeldes", hörte ich schwach seine Antwort. „Wir müssen da hindurch. Es wird Ihnen nichts passieren."

„Dann los", ließ sich Harlan vernehmen, und eigenartig fröhlich sagte er noch: „Vielleicht ist dahinter das Wetter besser. Außer unserem Leben haben wir nichts zu verlieren."

Er begann zu laufen und schleuderte mit seinen Schuhen kleine Sandfontänen auf. Es war jedoch noch ein ganzes Stück Weg, und nach einer Weile begann er wieder langsamer zu werden. Je näher wir dem Energiefeld kamen, um so mehr veränderte sich auch unsere Umgebung. Große Felsbrocken bedeckten die Ebene, und immer öfter wurde der nackte Felsboden sichtbar. Mein Roboter stürmte voran, keinen Augenblick daran zweifelnd, dass wir ihm folgen würden. Da bemerkte ich etwas Seltsames. Während die Umgebung in blaues Licht getaucht wurde und der Wind abflaute, stiegen farbige Dämpfe aus dem Boden und formten sich zu seltsamen Gestalten. Manche dieser Nebelwesen trugen Gesichter, die mich an Freunde und Verwandte erinnerten. Mit dunstigen Händen griffen sie nach uns, spannen Farblinien um unsere Körper.

Eisiges Prickeln lief mir über die Haut, die Luft schien dünner zu werden. Ich ging schneller, um ihnen zu entkommen. Obwohl ich meinen Wahrnehmungen kaum noch traute, fühlte ich mich gejagt, verfolgt. Harlan und meinen Roboter hatte ich vergessen.

Plötzlich stand ich davor: Eine tiefblaue, von Blitzen durchfurchte Fläche. Ich erfasste auf mir unerklärliche Weise gewaltige

Energien dahinter. Bis in die Fingerspitzen spürte ich ihr Pulsieren und konnte mich kaum auf den Beinen halten.

Meinen Roboter fand ich nicht weit von mir. Er trat in die Wand ein und leuchtete in einem weichen goldenen Licht. Noch ein Schritt, und er war verschwunden. Harlan umfasste mein Handgelenk, und zog mich hinter sich her.

Wir drangen ein.

Farben explodierten, trieben über uns hinweg und durchdrangen unsere Körper.

„Ich höre den Sturm nicht mehr", rief ich Harlan zu. „Es ist so still!"

„Ja", antwortete er. „Wir sind jetzt in IHM."

Die Farben beruhigten sich wieder, die Landschaft war in vielfarbiges Licht getaucht. Am Horizont stand eine hell strahlende Säule, die den Himmel durchbrach. Wir erreichten den Roboter, der regungslos im Sand stand.

„Hier müssen Sie alleine weiter", tönte seine Stimme. „Jede Technik versagt ab diesem Punkt. Ich warte solange auf Ihre Rückkehr."

Ich dachte an mein nun überflüssiges Aufnahmegerät und fluchte in mich hinein. Aber warum nicht auch das! Ich suchte nach Harlan und bemerkte, dass er schon vorausgeeilt war.

„Bis dann", rief ich dem Roboter überflüssigerweise zu und beeilte mich, Harlan einzuholen. Der Himmel war mit dunklen Wolken bedeckt, in denen gleißende Entladungen zuckten. Unruhe erfasste mich und lenkte meinen Blick auf die in der Ferne stehende Säule, in der langsam ein glühender Ball gleich einer Sonne aufzusteigen schien. Als wenn er sich für eine Farbe zu entscheiden suchte, flackerte er in den unterschiedlichsten Lichtmustern. Plötzlich verharrte er zwischen Himmel und Erde. Bannte meinen Blick.

Mich überfiel unbändige Angst. Mein Herz begann zu rasen, Schweiß brach mir aus, mein Atem drang laut durch den Luftfilter.

In einer geräuschlosen Entladung sprengte die scheinbare Sonne eine flammende Lichthülle ab. Ich hielt die Hände vor die Augen, aber es nutzte mir nichts. Das Licht jagte auf mich zu, durchdrang meine Hände, meinen Körper und begann mein Selbst aus seiner harten Schale zu lösen. Ich schrie auf und wollte mir den Helm vom Kopf reißen, aber eine innere Stimme warnte mich. Meine Augen erblindeten, die Welt wurde schwarz.

Ich verlor Harlan und war von Lautlosigkeit umgeben. Etwas suchte in meinem Gehirn, berührte die Nervenenden und tastete sich nach innen. Längst vergessene Erinnerungen stiegen in mir auf, eine unaufhaltsame Bilderflut. Einander widersprechende Gefühle durchzuckten mich in einer Geschwindigkeit, die ein genaues Empfinden unmöglich machte. Dann brach etwas in mir, mein körperloses Wesen strömte aus mir heraus.

„Ich kann nicht", dachte ich Worte in die Stille. „Nein, ich will nicht!"

Hitze durchflutete mich, mein Körperempfinden kehrte zurück. Vergeblich versuchte ich, ein aufkommendes Zittern zu unterdrücken. Mit großer Überwindung öffnete ich die Augen. Vor mir stand die Säule, blaues Licht pulsierte in ihr und stieg in die Höhe. Verzerrte Gestalten waren erkennbar. Etwas, riesigen Augen gleich, tat sich auf und blickte auf mich hernieder.

„Öffne dich! Offenbare dich!" flüsterte es in mir. Ich spürte, wie mein Fleisch von den Knochen schmolz, empfand aber keinen Schmerz. Die Knochen lösten sich auf, mein Geist wurde körperlos. Wie von einer Strömung angezogen, näherte ich mich der Säule. Flammenzungen liebkosten mich und zauberten farbige Muster in meine Gedanken. Die Hüllen meines Selbst zerfielen und lösten sich auf. Das Zentrum meines Empfindens wurde freigelegt. Die tiefste auslotbare Stelle.

„Nein", schrie ich auf. „Lass mich! Du hast kein Recht, mich zu zerstören." Mein Widerstand wuchs. „Und auch nicht die Macht dazu!" Es gelang mir, mich der fremden Gewalt entgegenzustemmen. Nie hätte ich gedacht, dass es solche Kräfte gab, dass solch eine Erniedrigung möglich war. Was wäre mit mir geschehen, hätte ich nachgegeben?

Da löste sich die Kraft von mir. Ich erhielt meinen Körper zurück und fiel aufs Gesicht. Die Hände im Sand verkrampft, blieb ich liegen. Meine Wärme versickerte im Boden, Übelkeit überfiel mich. Hatte ich es überstanden?

Stoßweise Atemzüge ließen mich den Kopf heben. Nicht weit von mir entdeckte ich Harlan. Er lag mit offenen Augen auf dem Rücken, den Helm neben sich auf dem Boden, und starrte ins Nichts. Von seinem Körper ging ein Leuchten aus, welches mit einem Mal von gleißendem Licht überstrahlt wurde. Einem Stern gleich, löste sich das Licht von ihm, beschrieb einen weiten Bogen, raste auf die Energiesäule zu und wurde von ihr verschluckt. Dort, wo Harlans Körper gelegen hatte, befand sich nur noch seine geschwärzte Kleidung. Aus einem ausgeglühten Schädel starrten mir schwarze Augenhöhlen entgegen.

Mir wurde wieder übel. Taumelnd erhob ich mich und wankte den Weg zurück. Ich fühlte mich leer und ausgebrannt. Als ich den wartenden Roboter erblickte, begann ich zu laufen.

Ein Tag körperlicher Erholung lag hinter uns. Der Hafentransporter brachte uns zum Raumschiff, während eine schmutzige Staubfahne hinter ihm zurückblieb. Die Pilger hockten eng beisammen und schwiegen. Der Transporter hielt, und die Roboter forderten uns zum Aussteigen auf. Wir erblickten das Raumschiff, das uns hergebracht hatte – ungepflegt und schmutzig wie zuvor.

Ohne Bedauern verließ ich die windig-schwüle Atmosphäre des Planeten. Das Abenteuer hatte ich überstanden, jetzt ging es um die Auswertung, um meinen Artikel. Ich durchstreifte das Raumschiff, doch wohin ich auch kam, die Pilger hielten sich von mir fern. Im Speiseraum traf ich auf den Pilger mit dem Laptop. Er saß allein an einem Tisch und schien auf jemanden zu warten. Sein Gesicht wirkte ruhig und entspannt.

„Haben sich Ihre Erwartungen erfüllt", sprach ich ihn an, „sind Ihre Theorien bestätigt worden?"

„Mehr als das", erwiderte er. „Meine Speicher wurden zwar alle gelöscht, doch sie wurden mit neuen Informationen gefüllt. Völlig neue Formeln, geradezu überwältigend. Ich muss die fremden Daten nur noch entschlüsseln."

Ich war überrascht. „Hat Ihr Gerät denn innerhalb des Energiefeldes gearbeitet?"

„Ich hielt mich an seiner Grenze auf, aus guten Gründen", sagte er. „Von dort hatte ich auch einen besseren Überblick, als wenn ich mich in die riskante Nähe der Lichterscheinung begeben hätte." Er wies auf einige Pilger, die sich in die Ecken verzogen hatten. „Sehen Sie sich doch um. Jämmerliche Gestalten! Sie trauen sich nicht, einem in die Augen zu sehen."

„Sie machen einen deprimierten Eindruck", bestätigte ich. „Haben sie denn nicht die Erfüllung ihres Glaubens gefunden?"

„Glauben?" Er lachte leise. „Sie haben gezweifelt, haben gedacht, sie könnten mit Gott plaudern wie mit dem Nachbarn. Gott hat sie zurückgestoßen, erniedrigt, ihnen ihre Nichtigkeit vor Augen geführt."

„Sie sehen so aus, als hätten sie etwas Entsetzliches durchgemacht."

Der Kayriede trat heran. Seine Schädelwulst war blaß und eingefallen. „Sie Feigling", beschimpfte er aufgebracht mein Gegenüber. „Sie waren nicht dabei, sonst würden Sie verstehen. Gott hat tiefer in meine Seele geblickt, als es mir selbst möglich ist, und als er nicht fand, was er suchte, stieß er mich zurück – unwürdig! Unwürdig, der ich mein Leben allein Gott geweiht habe!“ Er stockte. „Wie soll ich jetzt vor die gläubigen Seelen treten? Gott ...“

„Wer Gottes Größe verkennt“, erwiderte der andere, „der begreift ihn nicht. Ihm mangelt es am Glauben.“

Einige der Pilger, die das Gespräch mitverfolgten, traten näher heran. Keiner von ihnen sagte ein Wort, sie lauschten mit unbewegter Miene.

„Sie sind offensichtlich überzeugt, Gott begegnet zu sein“, wandte ich mich an meinen ersten Gesprächspartner. „Was bringt Sie zu der Überzeugung?“

Er blickte mich verständnislos an und spielte am Verschluss seines Laptops.

„Ihre Speicher wurden gelöscht“, sagte ich, „und mit unverständlichen Formeln gefüllt. Die Pilger, die sich gottesfürchtig der Erscheinung genähert haben, wurden innerlich zutiefst verletzt. Warum machen Sie gerade Gott dafür verantwortlich?“

Er starrte mich an.

„Es gibt für Gott eine negative Entsprechung“, sagte ich. „Nennen Sie es Beelzebub, Scheitan, Diabolus ...“

Die Pilger stießen ein Ächzen aus.

Er atmete schwer. „Sie meinen ... Sollte etwa ...“ Ein Aufschrei.

„Luzifer!“ Er klappte seinen Koffer auf, fremde Symbole zuckten über den Bildschirm. „Nein!“ rief er. „Das ist nicht Gottes Handschrift. Hebe dich hinweg, Satanas!“ brüllte er, stand auf und schmetterte sein Gerät auf den Boden.

Der Kayriede wandte sich den Pilgern zu. „Fasset Mut, Brüder im Geiste ...“

„Ich sage euch, wir haben Satan widerstanden!“ rief der andere und stieß mit dem Fuß seinen zerstörten Laptop zur Seite. „Unser Glaube war so stark, dass kein Teufel uns etwas anhaben konnte.

Wir haben Luzifers Höllengestalt durchschaut, mit Gottes Beistand haben wir die Prüfung bestanden und Luzifer zurückgeschlagen!“

„Gott war bei uns, Gott ist in uns, Gott wird bei uns sein, heute und immerdar!“ rief der Kayriede. „Sein Name sei gelobt. Lasset uns beten.“

Die Pilger fielen auf die Knie.

Als das Raumschiff gelandet war, dröhnte eine lautsprecherverstärkte Stimme über das Feld. „Seid gegrüßt, Pilger Gottes. Kniet nieder, empfangt den Segen des unermesslichen Geistes! Wer fest im Glauben ist, den nimmt Gott auf und verzeiht ihm seine Sünden. Ich bringe euch die Gnade, deren ich teilhaftig geworden bin.“

Bernard Pelot entblößte seine gelbfleckigen Zähne und drückte mir die Hand. „Schön, dass du gesund zurück bist. Hast du genügend Material zusammenbekommen? Wir haben kaum Zeit, dein Artikel ist der Aufmacher der nächsten Ausgabe.“

Man erwartete eine gute Story von mir. Außerdem wollte ich weiterkommen. Ich brauchte nur die Wahrheit zu schreiben. Doch schon während des Rückfluges waren mir Zweifel gekommen. An WELT GOTTES verdienten mächtige Banken und Firmen. Wie leicht konnte ein Unbequemer Opfer eines Unfalls werden. Andererseits empfand ich die Vorkommnisse als dermaßen irrsinnig, dass es mich geradezu drängte, mit der Wahrheit herauszurücken. Denn in einem war ich mir jetzt sicher: Sollte es jemandem gelingen, Gott – oder was immer sich dort befand – gegenüberzutreten, er würde nicht zurückkehren.

Ich wusste es.

Erstkontakt

Der Wagen kippte vornüber auf den lockeren Boden. Es kratzte entsetzlich, als sich die Räder hilflos im grobkörnigen Sand drehten.

„Passt doch auf!“ brüllte Duma. Er wurde hin und her geschüttelt, schmerzhaft presste der Gurt seine Brust. Aus dem Lautsprecher kam nur dummes Gekicher, am liebsten hätte er Tom einen Schlag auf die arrogante Nase gegeben. Der jedoch saß Kaffee schlürfend hinter dem Monitor und machte sich darüber lustig, wie sich Duma von der verklemmten Ausstiegsplattform quälte.

„Schon müde geworden?“ fragte Tom scheinheilig. „Das nächste Mal schicken wir Robert. Der ist fünfzehn Jahre jünger.“

„Leck mich!“ Duma versuchte den Geländewagen in Gang zu bekommen. Nach zwei Versuchen schaffte er es. Die Räder fassten, der Wagen setzte sich in Bewegung.

„Wo habt ihr das Licht gesehen?“ fragte er, noch immer wütend.

„Sektor sieben, in dem wir auf die aggressive Tierart gestoßen sind. Du solltest aufpassen!“

„Scheiß Planet! Ausgerechnet ich muss heute Dienst haben. Es ist jedes Mal das Gleiche. Kaum bin ich dran, schon passiert was. Und ihr Arschlöcher habt die Ausstiegsplattform noch immer nicht in Ordnung gebracht. Diesmal gibt's Ärger, das verspreche ich euch.“ Duma zog einen Kaugummi aus dem Spender und konzentrierte sich auf die Fahrt.

„He, Duma! Noch ansprechbar?“ kam wieder Toms Stimme.

„Was gibt's?“

„Wir haben hier ungewöhnliche Erscheinungen auf dem Massekontrollmonitor. Da muss wirklich was Großes runtergegangen sein. Ist von dir aus schon was zu sehen?“

„Hier ist alles okay!" meldete Duma. „Wenn wir Tag hätten, wäre es mir natürlich lieber. Ihr könnt ja eine Leuchtkugel hochschicken. Meine Scheinwerfer reichen nur wenige Meter weit. Der aufgewirbelte Staub ..."

Kurze Zeit später erhellte rotes Licht die Umgebung.

„Ich sehe immer noch nichts. Fahre jetzt schneller. Hallo ... Tom ... hörst du mich?" Duma drehte den Regler auf. Rauschen.

„Ist das Ding auch kaputt", fluchte er und drückte auf den Ausschalter.

Ein Windstoß fegte über das Fahrzeug, plötzlich hatte er freien Blick. Augenblicklich sah er hinter schwarzen, wuchtigen Felsblöcken ein warmes gelbes Licht. Als Duma sich näherte wurde es immer heller. Er probierte noch einmal das Funkgerät. Nichts!

„Da muss ich wohl ohne Anweisung raus."

Er stülpte sich den Helm über und sicherte die vier Verschlüsse. Er erwartete nichts Ungewöhnliches. Als Erkunder war ihm schon so viel scheinbar Unerklärliches unter die Augen gekommen, dass Duma an den Unsinn von kosmischer Intelligenz nicht mehr glauben konnte.

Er schob die Fahrzeugtür beiseite und stieg die Sprossen zur windgepeitschten Oberfläche des Planeten hinab. Sein Anzugscheinwerfer zeichnete einen ovalen Lichtfleck auf den Boden, gegen seine Sichtscheibe prasselten Sandkörner. Hätte er früher gewusst, welche langweiligen Aufgaben einen Erkunder erwarteten, wäre er damals in die biologische Forschung gegangen. Wovon hatte er nicht alles geträumt ... Stattdessen zogen sie von einer Einöde zur anderen, und Hektik gab es nicht etwa, weil man von fremdartigen Lebewesen angegriffen wurde, sondern weil ein Trottel sich zu nah an ein Sumpfloch gewagt hatte und plötzlich im Morast versank.

Duma schüttelte den Kopf und stapfte widerwillig auf die eigenartige Lichterscheinung zu. Seltsam war ihm trotzdem zumute. Aller Wahrscheinlichkeit nach hatte sich nur ein Brand entzündet. Bei den Gewittern, die hier tobten, kein Wunder.

Er bemerkte ein seltsames Rascheln. Ein Geräusch, als liefe man über welke Blätter. Mit eingeübter Bewegung zog er seinen Energiewerfer aus der Halterung. Dunkel huschte ein Körper durch den Lichtkegel des Scheinwerfers, dann folgten mehrere elektrische Entladungen. Duma drückte vor Schreck auf den Auslöser. Die fast menschengroße Kreatur wurde von dem Energiebündel getroffen und brach, einen hohen Schrei ausstoßend, zusammen. Duma trat näher an die leblose Kreatur. Es war eines jener aggressiven Biester, vor denen ihn die anderen gewarnt hatten.

„Scheiße", fluchte er, als er das Blut aus dem fremdartigen Körper fließen sah. Es war das erste höhere Lebewesen, das er als Erkunder getötet hatte. Ohne Schutzanzug wäre er durch den elektrischen Angriffsschlag ums Leben gekommen. Es war zum Verrücktwerden. Da traf ihre Gruppe das erste Mal auf einem fremden Planeten eine höher entwickelte Spezies, und dann erwies sich diese als so widerspenstig, dass ein ungefährliches Einfangen geradezu unmöglich schien. Als es ihnen vor wenigen Tagen dennoch gelang, tötete sich das Wesen innerhalb weniger Augenblicke selbst.

Duma blickte auf. Das Licht hinter dem Felsen veränderte sich. Wie Funken in einem Feuer begann dort etwas nach oben zu steigen. Die Waffe in der Hand, näherte er sich langsam.

Irrlichtern gleich begannen die Funken um die gelbe Lichtaura zu rotieren, stiegen immer höher und schlossen sich zu flammenden Kugeln zusammen. Duma schluckte und stolperte fast, als er einige Schritte zurückging. Was war hier los? Dumpfes Unbehagen stieg in ihm auf, machte ihn schwindlig. Eines der Leuchtfeuer jagte auf ihn zu. Erschrocken hob er die Hände und schrie. Der Feuerball traf ihn auf der Brust. Fremde Energie umspülte seinen

Leib, außer gleißendem Feuer sah er nichts mehr. Ein schmerzhaftes Brennen durchjagte seinen Körper, er sank auf die Knie und verlor das Bewusstsein.

Dann war alles vorüber. Duma hockte mit zitternden Knien im Sand und vermochte nichts zu begreifen. Nur über eines war er sich im Klaren: Seine Leute mussten so schnell wie möglich erfahren, was hier vor sich ging.

Mühsam erhob er sich und hatte Schwierigkeiten, nicht gleich wieder umzufallen. Er erhöhte den Anteil an Sauerstoff in seiner Atemluft und fühlte sich sogleich besser. Schnell schaltete er seine Anzugkamera auf Betrieb. Wenn er hiervon keine Bilder brachte, würde ihm niemand glauben.

Da – eine Bewegung zwischen den Felsen vor ihm. Wie vorhin huschte, von einer glühenden Entladung gefolgt, etwas durch sein Blickfeld. Duma feuerte. Diese verdammten Biester. Die Helligkeit schien sie anzulocken. Vielleicht wäre es wirklich besser, zur Station zurückzukehren und mit Verstärkung anzurücken.

Er machte einige Schritte und erstarrte. Was da vor ihm lag, war keine der blutgierigen Kreaturen, sondern ein Mensch im Raumanzug. Er drehte den Körper auf den Rücken, schaute durch das gewölbte Glas – und blickte in sein eigenes Gesicht. Er brüllte auf, zuckte zurück und stürzte. Seine Gedanken überschlugen sich. Was war hier los? Er schaute noch einmal auf das Gesicht unter dem Schutzglas. Ihm drohte die Luft wegzubleiben.

Duma versuchte Ordnung in seine durcheinanderwirbelnden Gedanken zu bringen. Es musste eine Erklärung geben! Er stand auf, als sich eine Idee in ihm festsetzte. Es gab eigentlich nur zwei Lösungen: Entweder versuchte ihn die Wachmannschaft an der Nase herumzuführen und würde jeden Augenblick laut loslachend über den Kommunikationskanal zu hören sein, oder der Kontakt mit Außerirdischen hatte stattgefunden.

Duma versuchte die Szene einigermaßen glaubhaft zu rekonstruieren: Angehörige einer hochentwickelten Rasse unterhielten auf diesem Planeten eine Station oder landeten mit ihrem Raumschiff zu derselben Zeit wie die irdische Erkundereinheit. – Er blickte zu dem pulsierenden Licht, und ein Zittern stieg in ihm auf. – Dann sahen sie, wie sich ihrem Schiff oder ihrer Station ein Fahrzeug näherte, aus dem ein fremdartiges Wesen stieg und sich auf sie zubewegte. Also starteten sie eine Sonde, die den Körper des Wesens auf alle nur erdenklichen Daten abtastete. Innerhalb weniger Augenblicke schufen sie ein Double und schickten es mittels Energieübertragung zurück.

„Habe ich vielleicht ihre 'Kontaktperson' über den Haufen geschossen?" stöhnte Duma. Er überlegte angestrengt. Sollte es auf diese Weise abgelaufen sein, war es mehr als wahrscheinlich, dass die Fremden seine Handlungsweise als feindlich bewerteten. Ihm blieb nur ein Ausweg: Er musste sofort handeln, ihnen Friedfertigkeit demonstrieren.

Langsam ging er auf das Licht zu. Sein Ursprung, so konnte er jetzt erkennen, war eine große schimmernde Halbkugel, die übergangslos mit dem felsigem Boden verschmolz. Eine seltsame Ruhe überkam ihn. Er näherte sich der Halbkugel vorsichtig bis auf wenige Zentimeter. Schwache Wärme durchdrang seinen Schutzanzug. Ohne eine Spur von Furcht legte er eine Hand auf die pulsierendes Licht ausstrahlende Oberfläche und drang widerstandslos in sie ein. Er zögerte einen Augenblick, bevor er ganz und gar hineintauchte.

Ein endloses Lichtermeer umgab ihn. Neue Räume. Neue Dimensionen. Er versank in einer Welt aus Farben. Feurige Bänder trieben an ihm vorbei, verwoben sich miteinander, bildeten neue pulsierende Muster. Dann wurden die Farben schwächer, beruhigten sich, formten eine Landschaft.

Eine rote, endlos erscheinende Fläche, nur am Horizont von hohen Felsen begrenzt. Ein grauer Himmel, der schwere, düstere Wolken trug. Außer dem Atem des Windes schien es auf dieser Welt keine Geräusche zu geben. Inmitten der roten konturenlosen Ebene stand ein pilzförmiges Gebilde. Es ragte hoch auf und warf seinen blassen Schatten viele hundert Meter weit.

Duma trieb langsam darauf zu, ohne die Möglichkeit, sich dagegen zu wehren. Das Gebilde, direkt aus dem roten Boden wachsend, war, obwohl von gleicher Farbe, um einiges dunkler als dieser. Er kam näher, immer mehr Einzelheiten wurden ihm offenbar. Graue armdicke Stränge umspannten die Oberfläche, überall zeigten sich porenähnliche Öffnungen.

Duma verhielt vor einer Öffnung und bemerkte, wie etwas seinen Geist ergriff. Eine Explosion von Informationen ließ ihn fast besinnungslos werden, verbrannte ihn innerlich. Er verstand innerhalb von Augenblicken. Ein unermesslicher Fluss von Daten, die sich in ihn ergossen. Er begriff mehr von den Gesetzen des Universums, erfuhr das Geheimnis von Sternenreisen mittels kleiner Zeitsprünge, ahnte etwas von der übergeordneten Intelligenz, die sich hinter allem verbarg, und begriff sich selbst in neuer Weise. Er sah Fremdwesen, die er sich bizarrer nicht hätte vorstellen können, und ging auf in einem neuen Bewusstsein.

Dann ließ die Kraft von ihm, gab ihn wieder frei. Seine Körpersubstanz zerstob, wurde davongetragen und verband sich von neuem. Eine gleißende Entladung, und er stand in Dunkelheit. Man hatte ihn entlassen. Vor sich nahm er schemenhaft eine Bewegung war. Ein endgültiges Begreifen durchzuckte ihn. Noch bevor er etwas rufen konnte, traf ihn der Strahl eines Energiewerfers und riss ihn herum. Nur das Gesicht der Gestalt, die auf ihn geschossen hatte, blieb noch für Sekunden in seinem schwindenden Gedächtnis haften.

Tödliche Aussicht

Als die Türautomatik summte und Daniel in voller Kampfmontur sichtbar wurde, trieb ich es gerade mit Vera auf dem Oberdeck und streichelte genussvoll ihre weichen Brüste. Vera war voll unbändiger Energie.

„Scheiße!" rief er, als er uns erblickte und in eine seltsame Erstarrung verfiel. Eine völlig normale Reaktion für ihn. Sein Gesichtsausdruck verriet mir die Art seiner Gedanken. Ich war mir keiner Schuld bewusst. Er hätte auf den Summer drücken können. So überrascht zu werden, war mir peinlich. Vera schien es nicht anders zu gehen.

Hinter Daniel erschien nun auch Tom, der ihn mit beiden Händen sanft umfasste. Tom der Verständnisvolle – Schlichter aller Streitigkeiten. Er küsste Daniel auf die Wange und schob ihn beiseite. „Kümmere dich um die Anflugauswertung. In einer halben Stunde ist es so weit."

Daniel trabte davon, Tom stand allein in der Tür, den Blick auf meinen Körper gerichtet. Ich kam mir in meiner Blöße unbehaglich vor.

„Sammelt die Sachen ein und beeilt euch. Der Angriff steht kurz bevor." Er machte eine Pause. „Und benutzt das nächste Mal die Notverriegelung. Das ist zwar gegen die Vorschrift, aber immer noch besser, als auf diese Art überrascht zu werden." Er trat zurück, die Tür schloss sich mit einem leisen Fauchen. Ich gab Vera einen Kuss und musste mich beherrschen, nicht laut loszulachen: „Noch ein paar Sekunden", rief ich, „und Daniel hätte Schaum vorm Mund gehabt!"

„Hör auf damit.“ Vera zog fröstelnd ihr Hemd über. „Wir haben lange gebraucht, hier als Hetero-Paar eingesetzt zu werden. Ich möchte das nicht durch Unachtsamkeit aufs Spiel setzen.“

Die drei feindlichen Schiffe waren glühende Punkte im Holofeld. Ich tippte auf marsianische Jäger. Die kamen fast immer zu dritt und reagierten auf keinerlei Kontaktsignale. Hin und wieder flüchtete auch einer, weil sich die Piloten zum Teil aus Sträflingen rekrutierten, die es vorzogen lieber in den Krieg zu ziehen als auf die Erde verbannt zu werden und innerhalb weniger Monate an den Überresten biologischer Kampfstoffe und stetiger Radioaktivität zu verrecken. Das war aber immer noch besser als das, was sie erwartete, wenn sie als Überläufer zu uns kamen.

Zu Tom gewandt tippte ich auf meine Brust. „Der Indikator ist schon wieder hinüber! Seit drei Stunden gibt er keinen Ton von sich. Sollte ich irgendwann tot zusammenbrechen, ist das Gerät verantwortlich.“

„Unsere Station erhält morgen Lieferung. Sind Indikatoren dabei, bekommst du einen neuen.“ Er sagte dies so schroff, dass ich ihn erstaunt musterte. Braute sich hier etwas zusammen? Hatten wir es vielleicht doch zu weit getrieben? Einen Rausschmiss wollten wir nicht riskieren. Toms Reaktion war mehr als ungewöhnlich. Ich blickte zu Vera. Sie war tief in ihre Arbeit versunken und tat zumindest so, als hätte sie nichts bemerkt. Wir würden uns zu einem besseren Zeitpunkt darüber unterhalten müssen. Ich verschob meine Grübelei auf später und nahm den Sichtschirm in Betrieb. Im linken oberen Feld wurde ein Teil der Jupiterscheibe sichtbar. Kräftige Farben, leuchtende Bänder. Io, ein winziger roter Ball davor. Das kosmische Schlachtfeld!

„Noch immer keine Reaktion!“ meldete Robert. „Sie sind schneller als sonst.“

Wie üblich ließen wir Abfangraketen starten. Trotz ausgefeilter Abwehrtechnik erwischte man mit ihnen hin und wieder doch einen Jäger. Kurz vor Erreichen des Ziels explodierten die Dinger und bildeten Flächen aus winzigen Sprengkapseln. Die Kapseln waren so klein, dass zumindest einige von ihnen den feindlichen Abwehrschirm durchdrangen.

Auf meinem Monitor wurde das Aufleuchten winziger Explosionen sichtbar. Die Kapseln waren auf den Weg gebracht!

„Noch zwei Minuten bis zum Erreichen des Zielpunktes", sagte Robert und holte die Vergrößerung auf den Hauptschirm. Wir starrten gebannt in die Schwärze.

„Was ist da los?" rief er plötzlich. „Warum schießen die nicht? Was ist mit dem Abwehrschirm?"

Ich stellte mich neben ihn und betrachtete die Bewegungen auf den Schirm. Etwas Beängstigendes ging da vor sich, ich fühlte es deutlich ...

Der Jäger katapultierte sich nach draußen, presste Vera und mich tief in die Sitze. Jupiter schwebte drohend über uns und verursachte mir wie immer Bauchschmerzen.

„Wie geht's dir?" fragte mich Vera vom vorderen Sitz. „Noch alles beisammen?"

„Bestens", log ich. „Nun geht's nur noch darum, die Wrackteile aufzusammeln. Dürfte ja nicht sooo schwierig sein."

„Stimmt!" rief Vera. „Ich habe schon ein Signal festgemacht. Genau im eingegrenzten Gebiet." Sie machte eine Pause und sagte dann mit seltsamer Begeisterung: „War ein tolles Feuerwerk. Alle drei auf einen Schlag!"

„Vielleicht eine Falle", erwiderte ich. „Unser Jäger kommt an – und ZACK – ist er nur noch ein Tropfen glühenden Metalls."

„Dein Optimismus ist ansteckend“, schimpfte Vera. „Wie du mit dieser Einstellung den Eignungstest bestehen konntest, ist mir ein Rätsel.“

„Mir nicht“, gab ich zurück. „Mein Ausbilder war in mich verknallt.“

Vera gab ein trockenes Lachen von sich und beschleunigte den Jäger. Nach einer Weile konnte man schon mit bloßem Auge das Reflektionslicht eines sehr großen Wrackteiles ausmachen.

Als die ersten Einzelheiten sichtbar wurden, beschlich mich ein ungutes Gefühl. Was wir da vor uns hatten, waren nicht die Überreste eines marsianischen Jägers oder eines von Menschen gebauten Flugkörpers, es war etwas Fremdartiges.

„Schau dir das an!“ flüsterte ich. „Ein so verdrehtes Ding könnte ich mir in meinen kühnsten Träumen nicht zusammenspinnen.“

„Vielleicht eine neue Entwicklung der Marsianer ...“, sagte Vera. „Unser Geheimdienst ist nicht allwissend.“

„So eine Konstruktion kann es nicht geben“, antwortete ich, „Das widerspricht jeder Logik. Möglich, dass sie das Raumgefüge oder etwas ähnlich Verrücktes verändert haben. Es geht einfach nicht.“

Vera starrte zu mir nach hinten: „Du glaubst tatsächlich ...“

„Was sonst?“ Ich klopfte auf den Schirm. „Wir sind zu blöde für so was – und die Marsianer ebenfalls.“

„Wir verschwinden lieber“, schlug Vera vor. „Für solch eine Kontaktaufnahme sind wir nicht ausgebildet.“

„Dort ist Licht. Das sollten wir uns zumindest noch ansehen.“

Die Lichtquelle erwies sich als großes Loch im grauen Material des Gebildes. Sicher durch eine der unzähligen Sprengkapseln hervorgerufen. Das Ding sah besser erhalten aus, als nach unserem Beschuss zu erwarten war.

„Ich steige aus!“ bestimmte ich.

„Wir sollten eine Sonde vorausschicken“, hielt Vera dagegen. „Eine ausnahmsweise sinnvolle Vorschrift.“

„Dieser Jäger besitzt keine Sonde mehr.“ Ich grinste widerwillig. „Ist damals beim Übungsschießen draufgegangen.“

Ich stieß mich mit den Füßen von unserem Jäger ab und schwebte auf das Zentrum des durch blasses Licht erleuchteten Loches zu. Die ewige Angst, in die endlose Leere abgetrieben zu werden, packte mich. In mir war nur wenig von der erhabenen Größe des Menschen. Ich machte mir fast in die Hosen.

Dann drang ich ins Innere des fremden Schiffes. Mein Sichtglas wirkte nun als Lichtverstärker. Undeutliche Formen wurden sichtbar. Ich befand mich in einem kleinen Raum, dessen Wände mit winzigen Erhebungen bestückt waren. Nirgendwo gab es Ecken oder Kanten. Alles war irgendwie stumpf und abgerundet. Das schwache Licht entstammte einem zarten Adergeflecht, das die Wände überzog.

„Verrückt!“ hörte ich Veras Stimme in meinem Helm, die das Geschehen über Sensorimplantate in meinen Augen verfolgen konnte.

„Ich versuche, in einen anderen Raum zu gelangen“, antwortete ich. „Probiere es durch eines der kleinen ausgewölbten Löcher vor mir.“

Vera gab stumm ihre Zustimmung, und ich ließ mich tiefer in das unheimliche Gebilde treiben. Ich schlüpfte durch die Öffnung und gelangte in eine grell beleuchtete riesige Kammer. Dem Zentrum des Raumes entwuchs ein unförmiger Stumpf, aus dem Flüssigkeit sickerte, die in winzigen Kügelchen den Raum durchschwebte. Mit der Hand fing ich eines auf. Es machte auf mich den Eindruck von Quecksilber. Dann bewegte ich mich weiter zum Mittelpunkt. Je näher ich dem Stumpf kam, um so mehr begriff ich, dass wir hier etwas Lebendiges zerstört hatten. Ich glaubte, freiliegende Organe zu sehen, zuckendes Gewebe.

„Tom hat soeben das Auftauchen eines Feldes riesiger Flugkörper gemeldet“, ließ sich plötzlich Vera vernehmen. „Er will, dass wir sofort umkehren.“

Noch während ich ihre Stimme vernahm und wie gebannt auf den Stumpf starrte, begann sich der Raum zu verändern. Es war ein Verschieben der Formen, das sich meinem Begreifen entzog. Ich stand im Zentrum irrsinniger Verzerrungen. Nach wenigen Sekunden war alles vorbei. Das helle Licht wirkte gedämpfter, und ich befand mich in einer kleineren Kammer. Das alles dauerte keine zehn Sekunden. Zehn Sekunden, in denen ich es mehr und mehr mit der Angst zu tun bekam. Wir hatten hier hochentwickeltes Leben vernichtet. Den ersten Außerirdischen, denen Menschen begegneten, pusteten wir das Hirn aus dem Schädel. Ein schrecklicher Fehler! Nach dem zu urteilen, was ich mit meinen begrenzten menschlichen Fähigkeiten aufnehmen konnte, waren uns die ANDEREN mehr als nur eine Nasenlänge voraus. Dennoch hatten wir die Hand gegen sie erhoben. Ein lächerliches Versehen, aber was änderte das? Würden wir noch dazu kommen, ihnen das mitzuteilen? – Vielleicht waren wir in ihren Augen primitive Wilde, um die es nicht schade war.

Wieder gab es eine räumliche Veränderung. Mir drehte sich der Magen um, ich begann den Halt zu verlieren. Ein Geräusch wie von herabstürzendem Wasser umbrauste mich und ein stärker werdender Druck legte sich auf meinen Körper. Ich lehnte mich an die Wand hinter mir, krallte mich mit den Händen fest und versuchte wieder klar zu denken. Meine Kehle war ausgedörrt und schmerzte beim Schlucken. Langsam setzte sich eine Erkenntnis in mir fest, lähmte jeden Gedanken. Kälte breitete sich aus und presste meine Lungen zusammen.

„Vera?“ rief ich in die Stille und wartete. Ich wusste, dass sie mich nicht mehr hören konnte.

Herz des Sonnenaufgangs

Blutige Lippen
Asche in den Augen
erloschen
Schlachtfelder mit Leichengeruch
bleiches Gewürm in Menschenleibern
Schreie ungehört
Ich presse mein Gewissen aus
hebe meine Waffe
töte um zu leben

o

Dieser Krieg war ständige Furcht vor den Hinterhalten des Gegners, war erbarmungsloser Hass.

Wir waren auf der Suche. Monate ...

Der Feind blieb gesichtslos, und, obwohl ohne Verantwortung, bin ich froh, dass es keine göttliche Strafe gibt.

Als das Schiff in das fremde System einflog, schliefen alle bis auf die Wachen. Das Schlachtfeld sollte das Blut von ausgeruhten Körpern empfangen. Er fühlte seine Angst. Es war die Angst vor der eingepflanzten Konditionierung. In seinem Schädel pochten die Zwänge fremden Willens. Etwas, das ihn zwingen würde zu tun, was getan werden musste. Er mühte sich, zu verstehen, hoffte einen Sinn in diesem Irrsinn zu erblicken. Doch er hatte Zweifel. Das Schlimmste: Er konnte sich niemandem anvertrauen.

Das Einzige, das ihm in diesem Augenblick half, war Schlaf.

Und Vergessen ...

1

Angst. Zzsus Geist erzitterte. Nachdem er einen brauchbaren Körper zur Fortbewegung geschaffen hatte und Sinnesorgane ausgebildet waren, floss seine Seele aus dem Lebensstein in die selbsterschaffene materielle Hülle.

Zzsu durchstreifte milchig leuchtende Gänge mit scharfkantigen Rändern. Er war nicht allein unterwegs. Unzählige Körper begegneten ihm, und die bizarrsten Schöpfungen bewegten sich zum Zentrum.

Als Zzsu sich der Vereinigung ergab, stürzte vervielfachte Angst auf ihn ein. Sein Geist verkrampfte, suchte die Wärme der ANDEREN. Zitternd verschmolzen die ineinander verschlungenen Wesen zu einem einzigen Körper.

Es blieb die Angst.

2

Eine dichte Wolkendecke verbarg die Oberfläche des Planeten. Auch mit unseren elektronisch erweiterten Sinnen war nichts Wesentliches auszumachen.

Wir waren die zweite Expedition im System HERZ DES SONNENAUFGANGS. Der Auftrag lautete, den verschollenen Raum-Kampf-Kreuzer der ersten Expedition ausfindig zu machen und nach Überlebenden zu suchen. Tarus war schon als Kind von der gewaltigen Größe dieser Schiffe gefangen gewesen. Stundenlang hatte er sich in der Nähe des Raumflughafens aufgehalten. Ein so perfekt ausgerüsteter Kampf-Kreuzer konnte nicht verloren gehen. Er galt als unbezwingbar.

Die zum Schiff gehörende Besatzung war darauf gedrillt, sich jeder Gefahr zu stellen, den Gegner unerbittlich zu jagen und zu vernichten. Unterstützt wurde sie darin durch eine hochspezialisierte Feind- und Hass-Konditionierung. Sie löschte die Persönlichkeit und machte aus ihnen exakt funktionierende biologische Kampfmaschinen, ausgerüstet mit der besten Technik.

Da, es bewegte sich. Der Feind! Ein dunkler Schatten vor einem schwarzen Hintergrund. Undeutlich erkannte Tarus dessen Umrisse. Tarus konnte keine Details ausmachen, spürte aber die Ausstrahlung von Aggressivität.

Tarus ließ seine Waffensysteme ausfahren. Das Pulsieren ihrer Energie nahm er durch den Kampfanzug wahr.

es bedroht mich

es bedroht mich

ich hasse es

ich hasse es

ICH HASSE ES

Die Empfindung stieg ihm ins Gehirn und ließ Hitze durch die Adern strömen. Er berührte den Auslöser der Waffe, da trafen ihn die Energieladungen des Feindes. Der Kampfanzug riss auf, Schmerz jagte durch seinen Körper. Gewebeteile und Körperflüssigkeit spritzte aus seinem Leib. Schmerz verkrampfte die Kehle, so dass er selbst zum Schreien nicht mehr fähig war.

Tarus erwachte aus dem Schlaf. Sein Herz pochte wild, auf seiner Haut perlte Schweiß. Doch da war nichts. Die Erinnerungen verflüchtigten sich mit dem vollständigen Erwachen.

Garpur trat vor uns. Wie er da stand, hatte man den Eindruck, dass lieber er an unserer Stelle in den Kampf gezogen wäre.

Aber dafür war er zu wertvoll. Er war besser ausgebildet, mit besserer Körpertechnik ausgestattet und besaß wahrhaftigere Werte als wir. Deshalb ging nicht er, sondern zogen wir in den Kampf.

Garpurs Stimme war jederzeit bei uns, eine unsichtbare Kraft, von der wir unsere Weisungen erhielten und die mit vollendetem Gespür unsere Konditionierung steuerte.

„Männer!" sagte er, was Unsinn war, da uns Drogen zu geschlechts- und trieblosen Wesen gemacht hatten. „Männer, wir stehen vor einer schwierigen Aufgabe. Dennoch bin ich überzeugt, dass wir sie lösen können."

Seine biosensorisch modifizierte Stimme drang bis in Tarus' UnterBewusstsein, weckte seine Aufmerksamkeit.

„Wir haben Peilsignale von der Oberfläche des Planeten empfangen, die zu unserem verschollenen Raum-Kampf-Kreuzer, aber auch zu einem feindlichen Täuschungsmanöver gehören können. Wir fliegen dieses Gebiet mit zwei Landefähren an. Jede mit vier Mann Besatzung. Die Aktion ist nicht ungefährlich, da uns von der Oberfläche des Planeten noch immer nichts bekannt ist. Eine unbekannte Kraft absorbiert unsere Suchstrahlen."

Er machte eine Pause und blickte sich um.

„Freiwillige melden sich bei mir. Die verbleibenden Posten besetze ich."

Tarus zählte nicht zu den Auserwählten, die in Kampfesvorfreude mit den Kiefern knackten. Er konnte sie verstehen, denn er fühlte denselben Drang in sich. Doch auch noch etwas anderes. Etwas, dass ihn sich vor sich selbst fürchten ließ: Die Freude darüber, nicht dabei zu sein.

Schnell spielte er ein Konditionierungsprogramm ab und stellte erleichtert fest, dass seine Gefühle und Gedanken wieder klar wurden.

3

Alles war Wiederholung.

Obwohl >Gha-ma-Gha< sich gegen diesen Gedanken sträubte, glaubte >Gha-ma-Gha< nicht, Einfluss auf den Ablauf der Ereignisse zu haben. Die Gegebenheiten waren zwingend. Die Wesenheit, zu der jetzt auch Zzsu gehörte, tastete sich in die Kälte des Raumozeans, berührte die andere Seite und verschmolz mit jenen anderen Wesenheiten, die sich ihren Weg in die Dunkelwelt schon vor Millionen Jahren gesucht hatten. Dann tastete >Gha-ma-Gha< nach den Fremden, die in die Struktur eingedrungen waren. >Gha-ma-Gha< stieß auf zwei Hüllen toter Materie, in die Lebensenergie eingeschlossen war. >Gha-ma-Gha< durchdrang die Hüllen und umfloss das Bewusstsein der Eingeschlossenen. Alles war Wiederholung ...

4

Warten und Unwissenheit. Die Besatzung war unruhig. Seitdem die beiden Landefähren die Wolkendecke durchstoßen hatten, war die Verbindung schlechter und schlechter geworden, bis sie schließlich ganz zusammengebrochen war. Alle Kämpfer hatten ihre Posten eingenommen.

Tarus bekam einen Platz an den Energiewerfern. Nicht weit von ihm entfernt saß Goran, der schnell wegschaute, als sich ihre Blicke trafen. Mühsam beherrschte Tarus den Schmerz, der seit Stunden in seinem Schädel wütete. Auf diese Art geschwächt, war es ihm unmöglich, geistigen Kontakt mit den Steuersystemen aufzunehmen. Er hatte Derartiges noch nie erlebt.

Nach einer Weile vergeblichen Bemühens schaltete er auf die manuellen Systeme. Vier Bildschirme flammten auf. Er hoffte, Garpur würde davon nichts merken. Schwäche war der erste Schritt, sich der Gewalt von Besatzung und Befehlshabenden auszusetzen.

Einer der Bildschirme zeigte plastisch das Bild des Planeten. Die Schattengrenze hatte ihn in zwei Teile zerschnitten. Unendlich langsam zog sie über seine schwach schimmernde Oberfläche.

Ein seltsames weiches Atmen durchlief Tarus und verdrängte allen Schmerz. Er schloss die Augen, versuchte mehr in sich aufzunehmen. Erinnerungen wurden aus den Tiefen seines Bewusstseins nach oben getragen, Bilder seines Heimatplaneten tauchten auf: Steinbedeckte endlose Ebenen, flachgedrückte Sandgewächse und die aufdringlichen Sprunginsekten. Er glaubte den staubigen Geschmack der heißen Luft auf der Zunge zu spüren und die feurigen Strahlen der heißeren Sonne ihres Doppelsternsystems auf seiner Haut. Schwach erinnerte er sich an das entstellte Gesicht seines Vaters, der als Kind bei einem Kampfangriff schwer verwundet worden war. Die festen Kopf-Hornplatten, die sein Untergewebe schützten, waren nur mühsam zusammengeflickt.

Tarus schreckte auf. Ein schwaches Kribbeln lief ihm über den Rücken. Einem Gefühl folgend, schaute er auf das Abbild des Planeten. Nichts Auffälliges war dort zu sehen. Aber als er den Blick abwenden wollte, stieß Goran einen Schrei aus. Jetzt fielen ihm zwei hell aufleuchtende Punkte in der Wolkendecke auf. Schnell erloschen sie wieder.

○ ○ ○

Konditionierungsprogramme liefen an, Drogen wurden in den Blutkreislauf der Kämpfer gepumpt und die Sensoren der Waffensysteme koppelten sich mit ihrem Bewusstsein. Der riesige Raum-Kampf-Kreuzer verwandelte sich in ein dunkles, sprungbereites Ungeheuer. Witternd näherte es sich dem Planeten.

Wie jedes andere Mannschaftsmitglied war auch Tarus perfekt ausgebildet. Er war bereit, jedem Befehl zu folgen, aber auch eigene Entscheidungen zur Feindbekämpfung zu treffen.

Aber hier zeigte sich kein Feind. Eine völlig neue Situation. Was war mit den beiden Landefähren? Ihre Besatzung lebte sicher nicht mehr. Garpur hatte sofort acht BIO-Tanks in Betrieb genommen, um den Verlust an Kämpfern durch Ersatzsoldaten auszugleichen. Die bioelektronische Körpertechnik wurde den Nachwachsenden später eingepflanzt. Sie waren praktisch Eigentum der Flotte.

Die Kopfschmerzen kehrten zurück. Nur mit Mühe gelang Tarus der Kontakt mit dem System. Er tastete sich vor – und stieß auf Garpur.

„Du bist unkonzentriert“, vernahm er dessen Gedankenimpulse. „Systemkontakt ausserhalb der Norm.“

„Ich habe Kopfschmerzen“, reagierte Tarus und wusste sofort, wie dumm das von ihm war.

„Deine Körperwerte sind völlig normal.“

Tarus suchte nach einer Erwiderung, doch Garpur hatte die Verbindung schon unterbrochen. Er erschauerte. Garpur war auf ihn aufmerksam geworden. Von jetzt an durfte er keine Schwäche mehr zeigen.

Nebel, wohin man auch blickte. Alle Scheinwerfer waren eingeschaltet, obwohl auch sie kaum den Dunst durchdrangen. Wie ein riesiger dunkler Finger ragte der Raum-Kampf-Kreuzer in die Atmosphäre des Planeten. Er hatte sich tief im Boden verankert, um Schutz vor Sturm und anderem Unwetter zu finden.

Tarus saß mit drei weiteren Kämpfern im Steuerraum eines Kampffliegers. Eingeschlossen in ihre Kampfanzüge, füllten sie den Raum fast völlig aus. Unzählige Kabel und Leitungen liefen in scheinbarer Unordnung an den schwarzen Wänden entlang. Anzeigen pulsten und Kleinbildschirme lieferten undeutliche Ausschnitte der Umgebung.

Der Kampfflieger startete und durchbrach mit einem dumpfen Geräusch den energetischen Schutzwall des Raum-Kampf-Kreuzers. Die Luft fauchte an den Tragflächen vorbei. Der Flugcomputer steuerte den Ort an, von dem man glaubte, Peilsignale empfangen zu haben. Der Nebel lichtete sich, Tarus schaute auf die Anzeigen. Draußen herrschte furchtbare Kälte.

Er befahl der Steuereinheit, tiefer zu fliegen. Nach einiger Zeit erblickte er etwas ähnliches wie eine graue Masse ineinander verschlungener Gedärme. Der Boden? Bewegung war nicht auszumachen.

Probehalber feuerte Tarus mit dem Energiewerfer. Sie überflogen die Stelle so schnell, dass sie keine Auswirkungen beobachten konnten.

Tarus schüttelte den Kopf. Was konnte es hier geben, das einen Raum-Kampf-Kreuzer und zwei Landefähren verschwinden ließ?

Es war einfacher als erwartet. Sie entdeckten den verschollenen Kreuzer im vorausberechneten Gebiet und setzten zwei Bodentransporter ab. In einem von ihnen saß Tarus. Er versuchte sich im Gelände zu orientieren und ließ die Motoren anlaufen. Langsam setzte sich das Fahrzeug in Bewegung. Das vor ihnen liegende Schiff glich einer geborstenen Säule verrottenden Metalls. Radioaktivität verseuchte die Umgebung, der Boden um das Schiff war von Brandwunden geschwärzt.

Tarus schoss eine Funkboje ab. Wie ein hell leuchtender Stern jagte das Geschoss dem toten Kreuzer entgegen, um sich an seine Außenhaut zu heften. Die automatischen Sensoren sammelten alle verfügbaren Daten. Zahlenkolonnen wanderten über den Monitor, ohne dass Tarus sie aufnehmen konnte. Er starrte auf den leuchtenden Schirm, geriet in einen Traum. Es war, als hätte jemand einen Schalter umgelegt, seltsame Gefühle durchströmten ihn. Schnell wurden sie übermächtig, fast schmerzhaft.

Tarus schrie auf. Sogleich liefen die automatischen Konditionierungsprogramme an, versuchten lenkend einzugreifen. Einige Augenblicke existierte für ihn die Umwelt nicht mehr. Dann war es vorbei.

Mit schweißbedecktem Gesicht konzentrierte er sich wieder auf die Monitore, sah verwaschene Bilder, die die Boje übermittelte. Das ehemals mächtige Schiff war von gewaltigen Wunden bedeckt, scharfzackige Löcher klafften in seinem Rumpf. Die Schleusenöffnungen der Landebahnen standen offen und erlaubten den Blick auf leere Hangars. Hier mußte ein lang anhaltender Kampf stattgefunden haben.

Das Ausmaß der Verwüstungen ließ auf das Vorhandensein von modernen feindlichen Waffensystemen schließen. Die ANDEREN mußten einen ähnlich hohen technischen Standard aufweisen. Mindestens wie die eigene Flotte!

Die Funkboje umrundete das Wrack und heftete sich an die Außenhülle. Tarus überwachte die Anzeigen. Da der Rest der Mannschaft mit dem Kampfflieger schützend über ihm kreiste, konnte er den Kreuzer aus unmittelbarer Nähe in Augenschein nehmen. Der zweite Bodentransporter war für ihn unsichtbar, da er auf der anderen Seite des Schiffes abgesetzt worden war.

Er beschleunigte sein Fahrzeug und näherte sich der schwarzen Säule, die das tote Schiff jetzt darstellte. Er hatte den Eindruck, als würde sie jeden Augenblick auf ihn herabstürzen. Von den Anzeigen konnte er ablesen, dass die Radioaktivität weiter anstieg. Der Boden war von Einschlagskratern übersät.

Tarus stoppte wenige Meter vor dem Kreuzer. Die Schiffshülle war dick mit Ruß bedeckt, er hatte Schwierigkeiten, die Sprossen zu finden, die zu einer manuell zu öffnenden Schleusentür führten. Tarus stieg aus, ging am Schiff entlang und entdeckte die ascheverkrusteten Griffmulden. Vorsichtig begann er nach oben zu klettern. Unter seinen Handschuhen verwandelte sich die schwarze, poröse Substanz in feinen, ihn umwirbelnden Staub. Dennoch war der Aufstieg schnell bewältigt.

Tarus erreichte die Schleusentür und tastete nach der Vertiefung der Öffnungsmechanik. Er entdeckte sie eine Handbreit neben dem Türspalt und kratzte den Schmutz daraus hervor. Mit weicher Bewegung drehte er das Rad, spürte, wie etwas einrastete, und schob die Tür nach innen auf. Er suchte in der Dunkelheit nach der zweiten Schleusentür. Als er seinen Lichtwerfer einschaltete, fand er sie geöffnet und lenkte den Strahl in den Gang vor sich. Hier schien alles unbeschädigt zu sein. Nur die Beleuchtung war abgeschaltet oder ausgefallen. Tarus betrat das Schiff.

Die Wände reflektierten das Licht, er konnte bis zum nächsten Abzweig blicken. Laut und metallisch hallten seine Schritte. Doch je weiter er kam, um so mehr schwand der Eindruck der Unversehrtheit. Die Beschichtung der Wände war teilweise verkohlt, immer öfter taten sich gewaltige Schmelzlöcher auf. Nach fünfzig Metern traf er auf eine am Boden liegende Gestalt. In ihrem Kampfanzug klafften drei große Werfereinschüsse und gaben den Blick auf bloßliegende Knochen und fast verwestes Gewebe frei. Angewidert stieg er darüber hinweg. Der Feind mußte ohne großen Widerstand ins Innere des Schiffes gedrungen sein. Das war normalerweise nicht möglich, da sich jeder Raum-Kampf-Kreuzer bei Feindübernahme automatisch selbst zerstörte. Diese

Automatik war auch von der Schiffsbesatzung nicht abzuschalten und ließ sich durch eigentlich nichts umgehen.

Der Gang endete vor der Tür zu den BIO-Tanks. Er schob sie zur Seite. Das Licht fiel auf durchsichtige Behälter, in denen tote Embryonen in Nährflüssigkeit schwammen. Durch ihre halbdurchsichtigen Körper schimmerten innere Organe. Schnell verließ er die Sektion.

Da des Schiffes ähnlich wie ihr eigenes aufgebaut war, fand sich Tarus gut zurecht. Nicht weit von den BIO-Tanks entfernt kam er zu den Mannschaftsräumen und stieß auf weitere Tote. Eine Wand war mit Blut bespritzt und von fingergroßen Schmelzlöchern bedeckt. Tarus suchte den Weg zum zentralen Steuerraum.

Chaos erwartete ihn. Ganze Speicherbänke waren aus den Halterungen gerissen und lagen zertrümmert am Boden. Den gleichen Anblick boten die Computerterminals. Er klinkte einen Behälter von seinem Kampfanzug und legte einige unbeschädigt scheinende Speicherbänke hinein. Vielleicht lieferte die Datenauswertung Aufschluss über die Dinge, die hier vor sich gegangen waren.

Tarus blickte zur Zeitanzeige. Er musste sich auf den Rückweg machen. Er packte den Behälter mit den Speicherbänken, durchquerte die Mannschaftsräume und die Anlage der BIO-Tanks, als plötzlich eine rötliche Kreatur auf ihn zu stürzte. Sie klammerte sich schmerzhaft an seinen Arm und schlug mit metallisch harten Krallen gegen seinen Helm. Genaueres konnte er nicht erkennen, da sich das Wesen schnell bewegte. Er versuchte es durch heftige Armbewegungen abzuschütteln, stieß gegen eine Wand. Überdeutlich vernahm er das Geräusch des zuschnappenden Rachens. Tarus ließ seinen Werfer ausfahren und richtete ihn auf das feucht glänzende Geschöpf. Als es wieder seine zahnbewehrten Kiefer öffnete, jagte er ihm einen Energieimpuls entgegen. Eine schwache Explosion, zerfetztes Gewebe klatschte ihm gegen den Helm. Von Nervenzuckungen bewegt, fiel das Wesen zu Boden.

Den Behälter mit den Speicherbänken an sich gedrückt, lief er den Weg zurück, erreichte die Schleusentür und hastete die Sprossen hinab. Er zwängte sich in die stahlummantelte Sicherheit des Bodentransporters und fuhr zum Aufnahmepunkt des Kampffliegers.

„Die beiden Landefähren sind unauffindbar“, rief Garpur. „Nicht einmal Überreste! Wir müssen uns aus dieser Hilflosigkeit befreien, den Feind aufspüren, ihm von Angesicht zu Angesicht gegenübertreten.“

Er schritt die Reihe der Kämpfer ab, blickte jedem in die Augen. „Eine Spur haben wir! Zweihundertfünfzig Kilometer von hier hat unsere Sonde eine achtzig Meter hohe, weißliche Säule aus biologischem Material entdeckt. Sie scheint zu wachsen. Das Ding sehen wir uns genauer an. In drei Stunden läuft der nächste Einsatz.“

Tarus verließ die Zentrale und ging zum Speiseraum. Die von ihm mitgebrachten Speicherbänke hatten nichts Verwertbares erbracht. Ein Teil der Aufnahmen war zerstört, der Rest uninteressant oder unverständlich und erweckte allenfalls den Eindruck einer äußerst gespannten Stimmung an Bord. Eine Ursache dafür war nicht feststellbar.

Tarus holte sein Essen von der Ausgabe und setzte sich an einen freien Tisch. Er hatte keine Lust, sich mit einem der Kämpfer zu unterhalten. Er dachte an die Toten und fragte sich immer wieder, wie es dazu kommen konnte. Mehr und mehr war er der Meinung, dass es für sie besser wäre, hier zu verschwinden, bevor sie das gleiche Schicksal traf. Es gab nichts, das noch mehr Anstrengungen um diesen Planeten rechtfertigte. Als Basislager war er jedenfalls ungeeignet.

Er spießte einen Würfel der unidentifizierbaren Speise von seinem Teller und schob ihn in den Mund. Tarus musste sich in Acht nehmen. Er wusste, was ihm drohte, wenn Garpur von seinen Überlegungen erfuhr. Nur *ein* Abweichen von den Konditionierungsprogrammen, und Garpur würde ihn bei den nächsten Einsätzen an erster Stelle in den Kampf schicken. In den Kampfanzug gezwängt, wäre er wehrlos dem biochemischen Einfluss ausgeliefert. Nein, er musste sich davon befreien und einen Weg suchen, die Konditionierungstechnik zu umgehen. Er wollte herausfinden, wie die Realität ohne den Schleier einer biologischen Blockade aussah.

Noch vor dem nächsten Einsatz würde er seinen Kampfanzug genauer in Augenschein nehmen. Er hoffte auf Eingriffsmöglichkeiten, über die er bisher nicht nachgedacht hatte.

Tarus schob den Teller beiseite, als ihm Zweifel kamen. Man hatte sicherlich Schaltungen installiert, die eine Veränderung in der Kampfkonditionierung meldeten. Ihm blieb keine andere Möglichkeit, als sich geistig dagegen zu wehren. Erneut wurde ihm bewusst, dass sein Kampfvermögen nur einseitig ausgebildet war.

Unter ihnen sauste eine graue Ebene dahin. Tarus spürte wieder jene Kopfschmerzen, die ihn schon seit Tagen quälten. Diesmal hatte er den Eindruck, als dringe der Schmerz von außen in ihn ein.

Er erinnerte sich an seine Jugendzeit und die ersten Lektionen in Feindbekämpfung. Nicht um das Jagen, Auffinden und Töten des Feindes ging es ihm damals, sondern um das Entdecken und Erforschen fremder Welten. Seine Erzeuger waren froh, dass er sich zu dieser Ausbildung entschlossen hatte, da er so ihren ärmlichen Verhältnissen entkam. Beide bewirtschafteten gepachtetes Nutzland und überwachten Feldroboter. Auf ihrem von Trockenheit ausgedörrten Heimatplaneten Ghasdar, eine harte Arbeit. Die Ausbeute der spärlichen Ernte reichte nur für das Nötigste.

Da bemerkte er eine Abweichung vom Kurs und konzentrierte sich wieder auf den Flug. Sich schnell bewegende Wolkenwirbel, die auf einen unter dem Horizont liegenden Punkt zuliefen, überspannten den finsteren Himmel. In der Landschaft unter ihnen gab es keine Veränderung.

Doch weit entfernt sah er eine Ausbuchtung in der Ebene. Es dauerte nicht lange, und das Säulengebilde war vollständig sichtbar. Aus der Entfernung hatte man den Eindruck, es bestünde aus weißem, massivem Gestein. Als sie näher kamen, schwand die Illusion. Die Oberfläche erinnerte an die Windungen eines Gehirns. Schwache Wellenlinien liefen darüber hinweg. Steckte etwa Leben in dem Ding?

5

>Gha-ma-Gha< hatte auf diesen Augenblick gewartet. Die Fremden waren zu IHM gekommen. >Gha-ma-Gha< drang in das Bewusstsein der Wesen und erspürte unterschiedliche, aber ähnlich Impulse. Nur eines stach in seiner Art daraus hervor.

>Gha-ma-Gha< zog sich wieder zurück und umschloss jedes einzelne Wesen so dicht, dass keine Ausstrahlungen mehr nach außen drangen, sondern nach innen umgeleitet wurden.

Es war sein einziger Schutz gegen diese Wesen.

6

Die beiden Kampfflieger landeten. Tarus stieg aus und näherte sich der Säule. Sie hatte einen Durchmesser von annähernd dreißig Metern.

„Wir schießen eine Messsonde ein“, sagte ein Kämpfer. „Dann gehen wir näher heran.“

Er gab Zeichen nach hinten, und aus einem der Kampfflieger schnellte das Geschoss mit der Sonde über sie hinweg und drang fast geräuschlos ins Gewebe der Säule.

„Elf Grad wärmer als die Umgebung“, hörten sie die Daten der vom Flieger übermittelten Sondenüberwachung. „Starke elektrische Impulse im Innern. Vorsichtiges Handeln wird empfohlen.“

Tarus wandte sich zu seinem Nebenmann, als ihm in den Kopfhörern dessen lautes und unregelmäßiges Atmen auffiel.

„Was ist ...?“ fragte er.

„Mir ...“, begann der andere und stockte. „Wir sollten hier verschwinden. Ich habe mich noch nie so elend gefühlt. Es kann nur ...“ Plötzlich unterbrach sie der Gedankenstrom von Garpur: „BENUTZE DIE KONDITIONIERUNGSTECHNIK. ÜBERLAGERE DEINE EMPFINDUNGEN. IHR MÜSST DEN FEIND AUFSPÜREN.“

Tarus sah, wie der andere die Elektronik seines Kampfanzuges betätigte. Injektionen wurden auslöste, die unerwünschter Emotionen unterdrückten. Tarus spürte die Schmerzen im Kopf erneut durchdringen.

Schweigend näherten sie sich der Säule. Hitzewellen liefen ihm über den Rücken. Er ging auf die weiße, sich bewegende Fläche zu und verlor langsam das Gefühl für seinen Körper. Tarus schloß die Augen, ging weiter. Obwohl sein Gesichtsfeld verschwamm, wusste er, dass er direkt vor der Säule stand. Er streckte die Hände aus, berührte ihre Oberfläche. Im selben Augenblick durchzuckten ihn Visionen von Schmerz, Hass, Blut und Tod. Er brüllte auf und wollte seine Hände zurückziehen, da erloschen die Bilder. Ein seltsames Prickeln durchlief ihn und ließ in ihm ein warmes Leuchten entstehen. Die Empfindung dauerte nur kurz, dann stieß ihn etwas Weiches zurück, er stürzte auf den Boden, öffnete die

Augen. Über sich sah er die Säule. Sein Blick wurde klar, die Kopfschmerzen waren verschwunden.

Als er Schreie hörte, stemmte er sich hoch und blickte sich um. Verblüfft stellte er fest, dass die Kämpfer in Deckung gegangen waren und mit ihren Werfern aufeinander feuerten. In seiner Nähe lagen zwei von ihnen mit aufgefetzten Leibern, in denen bloßliegende Organe glänzten. Doch ein sichtbarer Angreifer war nicht zu finden.

Er wich den Kämpfenden aus und begann, mit jedem Meter schneller werdend, vom Kampfplatz wegzulaufen. Vorbei am Kampfflieger lief er in die vor ihm liegende Ebene. Kräftiger Wind wehte ihm entgegen.

Tarus erwachte durch Schmerzen. Er lag nackt auf einer Liege, den tastenden Sensoren einer MED-Maschine ausgeliefert.

„DU BIST ERWACHT“, sagte sanft eine künstliche Stimme. „BLEIB RUHIG LIEGEN, DU WIRST NOCH UNTERSUCHT.“

Ein Taster fuhr ihm übers Gesicht, leuchtete ihm in die Augen und gab unterschiedliche Lichtimpulse. Injektionsschmerz durchzuckte seinen Arm. Ein trockenes Geräusch, und die Greifer fuhren in ihre Ausgangsposition.

„Steh auf!“ wurde ihm von hinten befohlen. Ein MED-Techniker trat neben ihn und schob die Apparatur zur Seite. Tarus erhob sich.

„Du bist gesund“, sagte der MED-Techniker und reichte ihm seine Datenkarte. „Sämtliche Werte entsprechen dem Durchschnitt. Nur bei den psychologischen Tests gab es Differenzen. Sicher hervorgerufen durch den Kontakt mit dem Säulengebilde. Die Werte werden sich bald stabilisieren. Für die nächsten vierundzwanzig Stunden bist du einsatzbefreit.“

Tarus verließ die MED-Station und ging zu den Schlafräumen. Er fühlte sich benommen, konnte sich an kaum etwas erinnern.

Deutliche Bilder hatte er nur von seinem langen Marsch über die Ebene, bevor ihn einer der Kampfflieger aufgenommen hatte.

Im Schlafraum traf er Goran, der mit geschlossenen Augen auf einer Liege lag. Sein Gesicht war entspannt.

Er legte sich in seine Nähe und starrte zur Decke. Tarus war Gorans Zurückhaltung bei vergangenen Kampfeinsätzen aufgefallen, und er hatte nicht nur einmal versucht, mit ihm ins Gespräch zu kommen. Aber Goran blieb verschlossen. Auch Garpur hatte ein Auge auf ihn geworfen. In letzter Zeit wurde Goran zu jedem größeren Einsatz beordert.

Die Augen einen Spalt weit geöffnet, sagte Goran plötzlich: „Du bist der einzige Überlebende."

Tarus drehte sich auf die Seite. „Ich weiß nicht, was passiert ist. Keine Ahnung! Ich will jedenfalls nicht wieder da hin. Aber es wird sich nicht vermeiden lassen, fürchte ich."

Goran nickte. „Du hast den Feindkontakt überlebt, Garpur muss dich schicken, er kann gar nicht anders."

„Glaubt Garpur denn, ich könnte einen Feind zur Zurückhaltung veranlassen?" rief Tarus. „Es war Zufall, dass ich lebend rausgekommen bin."

„Meinst du? Vielleicht hast du überlebt, weil du nicht wie die anderen bist. Du trainierst nur selten am Schießstand. – Mir ist aufgefallen, dass du ein Tagebuch führst."

„Sobald wir hier raus sind, versuche ich auszusteigen." sagte Tarus. „Das solltest du auch!"

„Denkst du, wir kommen hier noch weg?" fragte Goran leise. „Wir werden so enden wie die im anderen Schiff. Sie konnten sich auch nicht wehren."

Tarus setzte sich auf und schaute Goran ins Gesicht. Seine Augen blickten müde und wirkten alt. Tarus verstand nicht, wie er in die Flotte geraten konnte. „Hast du unsere Feinde irgendwann einmal gesehen? Nicht auf Bildspeichern oder über die Konditionierungsprogramme, sondern Auge in Auge?“ fragte er. „Ich beginne an ihrer Existenz zu zweifeln.“

Tarus wusste, wie gefährlich seine Frage war, konnte Garpur sie doch jederzeit abhören. Der Informationskanal blieb aber stumm.

„Nein“, erwiderte Goran, „Das ist bei unseren Waffensystemen ja kaum möglich. Viel mehr würde mich das Warum interessieren. Sind dir noch nie Bedenken gekommen? Ich bin auf mehr als einen Widerspruch gestoßen. Der Krieg hat sich selbstständig ausgeweitet, sein Beginn liegt schon Generationen zurück.

Die ersten Zweifel kamen mir vor zwei Jahren, als bei einem Einsatz mein Kampfanzug beschädigt wurde und die Konditionierung ausfiel. Wir kämpften um einen Planeten, von dem wir annahmen, dass er den Feind unterstützte. Ich stürzte mit einem Kampfflieger ab, irrte mit meinem beschädigten Anzug durch dichte Vegetation und versuchte zu den Kämpfern der Gruppe zurückzufinden.

Ich entdeckte sie durch Zufall auf einer Lichtung. Keiner war mehr am Leben. Durch kein Dämpfungsmittel des beschädigten Anzugs geschützt, nahm ich die Bilder ungefiltert in mich auf: zerquetschte Körper, abgerissene Gliedmaßen, Gedärme, Unmengen von Blut. Was mit ihnen geschehen war, konnte ich nicht feststellen. Ich baute den Notsender auf und musste zwei Tage warten, bevor mich ein Rettungsschiff fand. Der Planet wurde später völlig zerstört und ich in eine neue Einheit versetzt.“

Goran verstummte. Tarus fragte sich, warum er noch nie über diese Dinge nachgedacht hatte.

7

>Gha-ma-Gha< sah, dass die Wesen Energieimpulse aufeinander abgaben, bei deren Kontakt sie Lebensenergie verloren. Einige heiße Entladungen trafen den von IHM belegten Boden. Schmerz-

impulse durchzogen seinen Körper. >Gha-ma-Gha< unterdrückte einen Teil seiner Empfindungen, verstärkte sie in anderen Bereichen und bemerkte, wie sich eines der Wesen IHM näherte. >Gha-ma-Gha< löste sich vom Geschehen und konzentrierte sich allein auf dieses Geschöpf. Sein Bewusstsein war weit und offen, Erinnerungen lagen in seiner Tiefe. Das Wesen kam näher, streckte einen Taster aus und berührte den Rand SEINES Körpers. >Gha-ma-Gha< spürte Ströme von Empfindungen und Gedanken, die wirr ineinander drangen. >Gha-ma-Gha< nutzte den Kontakt, nahm alles Zugängliche in sich auf und schickte einen Teil der empfangenen Bewusstseinsimpulse zurück. In demselben Augenblick verschloss sich das Wesen. >Gha-ma-Gha< unterbrach den Austausch, löste sich wieder von ihm und entließ das Geschöpf auf die Ebene. Während es sich von IHM entfernte, begann >Gha-ma-Gha< mit einer neuen Körperumformung.

8

Garpur hatte befohlen, den Raum-Kampf-Kreuzer in die Nähe der Säule zu bringen. Die Kämpfer schnallten sich an die Sitze, die Verankerung zog sich langsam aus den Tiefen des Planeten. Sie wurden beim Start durchgeschüttelt.

Tarus dachte an die Unterhaltung mit Goran, der jetzt hinter ihm an einen Sitz geschnallt war. Sie erschien ihn in diesem Augenblick so unwirklich, als hätte sie nie stattgefunden.

Die Vibrationen wurden schwächer, mit einem harten Stoß setzte das Schiff auf dem neuen Zielpunkt auf. Tarus löste die Gurte, hastete durch Gänge, bestieg mit den anderen, in Sechsergruppen aufgeteilt, die Bodenfahrzeuge und machte sich zum Ausstieg bereit.

„Wird ‘ne heiße Angelegenheit“, rief Villar, einer der Kämpfer, auf die Garpur besonders stolz war, und schaute ihm in die Augen.

Tarus senkte den Blick. Es war nicht Villars einzige Provokation in letzter Zeit. Er verspürte keine Lust, sich auch noch auf solch eine Konfrontation einzulassen. Gegen Villar hätte er ohnehin keine Chance gehabt.

„Wieder dieser verdammte Nebel!“ rief der Fahrer, als sie auf die Oberfläche des Planeten rollten. „Ich kann mich nur nach dem Umgebungsecho orientieren.“

„Verteilt euch in gleichmässigen Abständen um die Säule“, tönte Garpurs Stimme über den Informationskanal. „Nehmt sie unter Werferbeschuss.“

Sie fuhren durch den grauen unförmigen Dunst, bis der Fahrer abrupt stoppte. „Da“, rief er und wies durch den Nebel auf ein schmales, noch sichtbares Stück Boden. „Die Säule ist weg!“

Wo die Säule gestanden hatte, glänzte feucht ein dunkler, kreisrunder Fleck im Durchmesser von dreißig Metern. Sie umfuhren die Stelle zweimal und kehrten zum Kreuzer zurück. Ihr Angriffsziel hatte sich in Nichts aufgelöst.

Garpur musterte Tarus, der seinem Blick standhalten musste.

„Du weißt, warum ich dich herbestellt habe“, sagte er. „Ich möchte wissen, was bei der Säule vorgefallen ist. Du hast als einziger den Kontakt mit der Säule überlebt. Noch dazu völlig unverletzt. Kannst du mir das erklären?“

Tarus schüttelten den Kopf. „Ich habe bereits berichtet. Warum sollte ich etwas verschweigen?“

Garpur trat näher heran und umfasste hart seine Schultern. „Genau das würde mich interessieren. Für wie naiv hältst du mich? Ich habe dich in den letzten Tagen zusammen mit Goran gesehen. Du solltest mehr nachdenken. Bist du ein Verräter? ...“ Er presste Tarus fest gegen die Tür und trat ins Zimmer zurück. „Verschwinde!“

Tarus lag mit offenen Augen auf der Liege. Wieder brachte sein Bewusstsein Kurzaufnahmen lang zurückliegender Ereignisse zu Tage. Unter seiner Schädeldecke breitete sich angenehme Wärme aus. Erinnerungen kamen und gingen, auch die scheinbar verschütteten Bilder der letzten Ereignisse. Die riesige weißliche Säule, von der ein Gefühl der Geborgenheit ausging, die Kämpfer, die Tod bringenden Waffen gegeneinander gerichtet, ihre verstümmelten Leiber, Garpurs Stimme, Befehle brüllend.

„Wach auf! Los! Los!" Claes, einer der brutalsten Kämpfer ihrer Gruppe, riss ihn aus seinen Gedanken. Tarus schnellte hoch und wurde von Claes gepackt. „Mir reicht es. Wir verrecken hier, und du bekommst das Maul nicht auf." Tarus gelang es nicht einmal, die Hände zu heben, als ihn der erste Schlag traf. „Los, erzähl, was du weißt." Ein neuer Schlag traf ihn, zwischen den schmalen Spalten seiner Kopf-Hornplatten trat Blut hervor. Von den Schlägen geschwächt, war er zu keiner Gegenwehr imstande. Er taumelte gegen eine Wand, Claes umfasste seinen Hals, drückte ihm die Luft ab. Mit seiner linken Hand, die er jetzt frei bekam, schlug er Claes gegen den Kopf. Der verstärkte den Druck um seinen Hals. Tarus würgte, Kälte breitete sich in ihm aus.

„Lass ihn", sagte ein anderer. „Vielleicht hat er wirklich keine Ahnung."

„Wir sollten die Wahrheit aus ihm herausprügeln", widersprach Claes und lockerte seinen Griff.

„Fangen wir an", vernahm Tarus nun auch die Stimme von Villar. „Das hat bisher immer geholfen."

„Ich weiß selbst nicht, was passiert ist", rief Tarus, nachdem er Luft geholt hatte. „Ich erinnere mich nur, dass die Kämpfer selbst aufeinander geschossen haben."

Villar schlug ihm in den Magen. „Eine dümmere Geschichte hättest du dir nicht ausdenken können."

Tarus krümmte sich, sackte zu Boden und zuckte unter brutalen Tritten zusammen.

Mit dem Geräusch der aufgleitenden Tür endeten die Schläge. Tarus schaute auf und erblickte Goran, der ihn entsetzt anstarrte.

„Dein Freund ist von der Liege gefallen“, sagte Claes und näherte sich Goran.

Garpur stand vor dem Zentralmonitor und schaute auf die nun klare Ebene. Sollte sich die Situation in den nächsten zwei Tagen nicht ändern, würde er Befehl geben, den gesamten Planeten auszulöschen. Er war bisher nur einmal in seiner Laufbahn zu einem ähnlichen Vorgehen gezwungen gewesen. Doch er sah in der jetzigen Situation keine andere Möglichkeit.

War da nicht eine Bewegung auf dem Schirm? Schnell holte er sich die Vergrößerung. Einzelne Nebelwolken trieben über den leeren Boden. Ein paar kleine Steine. Seine überreizten Nerven hatten ihm einen Streich gespielt. Er setzte sich und lehnte sich zurück. Er hatte noch nie einer so verzwickten Lage gegenübergestanden. Bisher ließ sich jede Angelegenheit durch den Einsatz seiner Kämpfer lösen. Es gab immer etwas, worauf man schießen konnte. Tarus und Goran komplizierten die Sache zusätzlich. Sie begannen eigene Wege zu gehen, sich seinen Befehlen zu widersetzen. Man hätte die beiden gleich ausmustern oder eine Hirnprägung vornehmen sollen. Zu spät. Er wollte sie loswerden.

Wieder erschien es ihm, als würde sich auf der Ebene etwas bewegen; er glaubte sogar die Umrisse von Körpern auszumachen. Diesmal war er sich sicher, irgend etwas ging da vor sich. Ihn überkam die Gewissheit, dass der Feind kurz davor stand zuzuschlagen. Er schaltete die Außenbeleuchtung ein und suchte mit der Vergrößerung die Umgebung ab. Ein Schatten glitt vorüber, gleich danach ein weiterer. Was war mit der automatischen Überwachung?

Panisch griff er nach der Werfersteuerung und jagte Energieimpulse auf die Ebene hinaus. Er sah den Boden sich wie lebendig regen, die Schatten dichter werden. Die Erde wölbte sich an unzähligen Stellen empor und entließ metallisch schimmernde, riesige Kreaturen, die Erdklumpen von sich schüttelten und auf den Raum-Kampf-Kreuzer zuliefen. Garpur feuerte auf die Angreifer, schaltete den Schiffsalarm ein und brüllte auf, als eine der Kreaturen, von einem Energieimpuls getroffen, zerfetzt wurde.

Tarus riss sich los und beobachtete, wie Claes sich Goran griff. Er zwang ihn auf den Boden und schlug auf ihn ein. Tarus wich einem der Kämpfer aus, der versuchte, ihn festzuhalten, lief zur anderen Seite des Zimmers, zog den Handwerfer aus der Wandvertiefung und richtete ihn auf Claes. „Loslassen!“ schrie er.

Claes schaute auf und stockte in seiner Bewegung.

„Aufstehen, oder ich drücke ab.“

Claes erhob sich und schritt langsam auf Tarus zu. „Du musst *jetzt* abdrücken.“ Er presste eine Hand gegen die Brust.

Alarm heulte los, Claes blieb stehen. Alles wartete.

„Warum macht Garpur keine Durchsage?“ fragte jemand.

Tarus hörte ein Rascheln neben sich, gleich darauf traf ihn ein Schlag ins Gesicht. Die Waffe entfiel ihm, als sich Villar auf ihn stürzte, ihn zu Boden riss, sich über ihn wälzte und ihm den Kopf zur Seite dehte. Er sah, wie Claes nach der Waffe griff, sie langsam auf Goran richtete und abdrückte. Goran, mit dem Ausdruck absoluter Verwunderung im Gesicht, wurde gegen die Wand geschleudert. Blut spritzte. Seine Brust war eine einzige Wunde.

Tarus schrie auf und stieß mit äußerster Kraftanstrengung Villar von sich. Im selben Augenblick kam die entstellte, brüllende Stimme von Garpur über den Informationskanal. Erschütterungen liefen durch das Schiff, als würden die Starttriebwerke gezündet. Tarus erhob sich mit zitternden Füßen und rannte halb humpelnd aus dem Raum.

Er saß in der Aufbewahrungskammer für Kampfanzüge und hatte die Tür verriegelt. Selbst mit einem Handwerfer konnte man hier nicht eindringen. Er wollte jetzt warten, bis der Wahnsinn da draußen vorbei war, die letzten Kämpfer sich gegenseitig umgebracht hatten. Er ahnte Zusammenhänge, begriff, dass sich hier wiederholte, was vor einiger Zeit in dem zerstörten Schiff vor sich gegangen war.

Tarus atmete tief ein. Ihm war übel. Die Aufbewahrungskammer war eng und stickig. Er entspannte die Muskeln und machte sich auf eine lange Wartezeit gefasst.

Er erinnerte sich an eine Begebenheit aus seiner Kindheit auf Ghasdar. Eine Horde Zwilter, die es auf die frische Saat auf dem Feld abgesehen hatte, begann ihn plötzlich zu verfolgen. Er flüchtete, rannte ins Maschinenlager und versteckte sich hinter Feldrobotern. Eines der vielgliedrigen Wesen drückte mit seinen schweren Hornzangen die Tür auf und kroch auf ihn zu. Er schrie wie wahnsinnig und nach griff einer unter ihm liegenden Eisenstange. Eine sinnlose Verteidigungswaffe. Der Zwilter schleppte sich auf ihn zu, schnappte mit der Hornzange und riss ihm die Stange aus der Hand. Da ertönte ein Schuss, der Zwilter brach zusammen. Rosa Schleim ergoss sich auf den Boden. Den Schuss hatte sein Vater abgegeben, der das Schreien bis ins Haus vernommen hatte und sofort herübergerannt war. Seltsamerweise empfand Tarus damals Trauer darüber, die Ursache für den Tod des Zwilters gewesen zu sein, der es auf ihn abgesehen hatte.

Er entriegelte vorsichtig die Tür, schob sie einen Spalt weit auf und lauschte. Draußen war es still und dunkel. Mit dem Lichtwerfer des Kampfanzuges leuchtete er in den Gang. Vor der Tür lag der verstümmelte Leichnam eines Kämpfers. Die gegenüberliegende Wand war von Energieladungen geschwärzt und verformt. Er schob den toten Körper beiseite und ging zum Mittelgang. Den Boden nach Hindernissen ausleuchtend, bewegte er sich zum Notausstieg, kam an Garpurs Kabine vorbei und sah, dass die Tür aufgesprengt war. Langsam betrat er das Zimmer. Die Verwüstungen waren hier besonders schlimm. Die gesamte Einrichtung war verkohlt und zertrümmert. Tarus drehte sich um, machte einen Schritt auf die Tür zu und rutschte weg. Er krachte mit dem Helm in eine Blutlache. Vor sich erblickte er den abgerissenen Kopf von Garpur. Blutverklebt starrte der ihn mit weit aufgerissenen Augen entgegen.

Tarus schnellte nach oben, stürmte den Gang entlang, stieß immer wieder gegen leblose Körper und wurde erst ruhiger, als er die Metallstufen an der Außenhülle des Raum-Kampf-Kreuzers hinabkletterte. Er sprang auf den Boden, wandte sich um und erblickte – die Säule.

Tatsächlich, sie war wieder da, aus dem Boden wachsend, immer noch an Höhe und Umfang zunehmend. Was geschah dort?

Um das Zittern seines Körpers zu beruhigen, setzte er sich. Sein Atem ging schnell, während seine Gedanken darum rangen, eine Überlebensmöglichkeit zu finden.

Nach einer Weile gelang es ihm, das Zittern zu unterdrücken. Er erhob sich und ging auf die Säule zu.

Mit den Händen voran, drang er in das weiße, nachgiebige Gewebe, wurde von ihm umschlossen und nach oben getragen. Der Kampfanzug, ein jetzt unnützer Fremdkörper, löste sich auf und wurde von der ihn umgebenden wogenden Masse aufgenommen.

Es war ein langwieriger Prozess.

Nach und nach wurde er eins mit diesem Wesen.

Handlungsreisende

Das Raumschiff besaß die Form einer Gurke und flog sich auch so. Als Martin den Fisch auf den Labortisch knallte, strahlte das blaue Licht des kosmischen Nebels, den er gerade durchquerte, durchs Bullauge. Er schnitt den Fisch mit einem schartigen Küchenmesser der Länge nach auf. Ein Skalpell wäre ihm lieber gewesen – das hätte einfach professioneller ausgesehen. Chirurgenbesteck zählte jedoch nicht zur Grundausstattung von Klein-Raumschiffen.

Im Innern des Fisches, der leider schon über der Zeit war und zu stinken anfing, befand sich eine Art verzierte Akupunkturnadel – die üblichen Datenspeicher auf Ross249. Die Übergabe des Fischs war auf einem zwielichtigen Hyperraummarkt über die Bühne gegangen. Er hatte die in altes Zeitungspapier eingewickelte Sendung von einem grünlippigen Alien erhalten, der wegen seines transparenten Körpers kaum auszumachen war. Obwohl das Papier stark vom Öl durchtränkt war, konnte man den Text noch gut entziffern. Statt die Nachrichten vom Display abzulesen, informierten sich die meisten Menschen (und inzwischen auch ein größer werdender Anteil Außerirdischer) noch immer auf diese altmodische Art.

Martin hielt einen Augenblick inne und stach sich schließlich die Nadel in die Oberlippe. Sofort strömten unzählige Informationen durch seine aufnahmebereiten Synapsen. Geistige Verschnaufpausen boten allein gelegentlich eingestreute Werbeblocks. Für ihn als alten Hasen im Geschäft stellte es normalerweise keine Herausforderung dar, die zu übermittelnde Botschaft vom unnützen Datenmüll zu trennen. Er benötigte dennoch fast eine halbe Stunde, um herauszufinden, dass sich hinter den Mengenangaben eines speziellen Kochrezepts (er hatte diese Informationen zuerst als Werbung abgetan) der Dechiffrierungscode für die eigentliche Hauptnachricht auf dem Einwickelpapier versteckte. Verzweifelt blickte Martin aus dem Bullauge. Zwischen den tausenden Lichtpunkten der Sterne glaubte er gerade noch den winzigen Reflexionspunkt eines trudelnden Papierbällchens auszumachen. Er hatte die penetrant nach Fisch stinkenden Zeitungsreste vor zehn Minuten mit der Abfallschleuder entsorgt. Die Apparatur stammte noch aus den Anfängen der interstellaren Raumfahrt. Müll, den man einfach so ins Weltall kippte, trieb für die Zeit des Flugs, und das waren oft mehrere Monate, einfach neben dem Schiff her. Ein bisweilen recht unappetitlicher Anblick! Um dieser Problematik zu entgehen, installierte man irgendwann in allen Raumschiffen die Abfallschleuder. Unglücklicherweise beging man bei ihrem ersten Einsatz den Fehler, den anfallenden Müll direkt hinter dem Schiff hinauszuschießen. Als das Schiff einige Tage später abbremste, war die Katastrophe nicht mehr aufzuhalten. Kurz vor Erreichen des Zielsystems brach die Funkverbindung ab. Ein tragischer Unfall, über den die BBC einen spektakulären Tatsachenbericht ausstrahlte.

Da sich Martin mit seinem Raumanzug nicht allzu weit vom Schiff entfernen konnte (mal davon abgesehen, dass ihm schon von der Vorstellung, das Schiff zu verlassen, ganz anders wurde), gab es nur noch eine Möglichkeit, wieder an das verlorene Zeitungspapier zu gelangen.

Kurz entschlossen schlüpfte er in den neusten Schrei ingenieurtechnischer High-Tech-Entwicklung, den er sich vor wenigen Terzines geleistet hatte: einen nagelneuen, chromblitzenden Zeitreiseanzug, der dennoch irgendwie an einen altmodischen Taucheranzug erinnerte. Eine nur auf den Randwelten erhältliche Kostbarkeit – Benutzung auf eigene Gefahr. Er drehte an ein paar Rädchen und stellte die gewünschte Zielzeit ein. Mit einem Erfrischungstuch tupfte er sich den Angstschweiß von der Stirn (gar nicht so einfach innerhalb des Anzugs) und drückte schließlich auf die grüne Auslöseplatte.

Weißes Licht ... Augenblicke stillen Verharrens ... schließlich ungebremstes Fallen, in eine nicht auslotbare Tiefe. Dieses Gefühl entsprach exakt Martins Horrorvorstellung, in einem abstürzenden Fahrstuhl gefangen zu sein. Augenblicke später packte etwas seinen Körper und riss ihn aus dem weißen Licht.

Er stand wieder in der Kommandozentrale seines kleinen Raumschiffs ... jedoch um eine ganze Stunde in die Vergangenheit versetzt. Seltsam ernüchtert zuckte er mit den Schultern. Er hatte sich den Vorgang irgendwie ... spektakulärer vorgestellt.

Martin schaute sich prüfend um. Eine Stunde zuvor hatte er für längere Zeit im beengten Vakuum-Sanitär-Modul gesessen (ohne den hochleistungsfähigen Luftabsauger unmöglich) und Toilettenpapierlyrik gelesen. Er würde sich daher nicht selbst über den Weg laufen. Er löste die Schrauben vom Schutzblech der Abfallschleuder und versuchte, die Sicherung herauszuziehen. Das Ding klemmte, und er musste erst mit einem Schraubendreher nachhelfen, um den kleinen Zylinder zu lockern und aus der Halterung zu hebeln. Die Prozedur dauerte länger als geplant und drohte, seinen Zeitplan durcheinanderzubringen. Hektisch klappte er das Abdeckblech zurück und wollte gerade wieder in seine Gegenwart zurückkehren, als sich die Tür der Sanitäreinheit öffnete. Einige Sekunden später stand er sich selbst gegenüber.

Ganz automatisch – und ohne sich dagegen wehren zu können, als stünde er unter fremder Kontrolle – zog er seinen Reparaturlaser aus dem Halfter, stellte ihn auf maximalen Energieausstoß und richtete ihn auf sein altes Ich.

Um ein Paradoxon zu verhindern, musste er ein Paradoxon begehen. Ziemlich paradox.

Er erschoss sich und beobachtete ungerührt, wie sein Körper längs nach hinten stürzte. Ein dumpfer und wuchtiger Aufschlag. Seltsamerweise gab es kein Blut an seiner Leiche. Wie in Trance machte er die Abfallschleuder wieder scharf, lud seinen leblosen Körper hinein und entsorgte sich selbst ins Weltall. Sogar für einen abgebrühten Agenten wie ihn eine mehr als bizarre Situation. Danach entfernte er zum zweiten Mal die Sicherung. Seine Finger huschten schnell über die kaum spürbaren Sensorflächen und aktivierten die Rückkehrfunktion im Zeitreiseanzug.

Sekundenbruchteile später befand er sich wieder in seiner eigenen Gegenwart. Irritiert blickte er aus dem Bullauge. Er entdeckte seine langsam vom Schiff wegtrudelnde Leiche – ein immer kleiner werdender weißer Fleck – und nur wenige Meter von seinem Ausblick entfernt zwei Bällchen aus zusammengeknülltem Zeitungspapier. Irgendetwas missfiel ihm an diesem Bild, und er hatte das Gefühl, als wäre hier etwas wirklich schiefgelaufen.

Mit dem Greifarm des Schiffs fischte er eines der Papierbällchen aus der Kälte des Weltraums und begann sofort mit der Dechiffrierung der verschlüsselten Nachricht. Die Botschaft stammte von Zzreccczibrizzi, einem Doppel-Doppel-Agenten. Zzreccczibrizzi verführte – in der jeweiligen Gestalt der auszuspionierenden Aliens – die Partner(innen) hochrangiger Regierungsrepräsentanten und gelangte so an hochbrisante Informationen, die er gewinnbringend an den Meistbietenden verkaufte. Oft war dies sogar jene Partei, von der die Informationen ursprünglich stammten. Zzreccczibrizzi war ein Ehrenmann – zumeist jedenfalls.

Als Martin die Dechiffrierung abgeschlossen hatte, überflog er den Text. Laut Zzreccczibrizzis Informationen planten die Regellaner, die Menschheit auf neuronaler Ebene auszubeuten . Seit mehr als siebzig Jahren war über die Hälfte der Menschheit der Abhängigkeit von Videospielen verfallen. Die andere Hälfte saß währenddessen vor ihren riesigen Wanddisplays und schlug die

Zeit bis zur nächsten Mahlzeit mit dem Anschauen von Quiz-Sendungen, Reality-Shows und Unterhaltungsserien tot. Diese seltsamen und unproduktiven Angewohnheiten der Erdenbewohner versuchten die Regellaner zu nutzen, um die Menschheit in eine riesige Bio-Supercomputer-Einheit (BSE) zu transformieren. Hunderte Handelsreisende waren schon unterwegs, um preisgünstige Virtual-3D-Bottiche an ahnungslose Videospiele-Fans zu verkaufen. Während des Spielens wurden in den Bottichen die ungenutzten Bereiche des menschlichen Gehirns (die in den letzten Jahren wieder größer wurden) zur Datenverarbeitung genutzt.

Martin warf den Ausdruck mit dem entschlüsselten Text und das Zeitungspapier in den Aktenvernichter. Irritiert beobachtete er eine kleine Metallmaus dabei, wie sie die Papierschnipsel verschlang und sich dann mit einem kühnen Sprung in einen offenstehenden Reparaturschacht davonmachte.

„Dave ... ähhh ... Martin“, hauchte die einschmeichelnde Stimme der Schiffs-KI. „Ich registrierte gerade einen unerwarteten Masseverlust.“

„Schön!“, erwiderte Martin und beobachtete durch das Bullauge, wie sich mit wachsender Geschwindigkeit ein Miniaturraumschiff in Richtung des nächstliegenden Wurmlochs entfernte.

Martin hörte es hinter sich rascheln. Er drehte sich um. Ein Klumpen grauer Materie fiel von der Decke und verwandelte sich in die monochrome Karikatur eines Menschen.

„Ich bin ein Wächter“, zischelte der Außerirdische durch seinen verkniffenen Mund. „Wir hätten euch nie die Technologie des Zeitreisens überlassen sollen. Durch dein unbedachtes Vorgehen hast du das Gleichgewicht der Dimensionen in Schwingungen versetzt, die sich nun partiell zu überlagern beginnen.“

„Ihr habt uns nie die Technologie des Zeitreisens überlassen“, stellte Martin richtig. „Zzreccczibrizzi hat sie uns für die vollständigen Rechte an der Nachnutzung der Erde – falls sich die Menschheit einmal selbst auslöschen sollte – veräußert."

„Unwichtig!", entgegnete der Wächter und hatte dabei sichtbare Schwierigkeiten, seine menschliche Gestalt aufrechtzuerhalten. „Und ziemlich dumm! Wir behalten dich im Auge."

Ein kurzes Flirren der Luft, und der Wächter verschwand mit einem lauten Knall.

Martin wurde auf drei kurze Klopfgeräusche hinter sich aufmerksam. Er drehte sich um und sah, wie eine Briefsendung aus dem Schlitz seines Postfachs in das Auffanggitter fiel. Er fischte das kleine Paket aus dem Gitter und drehte es in seinen Händen. Auf der Vorderseite stand sein Name und daneben prangte der leicht verschmierte Abdruck eines roten Warn-Stempels.

VORSICHT: KANN BEIM ÖFFNEN ZU UNERWÜNSCHTEN NEBENEFFEKTEN FÜHREN!

Darunter – sehr klein gedruckt:

Bitte nur im Freien benutzen.

Ohne mit der Wimper zu zucken, entfernte er die Sicherheitsbanderole und riss das Päckchen auf. Er entnahm einen sehr dicken Brief. Während des Auseinanderfaltens (der Brief war nach einem komplizierten und verwirrenden Muster gefalzt) konnte er spüren, wie sich die Raumstruktur um ihn herum veränderte. Der Brief öffnete sich zu einem riesigen Verkaufsraum voller seltsamer Geräte, die allesamt wie Inkubatoreinheiten aussahen. Im Hintergrund bewegte sich etwas, und kurz darauf stand ein kleiner Verkaufsroboter, nicht ganz so groß wie ein ausgewachsener Schäferhund, vor ihm. Der Roboter bestand aus einer graugrünen halbtransparenten Kugel, die sich irgendwie auf vier mehrgelenkigen dünnen Füßen vorwärtsbewegte.

„Die regellanische Handelsabteilung heißt Sie herzlich willkommen", knarzte es eine Spur zu laut aus einem unsichtbaren Lautsprecher. „Möchten Sie eines unserer Geräte ausprobieren? Mit

BrainStorm XL, unserer High-End-3D-Virtual-Machine für gefühlsechte Effekte und dem neusten Videospiel-Hit Dumm 3000 erleben Sie nie gesehene Dimensionen in einer perfekt inszenierten virtuellen Spielumgebung. Außerdem eignet sich unsere BrainStorm XL als Massagegerät und Entspannungseinheit."

Martins jahrelanges Training an Videospielautomaten hatte seine Reflexe geschärft. Er zog seine Laserpistole aus dem Halfter und beobachtete verwundert, wie sich diese in einen überdimensionalen Raketenwerfer verwandelte. Das Ding war so schwer, dass er beinah vornüber fiel. Der Verkaufsroboter begann panisch davonzutrippeln und stolperte dabei mit auffälliger Beharrlichkeit über seine Metallfüße. Martin feuerte die Waffe ab und beobachtete mit fast schon dümmlichem Staunen, wie die Rakete in Zeitlupe an dem Roboter vorbeizog, mit der dahinterliegenden Wand kollidierte und ein metergroßes Loch in die Raumstruktur stanzte. In dem Loch loderte gleißendes Licht. Martin feuerte den Rakentenwerfer nun im Sekundentakt ab, während sich der Roboter mit eleganten Sprüngen aus der Schusslinie brachte. Nach einiger Zeit hatte Martin so viele Löcher in die Umgebung gesprengt, dass der Roboter irgendwann in eines hineinfiel und mit einem dünnen Winseln verschwand.

Martin spürte, wie sich der Raum erneut veränderte. Es knirschte bedrohlich, und größere Brocken Putz und Staub lösten sich von der Decke. Die Umgebung begann, in große Artefakte zu zerfallen, die, dunstige Schlieren ziehend, davontrieben. Grelles Licht überblendete alles, dann nahm die Umgebung wieder feste Konturen an. Es dauerte einige Sekunden, bevor er begriff, dass er sich nun im Tank einer BrainStorm-XL-Maschine befand. Sein Kopf steckte in einem Sensorhelm, der im Innern mit einer weichen Polsterschicht bespannt war. Ein wenig irritierte ihn die Tatsache, dass er völlig nackt in der Kabine lag.

Ein kurzes Klacken, und der milchige Sichtschutz klappte zur Seite weg. Martin verließ das Gerät. Seine nackten Füße berührten kalten Boden. In dem kleinen Raum, in dem er sich jetzt befand, standen nur die BrainStorm-XL-Maschine und ein Verkaufsroboter. Martin misstraute der Situation, da er nirgendwo eine Tür entdecken konnte, die aus dem Zimmer hinausführte.

„Ich hoffe, die Demonstration unserer revolutionären Real-Virtual-3D-Technik fand Ihren Gefallen", schnarrte der Roboter mit einprogrammierter Freundlichkeit.

„Ich weiß, was ihr vorhabt", brüllte Martin seine Wut hinaus. „Ihr wollt die Menschheit in eine riesige Bio-Supercomputer-Einheit verwandeln!"

„Ich sehe da kein Problem", entgegnete der Roboter mit fröhlich durch die Luft wirbelnden Greifarmen. „Die menschliche Zivilisation bekommt das, wonach sie sich am meisten sehnt – perfekte, auf jeden Geschmack zugeschnittene Unterhaltung –, und als nützlicher Nebeneffekt wird eure Existenz mit Sinnhaftigkeit erfüllt."

„... mit Sinnhaftigkeit erfüllt ...", äffte Martin den Roboter nach, als er begriff, dass er ihm sonst nichts entgegenzusetzen hatte.

Der Roboter erstarrte inmitten seiner Bewegung. Stille durchdrang den Raum. Die Martin gegenüberliegende Wand verblasste und öffnete den Blick auf eine weite Ebene. Erneut trat ihm ein Wächter entgegen.

„Deine Existenz muss beendet werden." Staubgraue Worte. Kalt. „Dein Verhalten gefährdet das Gleichgewicht des Universums. Es manifestieren sich zurzeit pro Tartus mehre hundert Parallelwelten, um dein unbedachtes Handeln auszugleichen. Würde diese Entwicklung nicht gestoppt, entstünde völliges Chaos ... vielleicht der Auslösemoment eines 'Black-in-Black-Hole', eines in ein schwarzes Loch gekapselten schwarzen Lochs. Wir können eine solche Gefährdungssituation nicht zulassen. Davon abgesehen, scheinst du aus deinem Fehlverhalten nichts gelernt zu haben. Nach unseren Berechnungen bist du der alleinige Auslöser und das Zentrum dieser Veränderungen."

Der Wächter zog einen schwarzen Gegenstand aus seinem dunkelgrauen und faltenreichen Umhang ... dann drückte er ab. Ein greller Blitz und eine ohrenbetäubende Explosion. Martins Körper zerfiel in seine chemischen Bestandteile. Jedes sammelte sich in einer Blase, die, wie aufgereihte Planeten, ungefähr einen Meter über dem Boden schwebten. Über allem thronte Martins Bewusstsein.

In diesem Augenblick manifestierten sich weitere Wächter und begannen, den zuvor erschienen Wächter mit langen Papierbahnen zu umwickeln. Obwohl der Wächter sich gegen die ersten Attacken noch gut zur Wehr setzten konnte, war er den anderen hoffnungslos unterlegen. Martin bot sich ein groteskes Bild, das ihn an moderne Tanzaufführungen erinnerte. Wind kam auf und ließ die losen Papierenden wild flattern. Von dem Wächter war unter den dichten Schichten Zellstoff nach kurzer Zeit nichts mehr auszumachen. Einen Augenblick erschien die Szene wie erstarrt, dann ergriff der Wind den unbeweglichen Körper und trieb ihn in die Tiefen der Ebene.

Stille ...

Die anderen Wächter kamen auf Martin zu.

„Ein bedauerlicher Fehler", sagten sie absolut synchron. „Eine Erklärung würde dein Begriffsvermögen sprengen."

In beeindruckender Gleichzeitigkeit zog jeder der Wächter einen schwarzen Gegenstand aus seinem Umhang und zielte damit auf Martins Brust. Ein kaum hörbares, synchrones Klacken.

–

Weißes Licht.

–

Martin hatte seinen Körper wieder.

–

Er stand nackt auf einer weiten Ebene.

–

Zu seinen Füßen erstreckte sich ein strukturloser weißer Boden. Unangenehme Kälte strahlte von ihm aus.

–

Über ihm ein diffuses, milchiges Grau.

–

Im Hintergrund das Flüstern einer Vielzahl von Stimmen.

–

Martin ging einige Schritte nach vorn. Ein nicht zu unterdrückendes Frösteln durchlief seinen Körper. Seine Nacktheit ließ ihn sich schutzlos und ausgeliefert fühlen.

„Hallo“, rief er. Seine Stimme klang dünn und ohne jede Kraft. Er machte noch einige Schritte und blieb dann unentschlossen stehen. Das Frösteln kehrte zurück. Er zitterte so stark, dass ihm die Zähne aufeinander schlugen. Wenn er nicht bald hier weg kam, würde er an Unterkühlung sterben.

„Hallo!“, rief er, so laut es ihm möglich war. „Ist da jemand? Hilfe!“

–

Zu seinen Füßen begannen sich gleichmäßige Linienmuster abzuzeichnen. An den Verläufen riss langsam der Boden auf und rollte sich zu unzähligen uhrfederartigen Gebilden zusammen.

Ein Telefon klingelte.

Martin schaute in die Richtung, aus der das Geräusch kam, und sah einen Ball auf sich zuspringen.

Aus irgendeinem Grund wusste er, dass es sich um einen Telefonball handelte. Rot und von innen heraus pulsierend.

Er griff danach, schälte den Hörer wie eine Bananenschale ab und hielt ihn ans Ohr.

„Das Spiel ist aus!", rief eine sich vor Freude fast überschlagende Stimme. „Danke, dass Sie sich für ...

–

Martin unterbrach die Verbindung.

Saatzeit

„Wenn du zu jedem Frühstück so viel in dich hineinstopfst, brauchst du dich nicht zu wundern, dass du jedes Mal dein dir zugewiesenes Nahrungsmittelkontingent überschreitest und ständig Ärger mit der Verwaltung bekommst“, lästerte Maria. „Außerdem schlingst du das Zeug so gierig runter, dass einem regelrecht übel davon wird.“

„Bei vier Geschwistern musste man schnell sein“, erwiderte Juri zwischen zwei Bissen. „Meine Eltern waren arm und der Tisch nicht immer so reich gedeckt, wie bei euch in Deutschland.“

„Die Zeiten müssen lang her sein“, mischte sich Robert ein. „Astronauten zählen auch in Russland nicht zu den Geringverdienern. Inzwischen wohnen deine Eltern sicher in ihrem eigenen Häuschen am Stadtrand und halten nur noch Kontakt zu Besserverdienenden.“

Juri blickte Robert finster an und ließ schließlich die aufgerissene Packung Käsestifte auf den Teller fallen. „Was weißt du schon über meine Familie ... Nichts weißt du und ein Dummkopf bist du!“ Er schob den Teller von sich, stand auf und ging.

Juri verließ die Mensa, als der Alarm los schrillte. Sekunden später erschütterte ein Beben die Anlage. Die Gläser in den Regalen klirrten.

„Da muss was Großes runter gegangen sein“, rief Jemand in den aufkommenden Tumult.

Juri beeilte sich, den Kontrollraum zu erreichen. Beim Betreten stolperte er über eine an der Seite abgestellte Werkzeugkiste. Geschickt fing er den Sturz ab. Inzwischen hatte er sich gut an die geringere Marsgravitation gewöhnt.

„Die Sensoren zeigen einen Einschlag an", hörte er die, sich vor Aufregung fast überschlagende, Stimme des Wachhabenden. „Knapp drei Kilometer von der Basis entfernt".

Auf dem Panoramabildschirm war ein Ausschnitt der kargen Marsoberfläche zu erkennen. Für Juri strahlte dieser Planet beständige Hoffnungslosigkeit aus. Ein Gefühl, dass seit der Landung nicht von ihm gewichen war. Als Jugendlicher hatte er den Science Fiction-Klassiker *The Martian Chronicles* von Ray Bradbury geradezu verschlungen und inzwischen bestimmt fünf Mal gelesen. Der wirkliche Mars erwies sich für ihn jedoch als große Enttäuschung. Der Planet strahlte zwar Melancholie aus, dennoch fehlte jene besondere Magie darin. Für ihn war es eine Melancholie voller Trostlosigkeit und Bitternis.

Der Wagen mit seinen überproportionierten Ballonreifen rollte, schwankend wie ein Boot bei starkem Wellengang, über die sanft gewellte sandige Oberfläche des Planeten. Der Boden war von einer Vielzahl flacher grauer Steine bedeckt. Aufgrund der geringeren Gravitation, konnten sie nicht mit voller Geschwindigkeit fahren, da der Transporter sonst bei der nächsten höheren Bodenwelle den Halt verloren hätte und umgekippt wäre. Der kleine Sonnenball stand hinter ihnen, so dass das Fahrzeug einen langen Schatten in Fahrtrichtung warf.

„Da vorn ist es", rief Mark, der den Wagen steuerte. „Ein kleiner Krater, vielleicht vier Meter im Durchmesser."

„Da hätte ich aber mehr erwartet", bemerkte Robert enttäuscht. „Bei dem Rumms!"

Das Fahrzeug schwankte an die Einschlagstelle heran und wirbelte dabei kräftig den feinen Sand auf. Kurz vor dem Krater kam das Fahrzeug zum Stehen. Juri wurde auf etwas Dunkles in dessen Mittelpunkt aufmerksam.

„Das ist seltsam“, bemerkte Robert verhalten. „Juri, aktiviere deine Helmkamera! Vielleicht ist hier eine alte Vermessungssonde heruntergekommen. Schauen wir uns die Sache mal näher an.“

In einen klobigen Raumanzug gezwängt, sprang Juri zusammen mit drei anderen Männern aus dem Wagen und landete auf dem nachgiebigen Boden. Auf den meisten Marsaufnahmen, die im Umlauf waren, zeigte der Planet ein viel intensiveres Rot, als es die Wirklichkeit bot. Sogar bei den Fotografien, die in den letzten Jahren ausschließlich von bemannten Teams gemacht wurden. Juri vermutete, dass die NASA dahinter steckte, die alle Projekte, an denen sie beteiligt war, medientauglich aufbereitete. Nach der ersten Euphorie - und nachdem man mit der eigentlichen Forschungsarbeit begonnen hatte - zogen sich die Amerikaner klammheimlich aus dem Projekt zurück. Den einzigen, den sie zurückließen, war ein - immerhin sehr umgänglicher - Wissenschaftsjournalist. Auch finanziell floss kaum noch Geld von amerikanischen Konten. Die größten Zuschüsse kamen derzeit aus China und Europa.

„Schaut euch dass an“, rief Robert, der nicht ganz zwei Meter vom Einschlagkrater entfernt stand. „Da bewegt sich etwas!“

Juri trat vorsichtig näher. Von ihm aus betrachtet, machte die Einschlagstelle einen durchaus ehrfurchtgebietenden Eindruck. Das Zentrum des Kraters war mit vielen schwarzen Kugeln bedeckt. Zwischen und auf den Kugeln bewegten sich hunderte winzige Körper, fast genauso schwarz wie die Kugeln selbst. Juri erinnerte der Anblick an Ameisenhaufen auf der Erde.

„Das glaube ich einfach nicht“, flüsterte Robert. „Was ist das für ein Zeug? ... Vielleicht sollten wir versuchen eine Probe zu nehmen.“

„Zu gefährlich!“ warf Marc dazwischen. „Stellen wir zuerst eine Beobachterkamera auf. Danach können wir immer noch eine Probenentnahme durchführen.“

„Ich würde ungern so lange warten“, widersprach Robert. „Die Probe können wir uns mit *Konstantin* holen - das dürfte das Sicherste sein.“

Hinter dem Namen *Konstantin* verbarg sich ein Geo-Roboter mit einer kleinen Bohreinrichtung. Juri war der Geologe im Team und damit für den Einsatz von *Konstantin* verantwortlich.

Juri lief um den Transporter herum, öffnete am Heck die Verschlussklappe und zog die mit Kratzspuren überzogene Abrollplatte heraus. Das freie Ende ließ er danach auf den Boden fallen. Mit der Fernbedienung dirigierte er schließlich *Konstantin* die Neigung hinunter. Wie der Transporter, verfügte auch der Roboter über Ballonreifen und bewegte sich damit fast schon anmutig über den unebenen Boden. Juri steuerte *Konstantin* zügig bis zum Katerrand, ließ ihn einen Greifer entfalten und dann langsam ins Kraterinnere fahren.

Das Display übertrug die Videosignale *Konstantins* und ermöglichte Juri einen Blick auf die schwarzen Kugeln. Sie hatten ihre Form leicht verändert und zwischen sich zarte Verästelungen gebildet. Juri fuhr *Konstantin* so nah wie möglich an die Kugeln heran. Das, was sich zwischen den Kugelkörpern hin und her bewegte, erinnerte ihn an irdische Spinnen. Über *Konstantins* Mikrophon war das Rascheln ihrer Beine zu vernehmen. Mit dem ausgefahrenen Greifer versuchte er einem der sich schnell bewegenden Körper zu fassen. Nach einigen Fehlversuchen gelang es ihm, eine *Spinne* an einem ihrer Fortbewegungsorgane festzuhalten. Im selben Moment verflüssigte sich ihr Körper und tropfte wie schwarzes Wachs zu Boden. Mit den anderen Spinnenkörpern geschah kurz darauf das selbe, so dass der Kraterboden innerhalb weniger Sekunden von einer graublauen Schmierschicht bedeckt war. Der Boden brodelte schwach, als würde man dort Wasser zum Kochen bringen. Kurz darauf quoll dichter Rauch aus der Senke und stieg in den blaßroten Marshimmel auf.

„Hol *Konstantin* da raus“, brüllte Robert plötzlich, „und haltet Abstand vom Krater! Ich möchte nicht, dass hier jemand verletzt wird.“

Der Rauch machte es Juri nahezu unmöglich, auf dem Display der Fernbedienung etwas Nennenswertes auszumachen. Er schaltete auf den Rückwärtsgang und versuchte den Roboter aus der Gefahrenzone zu bringen. Einen Augenblick lang hatte er das Gefühl, dass die Räder durchdrehten und *Konstantin* weiter ins Kraterinnere rutschte. Kurz danach bemerkte er zu seiner Erleichterung ein silbernes Blitzen am Kraterrand. Sandfontänen aufschleudernd, entfernte sich der kleine Geo-Roboter von der Rauchsäule, als würde er vor einer Horde Feinde flüchten.

„Stellt eine Kamera auf und dann weg von hier“, entschied Robert. „Das ist mir alles eine Spur zu heiß!“

Juri ließ *Konstantin* auf den Transporter zufahren. Dabei bemerkte er einen Rest schwarzer Materie zwischen dem Haltemechanismus des wieder eingefahrenen Greifers.

„Guter Junge“, freute er sich und tätschelte das gelb-schwarze Gehäuse.

„Eine außergewöhnliche Probe“, Gregs Stimme klang seltsam angespannt. „Du hast beobachtet, wie sich das Material vor deinen Augen verflüssigte?“

„So erschien es mir jedenfalls“, erwiderte Juri vorsichtig. „Alle vorher spinnenähnlichen Objekte verloren ihre feste Struktur und fielen als schwarzer Schleim in die Senke des Kraters.“

„Das Material verhält sich recht seltsam“, gestand Greg. „Mir ist es bisher nicht gelungen, es in irgendeiner Art und Weise zu manipulieren. Es ließ sich nicht verformen, zerbrechen, verbrennen oder verätzen. Es erwärmt sich nur bis maximal 64,2° Celsius, das war es dann auch schon ...“

„Und das bedeutet?“, bohrte Juri weiter.

„Ich kann nur spekulieren“, erwiderte Greg. Er machte eine kurze Pause, bevor er mit einem, wie aufgesetzt wirkendem, ernsten Gesicht weitersprach. „Alles weist darauf hin, dass die Probe künstlichen Ursprungs ist ... eine Art High-Tech-Kunststoff. Wenn man darüber hinaus noch berücksichtigt, das das Bruchstück von einer spinnenähnlichen Kreatur - vielleicht einem Miniatur-Roboter - stammt, die sich bei Gefahr verflüssigt ...“

„Ich weiß nicht, ob das, was wir dort gesehen haben, spinnenähnliche Roboter waren“, unterbrach ihn Juri. „In jedem Fall ist es etwas Künstliches, vielleicht sogar ein Produkt außerirdischer Technologie.“

„Das halte ich durchaus für möglich“, stimmte Greg zu. „Wir sollten jetzt so schnell wie möglich herausfinden, was im Zentrum des Kraters vor sich geht. Möglicherweise wurden wir Zeuge einer Havarie und die seltsamen Dinge, die ihr im Einschlagzenztrum vorfandet, sind die Überreste eines Raumschiffes von Außerirdischen.“ Er lächelte verschmitzt. „Vielleicht ist es aber auch nur eine außerirdische Spionageeinheit die gerade eine Invasion vorbereitet ... es könnte alles mögliche sein ...“

„Was hältst du von der Anweisung, bei unseren Übertragungen zur Erde nichts von den aktuellen Ereignissen verlauten zu lassen?“ wechselte Juri das Thema. „Die versuchen hier vielleicht etwas zu vertuschen!“

„Das ist nichts weiter als eine Standardprozedur, um Gerüchten vorzubeugen und Kontrolle über den Inhalt und die Verbreitung von Informationen zu haben. Mich würde es wirklich wundern, wenn die mehr über das Teil wüsten, das hier heruntergekommen ist, als wir selbst. Doch auszuschließen ist selbst das nicht.

Ich werde die Probe noch einmal abschließend untersuchen. Weitreichendere Tests sind jedoch nur mit aufwändigerer Technik möglich. Dafür muss die Probe zur Erde geschickt werden.“

Juri schaute aus dem Kabinenfenster. Die von dem Einschlagkrater in die dünne Marsluft aufsteigende Rauchsäule schien dichter zu werden. Etwas Unbekanntes ging dort vor sich und er hatte das Gefühl, als würde dort etwas Bedrohliches heranwachsen.

Er hob grüßend die Hand und war gerade dabei, Gregs Labor zu verlassen, als ein erneutes Beben die Station erschütterte. Juri stützte sich an der nächstliegenden Wand ab. Das auf dem Tisch stehende Glas und eine Handvoll Speichermodule sprangen regelrecht von der Platte und fielen zu Boden. Greg klammerte sich an seinen Arbeitstisch und schaute mit so unbewegter Miene, als würde dieser Ausbruch tektonischer Gewalt zu seinem normalen Tagesablauf gehören.

Juri blickte, einer Eingebung folgend, erneut aus dem Fenster. Die vorher schmale Rauchsäule hatte sich zu einem breiten dunklen Band vergrößert. Wenige Sekunden später schrillte der Alarm los.

„Das sind die letzten Minuten vor der Zerstörung der mobilen Sendeanlage“, erklärte Robert.

Auf dem Monitor lief die Übertragung. Dichter Qualm stieg aus dem Kraterinneren. Juri erkannte schwache gelbliche Lichtimpulse innerhalb der Rauchschwaden. Die Szene blieb einige Sekunden ohne Veränderung, dann wurden die Rauchpartikel von einem Augenblick zum anderen dunkler. Das Bild der Kamera erzitterte. Staunend beobachtete er, wie sich der Rand des Kraters veränderte. Er wurde rot glühend, als stünde er unter den Einwirkung von starker Hitze und verlor dann schließlich jede Farbe. Der nun wie ausgebrannt wirkende tiefschwarze Rand bekam feine Risse, die sich, einem dichter werdendes Wurzelgeflecht ähnlich, um die Einschlagstelle erweiterten. Das Zentrum des Kraters senkte sich langsam ab. Plötzlich flammte gleißendes Licht in dessen Mitte auf. Für Juri sah es so aus, als würde sich die schwarze

Materie, in die der Krater seine Umgebung konvertierte, kurzfristig in jene spinnenähnlichen Kreaturen verwandeln, die den Marsboden wie eine millionenstarke Armee aus Insekten flutete. Doch die Auflösung der Kamera reichte nicht aus, um sich dessen wirklich sicher zu sein. Schließlich wurde die Kamera von einem heftigen Schlag zu Seite gestoßen. Weißes Rauschen füllte den Monitor.

„Ich weiß zwar nicht, was hier vor sich geht", unterbracht Robert die Stille. „Ich halte jedoch eine Gefährdung des Außenpostens für möglich. Wir sollten die stationären Gebäude evakuieren und ein Notlager in ausreichender Entfernung errichten. Ein anderer Umstand bereitet mir aber noch stärkere Kopfschmerzen. Die von uns in den letzten Stunden empfangenen Aufnahmen verschiedener Beobachtungssatelliten. weisen auf fünf weitere Vorkommnisse dieser Art hin. Die Einschläge sind gleichmäßig über den gesamten Planeten verteilt. Wir müssen uns also mit einem globalen Problem auseinandersetzen."

„Kannst du uns die Aufnahmen zeigen?" fragte Juri.

„Natürlich." Robert betätigte das flache Tastenfeld des Computers.

Auf dem Monitor erschienen eine ganze Reihe von Höhenaufnahmen. Auf jedem der Bilder konnte man einen anderen Einschlagkrater erkennen und eine davon ausgehende schwarze Rauchsäule.

„Der Ablauf scheint überall gleich zu sein.", erläuterte Robert. „Einschlagstellen, die sich weiter und weiter ausdehnen und in Unmengen ausgestoßener Rauch. Wenn das so weiter geht, erwartet uns hier eine ökologische Katastrophe!"

„Gibt es Daten über die chemische Zusammensetzung der Emissionen?" fragte Greg.

„Das ist tatsächlich außergewöhnlich", antwortete Robert. „Trotz der unterschiedlichen Bodenbeschaffenheit an den Orten der Einschläge, besteht der Rauch aus nahezu identischen chemischen Bestandteilen. Ein recht giftiger Cocktail - aber mit einem hohen Sauerstoffanteil von nahezu acht Prozent. Vielleicht findet dort ein kontrollierter chemischer Prozess statt und die dabei entstehenden Abfallprodukte sind daher ebenfalls identisch. Die bisher festgestellten Einschläge entwickeln sich jedenfalls zu recht unerfreulichen Dreckschleudern."

Vom Mars aus ein Gespräch mit seinen Angehörigen auf der Erde zu führen, war eine gewöhnungsbedürftige Prozedur. Man musste sich an fest vereinbarte Termine halten und führte dann eine Unterhaltung, als würde man mit einen Anrufbeantworter reden. Dabei sprach man relativ monoton seine vorher zurechtgelegten Sätze in ein winziges silbernes Mikrofon und wartete danach über zwölf Minuten auf die eintreffende Antwort. Währenddessen beobachtete man die, durch die extreme Datenkomprimierung leicht ins unscharfe dekodierte, Videoübertragung und konnte seiner Verwandtschaft beim Warten zusehen. Viele zeigten in dieser Zeit Bilder der Familie: Babys, Großeltern, Eltern und Geschwister, oder alte Erinnerungsfotos gemeinsam verbrachter Zeiten.

Juris Gesprächseinheit begann in fünfzehn Minuten, die er geduldig im Vorraum absaß.

Vor acht Monaten hatte er die Erde verlassen. Damals war die Beziehung zwischen ihm und Susanne fast zerbrochen. Kurz vor dem Start hatte er wegen ihr beinahe den Flug abgesagt, nur um ihr zu beweisen, wie sehr er sie liebte. Inzwischen hatte sich die Situation geändert und der regelmäßige Videokontakt mit ihr war ihm wichtiger, als alle anderen Botschaften von der Erde.

Trotz seiner Vorfreude, Susanne wiederzusehen, gingen ihm die seltsamen Vorkommnisse der letzten Stunden nicht aus dem Kopf. Auf dem Stützpunkt glaubten inzwischen die meisten Stationsmitglieder an das Wirken von außerirdischer Technologie. Juri wurde jedoch nicht so richtig warm mit dieser Vorstellung. Warum sollte eine Alien-Zivilisation Flugkörper konstruieren, die sie dann auf einem fremden Planeten zum Absturz brachte? Wurde in den Einschlagpunkten eine Armee von mechanischen Spinnen herangezüchtet, oder würden sich irgendwann mächtige Fabriken und Gebäude aus den Tiefen der Krater erheben, voll von bizarrer und fremdartiger Technologie? Juri hielt eigentlich nichts dergleichen für wahrscheinlich. Er glaubte vielmehr, dass die Einschlagkrater einem völlig anderem Zweck dienten.

Plötzlich durchzuckte ihn ein Gedanke. Erschreckend klar und simpel in seiner Logik. Die von den Einschlagstellen abgegebenen Emissionen waren der Schlüssel zu allem. Das, was die Menschheit auf dem Mars mühsam und über viele Jahrzehnte lang mit kümmerlichen Algenkulturen zu erreichen versuchte, wurde hier viel effizienter umgesetzt: Eine außerirdische Planeten-Umgestaltungs-Technologie, die um den jeweiligen Himmelskörper eine Atmosphäre entstehen ließ, und die sicher auch Temperaturveränderungen herbeiführte. Berücksichtigte man die momentanen Emissionswerte, würde die entstehende Atmosphäre für menschliche Bedürfnisse denkbar ungeeignet sein. Je länger er darüber nachdachte, um so plausibler erschien ihm seine Hypothese. Juri musste seine Überlegungen so schnell wie möglich Greg mitteilen. Die daraus folgenden Konsequenzen waren ungeheuerlich.

Die Tür zum Kommunikationsraum öffnete sich und Max trat heraus. „Sie wartet schon auf dich", sagte er mit einem breitem Lächeln auf dem Gesicht.

Juri zwängte sich in den beengten Raum. Der Monitor zeigte Susannes Gesicht. Sie wirkte seltsam aufgewühlt. Juri begrüßte sie herzlich und sprach dann über eher belanglose Ereignisse der letzten Tage. Es war ihm untersagt, über die Einschläge und die in sieben Stunden geplante Evakuierung zu reden. Nachdem er seine Nachricht abgeschlossen hatte, wartete er und beobachte Susanne dabei, wie sie unruhig auf ihrem Stuhl hin- und her rutschte. Sie strich sich dabei gedankenverloren ihre tiefschwarzen Haare aus den Gesicht. Dann konnte er sehen, wie seine Botschaft Susanne erreichte. Glücklicherweise lagen Erde und Mars zur Zeit recht nah beieinander, sonst wären die Abstände zwischen den Übertragungen noch wesentlich größer.

„Hallo, Juri", sagte sie nach Beendigung der Übertragung. „Du wirst kaum glauben, was die Nachrichtensender vor knapp einer Stunde berichteten. Sechs außerirdische Artefakte sind auf verschiedenen Stellen der Erde niedergegangen. Bei den gezeigten Aufzeichnungen waren kleine schwarze Kugeln zu erkennen, die im Mittelpunkt des jeweiligen Einschlagkraters lagen.

Von offizieller Seite gibt es noch keine Stellungnahme. Einige Wissenschaftler sprechen aber schon vom ersten Kontakt mit Außerirdischen.

Ich bin so aufgeregt, Juri. Du müsstest das gesehen haben ... Ich liebe dich ... ich liebe dich ..."

Kontrollierter Einsatz

Prolog

Kadar stand neben einer Projektionsfläche der unzähligen Außensensoren und betrachtete die seltsam samtene Oberfläche des Planeten. Kleinere Wolkenwirbel trieben durch die Atmosphäre. Auf der Nachtseite konnte er die Entladungen gewaltiger Gewitter erkennen. Die Kontinentalmasse zog sich fast wie ein Ring um den Planeten. Nur an den Polen gab es weitere Landflächen. Aus dieser Entfernung wirkte der Himmelskörper jungfräulich und einladend. Doch das war eine Illusion. Seit der Mensch seinen Fuß auf diesen Planeten gesetzt hatte, war er das Schlachtfeld einer Jahrzehnte dauernden Auseinandersetzung mit den Zcecric. Kadar vertiefte sich in den Anblick, versuchte diese scheinbare Friedfertigkeit in sich aufzunehmen, den Krieg aus seinem Bewusstsein zu verbannen.

Das Lärmen der Männer, die gerade von der Essenausgabe kamen, riss ihn aus seinen Gedanken. Malcolm kam auf ihn zu. Sein kahler Kopf war von Narben bedeckt, von denen sich eine bis zum Hals hinabzog. Er hatte mehr von diesem biomechanischen Scheiß in sich, als drei andere Männer zusammen, und Kadar vermutete, dass er nur noch äußerlich einem Menschen glich.

„Du siehst aus, als wolltest du den Planeten ficken!“ rief Malcolm, dann hielt er ihm einen Plastikbecher mit Kaffee entgegen. „In zwei Stunden geht's runter, da kannst du zeigen, was du drauf hast. Trink, bitter genug für eine Jungfer wie dich.“

Die anderen brüllten laut los und Malcolm trat noch näher an Kadar heran. „Trink“, forderte er ihn erneut auf. „Ist doch keine Zcecricpisse.“

Kadar nahm den Becher aus Malcolms Hand, führte ihn zum Mund und trank. Das Zeug schmeckte widerlich süß, und die Männer grölten, als er auf Malcolms Drängen den Becher ganz leerte.

Einsatz

Als das Landungsschiff aus dem Hangar schoss, wurden sie brutal in die Sitze gepresst.

„Überprüft eure Anzeigen", rief der Commander. „Ist irgendwas im roten Bereich, möchte ich eine Meldung."

Kadar konnte im Monitor über dem Navigationsschirm erkennen, wie sie der Oberfläche des Planeten entgegenstürzten. Das Schiff wurde durch die Luftströmungen wild hin und her geschüttelt, und Kadar verfluchte den Tag, an dem er den Einberufungsbefehl über seinen Kom-Anschluss bekommen hatte. Außerdem verfluchte er die Zcecric, denen es mit ihrer bizarren Technologie gelungen war, ihre vollautomatischen Landungsschiffe mit der dazugehörigen mechanischen Besatzung jedesmal zum Absturz zu bringen. Deshalb waren sie gezwungen, den Anflug mit den Hilfssystemen auf manuelle Weise zu bewältigen. Das Schiff hatte die obere Wolkenschicht durchstoßen, und die Oberfläche des Planeten wurde sichtbar. Kadar blickte auf eine endlose Wasserfläche, die seltsamerweise fast schwarz wirkte und völlig unbewegt schien. Einen Augenblick lang hatte er die merkwürdige Vorstellung, dass dies kein natürlicher Zustand war und die einst mit Leben gefüllten Ozeane zu stinkenden Friedhöfen geworden waren.

Kadar war auf Io zur Welt gekommen. Seine Eltern lebten in einer Orbitalstation, die den Jupiter umkreiste. Seine Geburt fand jedoch wegen der geringeren Schwerkraft auf Io statt.

Die um sich selbst rotierende Orbitalstation – acht riesige, durch ein Flüssigkeitssystem ständig masseausgeglichene Wohn- und Arbeitskomplexe, die sich in gleich bleibender Geschwindigkeit um eine Zentralachse drehten und annähernd Erdschwerkraft aufrechterhielten – war ihre Heimat und Io ihr vulkangesprenkelter Arbeitgeber. Obwohl Io voller Gefahren steckte – Erdbeben und unvermittelt ausbrechendes Magma machten die Arbeit auf dem Jupitermond zu einem risikanten Abenteuer – fühlte er eine starke Sehnsucht zu seinem Geburtsort.

Kadar konnte erkennen, wie sich das Landungsschiff langsam der äquatorialen Landfläche näherte. Die Zcecric bauten immer küstennah, so dass sie schon von weitem den grauen, knotigen Turm erkennen konnten, der sich vielleicht hundert Meter in die Höhe reckte und von dem aus sich acht bis zehn Ausläufer konzentrisch in den Boden gruben. Diese Ausläufer stießen einige Meter weiter wieder aus dem Erdreich hervor und endeten in Spitzen, die sich geschmeidig bewegten. Hin und wieder gab es zwischen den kleinen tentakelähnlichen Ausläufern und dem Turm kräftige elektrische Entladungen. Die Zcecric waren in der Lage, ihre Bauten beinahe über Nacht entstehen zu lassen. Man hatte herausgefunden, dass sie eine Art Samenkapsel pflanzten, die der Umgebung nach dem Aussetzen und der Zündung alle benötigten *Baumaterialien* entzog.

Das Landungsschiff sackte plötzlich noch tiefer, und der Commander gab die Anweisung zum Abschuss der Sprengköpfe. Diese Waffen waren vorsintflutlich und allein zu dem Zweck konstruiert, die Manipulation irdischer Technologie durch die Zcecric zu verhindern. Zu früheren Zeiten, als sich die Menschen noch untereinander den Garaus machten, wurde auf Explosivwaffen völlig verzichtet. Nano- und Biotechnologie ermöglichten es, einen Feind besonders hinterhältig und grausam umzubringen. Während die Menschen bei lebendigem Leib verfaulten, blieben Städte und Landschaften unberührt.

Kadar beobachtete, wie die wasserdampfgetriebenen Geschosse weich zu Boden schwebten und sich dann, in blitzschnellen

Schlängelbewegungen jeder Bodensenke folgend, ihrem Ziel näherten. Obwohl er nichts hörte, konnte er sich das Zischen der Raketentriebwerke gut vorstellen. Dann schlugen die Sprengköpfe ein. Einige Augenblicke lang passierte überhaupt nichts. Die Szene schien wie erstarrt, und nur zwei schwarze Flecken wiesen auf die Eintrittsstellen hin. Dann hob sich die Erde, blähte sich auf wie eine Luftblase in einer zähen Flüssigkeit, und ein gleißendes Licht strömte senkrecht nach oben. Schmutz und Steine wurden kilometerweit in die Atmosphäre geschleudert, und eine schwarze Staubsäule rieselte langsam auf den Küstensteifen herab.

Kadar wunderte sich, dass die Zcecric keinen Gegenangriff starteten und nicht versucht hatten, die Sprengköpfe abzuwehren. Ihr Schiff jagte über die schwelenden Überreste hinweg auf eine leicht hügelige Landschaft zu. Niedriger Pflanzenbewuchs bedeckte die flachen Hügelkuppen, tierisches Leben war nirgendwo zu entdecken.

Einige Kilometer weiter kam die Station in Sicht. Eine Energiebarriere umgab die schmucklosen Bauten, die streng geometrisch angeordnet waren. Kadar fielen sofort einige rußgeschwärzte Gebäude auf, die sich im Zentrum der Anlage befanden.

„Landevorgang einleiten“, brüllte der Commander. Das Schiff bremste ab, und Kadar hatte das Gefühl, es müsste jeden Augenblick auseinanderbrechen. Ein lautes Knarren und Quietschen zerrte an seinen Nerven und verstummte erst nach dem harten Aufsetzen.

„Raus, raus und Deckung suchen. Denkt daran, benutzt die schweren Waffen nur bei ausreichender Distanz.“

Das Schiff klaffte vorn auseinander, und die untere Hälfte bildete eine Rampe zum staubigen Boden. Die Männer verließen das Schiff und verteilten sich. Die Rücken ihrer Schutzanzüge schmückte das Symbol der *Vereinten Welten*, in deren Auftrag sie gegen die Provokationen oder Invasionsversuche der Zcecric und anderer als gefährlich eingestufter Zivilisationen vorgingen.

Kadars Anzug registrierte eine kritische Bewegung und projizierte augenblicklich ein Vergrößerungsbild auf seine Sehnerven. Er erkannte allenfalls eine diffuse Bewegung, möglicherweise nur hervorgerufen durch aufsteigende warme Luft.

Er zog seine Blendpistole aus der Halterung und lief auf einen flachen Containerbau zu. Die Tür war einen Spalt weit geöffnet und ließ nur einen Streifen Dunkelheit erkennen. Kadar schlich sich geduckt an das Gebäude heran. Als er sich den Sensoren näherte, schlug die Tür plötzlich mit einem lauten Krachen zu, um sich nach einigen Augenblicken wieder langsam zu öffnen. Er schlüpfte in das Gebäude und löste im selben Augenblick die Blendpistole aus. Trotz des Anzughelms, dessen Sichtschirm den größten Teil des abgegebenen Lichtes absorbierte, war er kurzzeitig völlig blind. Die Sehnerven ungeschützter Augen wären augenblicklich zerstört worden.

Langsam zeichneten sich die Konturen der Umgebung wieder ab. Obwohl Kadar auf diesen Anblick vorbereitet worden war, drehte sich ihm der Magen um. Sein Anzug reagierte sofort und injizierte ihm einen emotionalen Blocker. Kurz darauf konnte er ohne körperliche Beeinträchtigungen den Raum durchsuchen. Der helle Kunststoffboden war von Lachen getrockneten Blutes bedeckt. Teilweise war nicht einmal mehr das ausgeprägte Oberflächenprofil der Kunststoffbeschichtung auszumachen.

Er bemerkte zwei verstümmelte menschliche Körper an der gegenüberliegenden Wand. Sie sahen aus, als hätten sie sich dort hingesetzt und gegen die sanft gewölbte Wand gelehnt. Ihnen waren jedoch die Bäuche aufgeschlitzt, die Gedärme herausgewühlt und fein säuberlich ausgebreitet worden. Trauben von Fliegen bedeckten beide Körper, die auch dann nicht aufflogen, als Kadar näher trat. Er konnte erkennen, dass es sich bei der rechten Person um eine Frau handelte, bei der anderen war er sich nicht sicher. Hier musste ein unglaublicher Gestank herrschen, und Kadar war froh, auch davor abgeschirmt zu sein.

Etwas später entdeckte er eine der Hinterlassenschaften der Zcecric. Es war eines ihrer Ausführungssegmente, das verdorrt am Boden lag. Der horngepanzerte Zentralkörper bestand aus drei Wülsten, von deren Ober- und Unterseiten Hunderte winziger Tentakelfüße ausgingen. Kadar stieß das Segment mit dem Fuß zur Seite. Die Zcecric waren in der Lage, diese Segmente abzustoßen und von ihrem eigentlichen Körper getrennt zu steuern. Ging ein solches Segment verloren, konnten sie innerhalb weniger Wochen ein neues nachbilden.

Er bekam plötzlich eine Nachricht auf seine Netzhaut. Eine kurze Skizze wies auf ein Gebäude der Siedlung hin. Der Farbcode beinhaltete die Aufforderung, sofort das markierte Gebäude aufzusuchen. Feindaktivität! Kadar hatte große Lust, sich irgendwo zu verstecken. Er kannte genügend Aufnahmen von Kämpfen mit den Zcecric. Sie waren so schnell, dass selbst durch Drogen konditionierte Soldaten ihnen kaum folgen konnten. Da halfen selbst die härtesten Einsätze in virtuellen Übungsräumen kaum. Kadar steckte die Blendpistole, die er noch immer fest umklammert hielt, in die Halterung zurück und rüstete sich statt dessen mit dem Impulswerfer aus. Die Waffe feuerte in Sekundenbruchteilen Energieladungen ab, die sich durch fast alle Materialien fraßen. Berichten zufolge waren die Zcecric in der Lage, diesen Energieladungen auszuweichen. Kadar hielt dies für ein Gerücht.

Er verließ das Gebäude und lief auf das rotierende Markierungszeichen zu, dass die Bioware in sein Sichtfeld projizierte. Eine Explosion erschütterte das Gelände, und kurz darauf stieg schwarzer Qualm aus einem der Bauten vor ihm.

Er lief noch einige Meter, bis er ein schwarzes Flirren in der Luft bemerkte. Eine feste Kontur der etwa zehn Zentimeter breiten Erscheinung war nicht auszumachen. Noch während er der Bewegung folgte, fühlte er ein kaltes Prickeln im Hinterkopf, das langsam nach vorn perlte. Das diffuse Objekt bewegte sich in einem sanften Bogen über den Boden, näherte sich einem der Kämpfer vor ihm, beschleunigte mit einem Mal und durchschlug dessen Oberkörper. Gewebeteile und Blut schossen explosionsartig aus seinem Rücken. Kurzzeitig konnte Kadar durch das riesige Loch auf den dahinter liegenden Sandboden blicken. Der Mann sackte zusammen, und Kadar löste sich aus seiner Starre. Von dem seltsamen Flirren war nichts mehr zu sehen. Mit zunehmender Panik lief er auf die Markierung zu. Er überquerte den vom Blut feuchten Boden und registrierte im Hintergrund, wie ihn sein Anzug unter Beruhigungsmittel setzte.

Jemand öffnete seinen Kom-Kanal, und ein anhaltendes Schreien setzte ein. Kadar drängte sich dicht an die Wand eines in der Nähe stehenden Gebäudes und lief leicht geduckt weiter. Er hatte auf diese Art wenigstens das Gefühl, sich zum Teil in Deckung zu befinden. Als er an einem offenen Eingang vorbeikam, bemerkte er, wie sich im Innern etwas bewegte. Er trat vorsichtig näher, hielt den Impulswerfer nach vorn gerichtet und schob sich lautlos durch die Tür. Im selben Augenblick erhielt er einen Schlag von der Seite. Kadar stürzte, während eine Energieladung aus seiner Waffe zuckte und ziellos auf die Decke traf. Kadar rollte sich ab, und der Impulswerfer segelte über den Metallboden davon. Aus den Augenwinkeln registrierte er eine schnelle Bewegung.

„Passt auf!" vernahm er die Stimme von Malcolm. „Sie holt sich den Werfer."

Zwei Energieladungen zuckten durch den Raum. Kadar hörte eine Frau aufschreien und gleich darauf einen Körper zu Boden sacken.

„Hast uns ganz schön erschreckt, Kleiner", rief Malcolm. „Ich dachte, ich hätte meine letzte Nummer gemacht."

Kadar blickte auf und sah, wie Malcolm die Verschlüsse seines Anzugs zuschnappen ließ. Im Hintergrund zeichnete sich ein zusammengekrümmter Frauenkörper am Boden ab. Der Unterkörper war nackt und Kadar konnte an der Schulter den rußigen Fleck eines Treffers aus dem Impulswerfer erkennen. Die Stoffreste um die Wunde glühten noch.

„Ihr habt sie umgebracht und …" Kadar stockte.

„Sie war eine Zivilistin," erwiderte Malcolm, als ob das alles erklären würde. „Ich sagte doch, dass du die Hosen voll hast. Zieh bloß keine falschen Schlüsse!"

Malcolm ging auf ihn zu und stellte seinen Fuß auf Kadars ausgestreckte Hand am Boden. „Ich schneide dir persönlich die Eier ab, wenn du blöd rumquatschst. Die war eh hinüber. Ich hab's ihr noch einmal besorgt. In ein paar Tagen wäre die sowieso krepiert."

„Und was ist mit dir?" brüllte Kadar. „Du bist jetzt auch infiziert!"

„Was weißt *du* über die Zcecric, Grünschnabel? Die könnten dir in den Arsch kriechen – und du würdest es nicht bemerken. Man kann nur von einem Zcecric selbst infiziert werden, der Rest ist in zwei Wochen erledigt."

Kadar blickte zu Boden und sah noch immer den toten Körper der Frau vor seinen Augen. Er zitterte und hatte Angst, sich in seinem Anzug zu übergeben.

Rückzug

Kadar rannte mit einer Handvoll Soldaten auf das Landungsschiff zu. Hinter ihm ragten tiefschwarze Rauchwolken in den grauen Himmel, während sich die Sonne als matschiger Fleck in der völlig strukturlosen Wolkendecke abzeichnete.

Er hatte noch immer das bizarre Bild vor Augen, als Malcolm von diesem dünnen silbrigen Etwas getroffen wurde, das ihm den

Kopf samt Schultern abtrennte. Ein purpurroter Blutring fächerte sich rasend schnell, ähnlich der Form einer Spirale, um seine gewaltige Wunde auf und klatschte mit einem kurzen Prasseln an die umliegenden Wände des Labors. Das war der Augenblick, als die Hölle losbrach. Die Männer feuerten in Panik auf alles, was ihnen verdächtig vorkam. Explosivgeschosse durchschnitten die Luft, und Explosionen erschütterten den Boden. Kadar hatte seine Waffe weggeworfen und war einfach davongerannt. Ein Teil der Soldaten feuerte mit allem, was sie besaßen. Distanzwaffen wurden auf zu kurze Entfernungen abgefeuert, und Kadar konnte sehen, wie sich einige der Männer dabei selbst verstümmelten.

Er hörte, wie Befehle gebrüllt wurden, ohne deren Inhalt wahrzunehmen. Er vermutete, dass sein Anzug irgendwie beschädigt oder auf andere Weise deaktiviert worden war. Eigentlich hätte sein Körper schon längst mit nervenregulierenden Mitteln vollgepumpt sein müssen.

Kadar stolperte weiter voran. Kurz vor Erreichen des Landungsschiffs wurde er durch den Lichtblitz einer gewaltigen Explosion hinter sich geblendet. Die folgende Erschütterung und Druckwelle schleuderte ihn fast zu Boden. Er vermutete, dass man den Außenposten dem Erdboden gleichmachen wollte.

Fast am Ende seiner Kräfte erreichte er die Rampe, lief die graue Metallfläche hinauf, stürzte zu Boden und spürte, wie aus einer Platzwunde an seiner Stirn Blut sickerte. Er schloss die Augen, bemerkte kurz darauf, wie die Triebwerke gestartet wurden und das Landungsschiff vom Boden abhob.

Er wünschte sich nichts sehnlicher, als all dies sofort vergessen zu können. Als der Andruck beim Verlassen des Planeten größer wurde, verlor er die Besinnung.

Restrukturierung

Der riesige Zylinder des Schlachtschiffes schwebte scheinbar bewegungslos im Raum. Die Regenerationsanlagen pumpten heilende Flüssigkeiten durch die Körper der Soldaten, und feine Neurorezeptoren suchten nach störenden Erinnerungsfragmenten, um sie aus dem Gedächtnis zu entfernen oder durch neue zu ersetzen. Der Vorgang lief automatisch und völlig lautlos ab. Hin und wieder zuckten einige Muskeln, während die neuronalen Löschvorgänge liefen.

In einer anderen Sektion des Raumschiffes wuchsen in halbdurchsichtigen Bottichen Embryonen heran. Kleine Blasen stiegen in der trüben Flüssigkeit nach oben, sobald sich die winzigen Gliedmaßen leicht bewegten. Durch hauchdünne Drähte wurden die notwendigen Daten zur Persönlichkeitsbildung in die noch schwach entwickelten Gehirne der Embryonen geleitet.

Das Schiff bereitete sich auf den fünfzehnjährigen Sprung vor, um den nächsten Zielpunkt zu erreichen. Die unversehrten und restrukturierten Körper der Soldaten wurden in Stasis versetzt, um den Alterungsprozess auf ein Minimum zu beschränken. Das anfängliche Stöhnen aus einigen Regenerationskammern war verstummt, und die Gesichter der Männer nahmen einen sanften Ausdruck an.

Dunkelheit und Stille breitete sich in den Kabinen und Gängen des Schiffes aus.

Epilog

Seit zwei Wochen bereiteten sich die Männer durch Muskeltraining und virtuelle Kampfsimulationen auf den Einsatz vor. Die Nachwirkungen des jahrelangen Aufenthalts in der Stasiskammer waren auch bei Kadar nahezu abgeklungen. Er fühlte sich gesund und ausgeglichen.

Mit Stolz erinnerte er sich an seine Jugendzeit in einer der größten lunaren Ausbildungsakademien des Militärs. Seine Ausbilder und Kameraden erschienen vor seinem inneren Auge, als hätte er die Akademie erst gestern verlassen. Es war die vielleicht schönste Zeit in seinem bisherigem Leben gewesen.

Er blickte auf die riesige Projektionsfläche vor sich. Ein blasser grauer Planet, von zwei winzigen, unscheinbaren Monden umkreist, schwebte wie ein riesiger schmutziger Schneeball in der Dunkelheit des Alls. Die Sterne in diesem Sektor standen so weit auseinander, dass das Weltall hier noch kälter und abweisender als gewöhnlich wirkte.

Kadar löste sich von dem Anblick und spürte eine unbändige Vorfreude in sich. Nur noch wenige Stunden, und sie würden mit einem Landungsschiff endlich der Oberfläche des Planeten entgegenfallen.

Er trat zwei Schritte zurück und schaute zu den Soldaten, die gerade aus dem Lift traten, während ein Lächeln um seine Lippen spielte.

Time Erase

Paul nannte den Mars auch gern den Planeten der gescheiterten Beziehungen. Kein normaler Mensch würde freiwillig seine Zeit hier verbringen. Früher gingen die Menschen ins Kloster, um sich eine Auszeit von der Welt zu nehmen. Heute flogen sie zum Mars.

Der Blick aus dem zerkratzten Cockpit-Fenster des kleinen Rovers wirkte trostlos und unspektakulär. Er hätte sich ebenso gut zwischen den endlosen Dünenflächen einer irdischen Wüste befinden können. Der Sand besaß vielleicht eine etwas rötlichere Tönung, doch dies konnte auch auf Einbildung zurückzuführen sein. Zumindest die Sonne brannte hier kleiner und stechender vom Himmel herab, als auf der Erde.

Die Werbefilme der EMP vermarkteten den Mars als großes Abenteuer für wagemutige Frauen und Männer. In Wirklichkeit bestand der größte Teil der hier verbrachten Zeit aus monotonen Reparatureinsätzen und dem Warten auf die nächste Havarie. Hinzu kam ein täglich zu absolvierendes Muskelaufbautraining von mehreren Stunden. Ohne dieses Training würde der Muskelapparat - der geringeren Schwerkraft wegen - innerhalb weniger Wochen spürbar an Masse verlieren. Spannend war dies allenfalls für Fitness-Fanatiker.

Durch die dünne Atmosphäre konnte Paul schon von weitem den Turm der automatischen Abbauanlage erkennen. Die sich vor dem helleren Hintergrund abzeichnende Silhouette erinnerte ihn ein wenig an den vor zwölf Jahren bei einem terroristischen Anschlag gesprengten Eiffelturm.

Seit zwei Stunden war er jetzt auf den Beinen. Das automatische Störungs-Posting hatte ihn nach nur vier Stunden Schlaf aus den

Träumen gerissen. Ein Teil des Kühlsystems war ausgefallen und die Anlage arbeite nur noch mit halber Leistung. Seinen Auftraggeber, die LMC, kosteten solche Ausfälle ein Vermögen. Die Unterhaltung eines marsianischen Außenpostens zählte noch immer zu den teuersten unternehmerischen Projekten weltweit. Regierungen allein konnten solch kapitalintensive Vorhaben schon lange nicht mehr stemmen. Fast alle demokratischen Länder der Erde waren inzwischen stark verschuldet und besaßen kaum noch wirtschaftlichen Einfluss. Die immer weiter erodierenden Staatengebilde verwalteten allenfalls die wachsende Armut und koordinierten regionale Ressourcen-Kriege, die von privat verwalteten Armeen geführt wurden. Die Privatwirtschaft war daher bei der Eroberung des Sonnensystems federführend.

Eine Erschütterungswelle durchlief den Boden. Im selben Augenblick schnellte eine silbern schimmernde Nadel aus der flachen Kuppel der Abbau-Anlage. Der winzige Punkt verlor sich im dunklen Marshimmel.

Die abgebauten und aufbereiteten Metalle wurden mittels einer Induktionsschleuder in Richtung Erde geschossen. Ein riesiges Projektil aus massivem Metall. Um Kurskorrekturen vornehmen zu können, verbaute man winzige Seiten-Triebwerke an dem Zylinder. Ein Fallschirm sorgte dann für eine weiche Landung auf der Erde.

Ohne einmal von Kurs abzuweichen, setzte der Autopilot des Rovers die Fahrt fort. Etwa zwanzig Minuten von der Abbauanlage entfernt, stach plötzlich spitzes Pfeifen in seine Ohren. Dunkel huschte etwas durch sein Blickfeld. Kurz darauf eine rot leuchtende Explosion. Der Rover schlingerte, während Paul kräftig durchgeschüttelt wurde. Die Gurte schnitten schmerzhaft in seine Haut und die Sitzaufhängung ächzte unter der Belastung. Sekunden später kam das Fahrzeug zum Stehen. Stille. Eine rot blinkende

Anzeige informierte über einen leichten Druckabfall. Erst jetzt spürte Paul, dass seine Hände verkrampft die Armlehnen umklammerten. Er lockerte den Griff. Lehnte sich zurück. In seinem Kopf drehte sich alles. Eine leichte Benommenheit, als hätte er in kurzer Zeit eine halbe Flasche Wein geleert.

Draußen lichtete sich langsam der hochgewirbelte Staub und die Konturen der Landschaft traten wieder hervor. Durch das Cockpitfenster erblickte er einen kleinen Krater, den es zuvor hier nicht gegeben hatte. Obwohl Meteoritenabstürze auf dem Mars nur unwesentlich häufiger als auf der Erde vorkamen, hatte er beinahe das Glück gehabt, von einem dieser kosmischen Vagabunden pulverisiert zu werden.

Sein Blick wanderte über die Bereitschaftsanzeigen. Bis auf einen minimalen Druckabfall befand sich alles im grünen Bereich. Paul war gerade dabei, den Autopiloten neu zu starten, als er auf ein helles Flimmern aus dem Krater aufmerksam wurde.

Das Fauchen verstummte. Druckausgleich erfolgreich. Die Ausstiegsluke entriegelte sich mit einen deutlich vernehmbaren Klicken und öffnete sich automatisch. Er trat in einem silbern schimmernden Raumanzug ins Freie. Einen Augenblick lang fühlte er sich wie einer jener legendären Mars-Pioniere, die damals ohne Rückfahrkarte auf dem Planeten gelandet waren. Drei Monate später verursachte eine schwere Havarie einen Ausfall der lebenserhaltenden Systeme. Nach einer, von den Medien bis zur Schmerzgrenze zelebrierten, Trauerzeit waren die Menschen, die hier ihr Leben gelassen hatten, schnell vergessen.

Paul stapfte langsam auf den Krater zu. Durch die geringere Gravitation spürte er die Schwere des Raumanzugs kaum. Der Boden war recht fest und von unzähligen Steinbrocken übersät. Die Sonne stand in seinem Rücken und Paul warf einen meterlangen, scharf umrissenen Schatten, der bis an die Einschlagstelle des Meteoriten heranreichte. Der Krater hatte einen Durchmesser von ungefähr zehn bis fünfzehn Metern. Er nährte sich dem spitz aufgeworfenem Randbereich. Schaute hinein.

Sein Blick fiel auf eine weiß schimmernde Membrane, die den unteren Bereich der Kratersenke verschloss. Paul schwankte zurück. Er hatte viele Science Fiction-Filme gesehen und bisher geglaubt, durch nichts so schnell aus der Bahn geworfen werden zu können. Doch es war etwas anderes, selbst dem Unbekannten gegenüberzustehen, ohne auch nur die geringste Ahnung davon zu haben, was als nächstes geschehen würde.

Seine wachsende Unsicherheit wegdrückend, tat Paul einen weiteren Schritt nach vorn. Im selben Augenblick glitt ihm der Boden unter den Füßen weg. Sand floss in schmalen Strömen in die Tiefe. Er verlor den Halt. Fiel mit den Füßen voran nach unten. Mit den Händen versuchte er seine Abwärtsbewegung zu stoppen. Doch er setzte nur noch mehr Sand in Bewegung. Sand, der ihn wie Wasser umfloss und mit ihm in die Tiefe rutschte. Alles in ihm begann sich zu verhärten, während sich seine Füße der Membrane näherten. Einen Augenblick lang fühlte er sich schwerelos. Seine Gedanken wirbelten.

Schließlich durchbrachen seine Füße die unruhig flackernde Fläche. Drangen nach und nach tiefer. Paul spürte nichts davon. Er hatte mit intensiven Empfindungen gerechnet. Einem Kribbeln oder einer Art Taubheitsgefühl. Doch er spürte nicht das geringste. Die Membrane veränderte langsam die Farbe. Das flackernde Weiß begann aufzuwallen. Begann sich zu färben. Es wurde zu einem kräftigen Rot, welches langsam den Raumanzug hinaufkroch.

Plötzlich Schmerz. Glutrotes Brennen, das sich rasend schnell in seinem Körper ausbreitete. Schmerz, der ihn vollständig ausfüllte.

Paul schrie.

Dunkelheit.

Leises Rauschen.

Lichter schälten sich langsam aus der Schwärze.

Paul sah diese Lichter nicht wirklich. Er nahm er sie wahr. Ohne das eingeschränkte Blickfeld eines Körpers. Er war nicht nur Mittelpunk. Er war überall.

Die Lichter wuchsen. Die Lichtquellen waren in immer gleichen Abständen angeordnet. Ein riesiges dreidimensionales Raster.

Die Stille brach. Sein Name. Eine Stimme, die aus allen Richtungen zu kommen schien. Er versuchte sie zu lokalisieren. Ergebnislos.

Eine der Lichtquellen veränderte sich. Sie pulsierte, wuchs an. In ihrem Inneren erkannte er unzählige Lichtfäden, in denen Ströme aus Energie flossen. Plötzlich begriff er so vieles.

Etwas zog ihn an.

Der Raum und die in endloser Wiederholung angeordneten Lichter ... alles krümmte sich ... verbog sich.

Er im Zentrum.

Licht, Energie, Geräusche, Palises, Korasus ...

Alles strömte auf ihn zu.

Wissen. Begreifen. Evolution.

Stille. Absolut.

Zurückschrecken.

Gefühle. Unfühlbar.

Wissen. Unfassbar.

Er spürt, wie ihm alles genommen wird.

Verlöschen. Ablehnung. Zurückstoßen.

Dann ... Dunkelheit.

Sterben.

Sterben ...

... Paul stapfte langsam auf den Krater zu. Durch die geringere Gravitation spürte er die Schwere des Raumanzugs kaum. Der Boden war recht fest und von unzähligen Steinbrocken übersät. Die Sonne stand in seinem Rücken und Paul warf einen meterlangen, scharf umrissenen Schatten, der bis an die Einschlagstelle des Meteoriten heranreichte. Der Krater hatte einen Durchmesser von ungefähr zehn bis fünfzehn Metern. Er nährte sich dem spitz aufgeworfenem Randbereich. Schaute hinein. Der Mittelpunkt des Kraters lag im Dunkeln. Er schaltete den Helmscheinwerfer ein und ließ den Lichtkegel über den staubigen Boden wandern. Paul hatte mit etwas Metallischem gerechnet. Ein vergessenes Wrackteil vielleicht, das am Rand des Kraters das Sonnenlicht reflektiert hatte. Doch da war nichts. Hier gab es nur einen von vielen langweiligen Kratern, wie sie den Mars zu Tausenden bedeckten.

Paul schaltete den Helmscheinwerfer aus und machte sich auf den Rückweg zum Rover. Wie ein riesiger Urzeitkäfer, durch das Gegenlicht nur als Schattenriss erkennbar, stand das Gefährt in der Landschaft.

Paul drehte sich noch einmal um. Ihn beschlich das eigenartige Gefühl, etwas vergessen zu haben. Eine Ahnung, von etwas Wichtigem. Doch da war nichts.

Leise ein Lied summend, setzte seinen Weg fort.

Dystopische Geschichten

Begegnung

Es war kurz nach sieben. Ich hielt mich an einer der abgegriffenen Metallstangen der U-Bahn fest und schaukelte im Rhythmus der Fahrbewegung. Neben der Tür am anderen Ende des Waggons stand ein Wagenpolizist mit dunkelrotem, heruntergeklapptem Visier, hinter dem ein winziges Display flimmerte und ihn mit aktuellen Daten versorgte. Die Bahn schwenkte in eine Kurve und das Quietschen der Räder drang durch die angekippten Oberfenster ungedämpft in den Wagen. Um diese Zeit war es fast unmöglich, einen Sitzplatz zu bekommen. Die Leute standen körpernah beieinander, im Nacken spürte man den Atem des anderen.

Ich rückte meine altmodische Spiegelbrille zurecht, ein Relikt aus den Achtzigern, das gerade wieder in Mode kam, und blickte mich suchend um. Ich wußte nicht, an welcher Station sie die Bahn betreten würde. Vielleicht hatte sie ihre Meinung geändert und würde sich nie wieder bei mir melden. Ich ertappte mich bei dem Gedanken, mir genau das zu wünschen.

Die U-Bahn hielt, ein neuer Schwall von Fahrgästen drängte sich in den Wagen. Ein schwitzender, fetter Mann in der Uniform eines Straßenwächters stellte sich neben mich. Sein saurer Geruch drang mir in die Nase, ich versuchte, von ihm wegzurücken. Eine vielleicht dreißigjährige Frau, die vor mir auf der schmalen Sitzbank saß, blickte von ihrem teuren, noch auf Papier gedruckten Buch auf und starrte mir sekundenlang in die Augen. Ein kalter, durchdringender Blick.

Die Bahn fuhr hart an, ich musste aufpassen, nicht den Halt zu verlieren. Hinter mir spürte ich eine Bewegung, drehte mich um und schaute in *ihr* Gesicht. Ich hatte sie noch nie so nah vor mir gehabt. Ihr Anblick jagte mir prickelnde Schauer durch den Kopf.

Wenige Millimeter dicke, durchsichtige Schläuche überspannten ihren Nasenrücken, liefen über das Gesicht und verschwanden unter der dunklen, lederartigen Kleidung. Ich konnte deutlich erkennen, wie Blut und andere Flüssigkeiten durch die Schläuche flossen. Leicht nach oben gebogene Schmucknadeln, deren verdickte Enden hell und kalt auffunkelte, ragten in Höhe der Wangenknochen aus ihrer Haut. Die Augen waren reflektierende Kuppen, in denen sich das Rot des Mundes spiegelte.

Ihre schmalen Lippen zitterten. Sie ergriff mein Handgelenk und zog mich zur Tür. Die Lichter der nächsten Station wischten an den schmutzbedeckten Fenstern der Bahn vorbei, die Türen öffneten sich, sie schob mich hinaus. Ich rutschte plötzlich ab, stolperte auf den Bahnsteig und fiel. Sie fing meinen Sturz auf, und als ich sie berührte, fühlte ich das erste Mal ihren *wirklichen* Körper: Harte Formen, bis auf ein handgroßes Oval in der Bauchgegend, in dessen Vertiefung meine Hand weiche Wärme spürte. Ich zuckte zurück, während der Zug kreischend vorüberjagte, uns mit Papierfetzen und Staubwolken überschüttete und in der Dunkelheit des Tunnels verschwand. Es wurde still. Wir standen völlig allein auf dem Bahnsteig. Ich kannte die Station nicht. Sie lag zwar auf meiner Strecke, war mir aber bisher nicht aufgefallen. Um das ausgebrannte Überwachungshäuschen in der Mitte des Bahnsteigs häuften sich Abfall und Unrat. An einer Wand erkannte ich groß aufgesprayt das Symbol für Radioaktivität.

„Wohnst du hier?“ fragte ich.

„Komm!“ sagte sie und zog mich mit sich. „Wir müssen vom Bahnsteig weg.“

Ich folgte ihr und betrachtete von hinten ihren Körper. Ich wußte genau, wie sie unter der dunklen, leicht abgetragenen Kleidung aussah. Ich hatte wohl hundertmal ihren Körper berührt, meine Lippen auf die ihren gepresst und das Zittern ihres Fleisches gespürt. Nach einer zufälligen Partnervermittlung, bei der man seinen natürlichen Körper als Simulation freigab, hatten wir unsere Codes getauscht. Seitdem nahmen wir jede Woche miteinander Kontakt auf.

Wir verließen die Bahnstation und betraten einen Weg, der eine breite, dichtbefahrene Straße entlang führte. Ein Obdachloser hockte mit Plastikeinkaufstüten voller Lumpen in einem Autowrack am Straßenrand, kaute an einem schwarzen Etwas und kratzte sich die aufgedunsene Nase. Sein Gesicht war rot und mit eitrigen Pusteln bedeckt. Ich glaubte mich an Bilder aus dieser Gegend zu erinnern. Sie gingen damals über alle Kanäle: Der im Straßengraben liegende, aufgerissene und ausgebrannte Laster mit den radioaktiven Abfällen. Eine militante Umweltschutzorganisation feuerte eine Bodenlenkrakete auf ihn ab und wollte damit auf illegale Abfalltransporte aufmerksam machen. Man hatte überraschend schnell die für den Anschlag Verantwortlichen ermitteln können und überführt. Eine sich schnell formierende Bürgerwehr stürmte damals das Gerichtsgebäude und knüpfte die Angeklagten – drei Männer und eine Frau – an der Hochstraße auf. Drei Tage hingen die Leichen über den dahinfahrenden Autos. Diese Bilder waren jedem bekannt.

Ich blickte die dunklen Häuserfassaden hinauf. An einigen Fenstern war Wäsche zum Trocknen aufgehängt. Ich hörte Kinderstimmen, ein Mädchen begann zu weinen, dann zu schreien. Ich hasste diese Stadtviertel.

An einer umgekippten Kommunikationssäule blieb sie stehen. „Du kannst es dir noch überlegen“, sagte sie. „Es ist illegal – und ich hätte auch nie die Genehmigung dafür erhalten.“

„Bist du strahlengeschädigt?“

Sie lachte lauthals. „Die ganze Stadt ist strahlengeschädigt – vielleicht sogar die ganze Welt. Was glaubst du eigentlich, was hier läuft? Hast du dir schon einmal die Krankenhäuser der Stadt angesehen. – Es sind bessere Krematorien.“

Ich blickte nach unten und schüttelte den Kopf „Hör auf! Ich will nichts davon hören. Ich will …“

Sie ließ mich stehen und ging weiter. Ein Bettler kam auf mich zu und brabbelte unverständliche Beschimpfungen. Ich wich ihm aus und beeilte mich, sie einzuholen. Der Bettler grunzte und warf eine leere Flasche hinter mir her. Sie schlug neben mir auf den Boden und zersplitterte.

An einer Straßenkreuzung kamen wir an einem überfahrenen Hund vorbei. Große, quiekende Ratten fraßen an ihm. Als ich einen Stein nach ihnen warf, versuchten sie in einem Loch der Kanalisation zu verschwinden.

Nach etwa hundert Metern blieb sie vor einem fünfstöckigen Altbau stehen. Das Gebäude sah gut erhalten aus, alle Wohnungen schienen bezogen zu sein. Die meisten Fenster waren unbeschädigt und der Eingang nicht mit Müllsäcken zugestellt.

„Wir bringen das Zeug selbst zur Halde“, sagte sie auf meinen Blick. „Wir haben es sogar geschafft, die Ratten draußen zu halten.“

Ihre Wohnung lag im zweiten Stock. Sie schloß die Tür auf und wies mich an einzutreten. Die Wohnung war, abgesehen von Tischen, Stühlen und einigen technischen Geräten, fast leer. Große, in kraftvollen Farben gehaltene Zeichnungen bedeckten die Wände.

„Sieht nicht schlecht aus“, stellte sie mehr für sich selbst fest und öffnete Ihre Jacke. Mit einem elektrischen Knistern lösten sich die Kontakte. „Stammt noch vom Vormieter.“

Unter der Jacke war sie nackt, zumindest lag darunter ihr bloßer Leib. Ich erkannte, dass ein Teil ihres Körpers von Kunsthaut bedeckt war. Schwach konnte ich auch die schmalen, weißen Narbenlinien eines Laserskalpells ausmachen. Sie schienen den ganzen Körper zu umlaufen. An ihrer Computersimulation war mir

Derartiges nie aufgefallen. Ihre Brüste waren klein und fest, die Brustwarzen aufgerichtet. Sie bemerkte, dass ich sie anstarrte.

„Zieh dich aus und leg dich dort hin", sagte sie und wies mit der Hand auf eine Liege.

Ich entkleidete mich und ließ die Sachen auf den Boden fallen. Es war unangenehm kalt im Zimmer. Fröstelnd legte ich mich hin.

„Auf den Bauch", sagte sie und hockte sich neben mich. Ihre zugeschliffenen Nägel kratzten über meinen Rücken. Sie stand auf, verließ das Zimmer und kehrte mit einem schwarzen, quadratischen Metallkasten auf Rollen, der ihr bis zu den Knien reichte, zurück. Sie verband mehrere Anschlüsse mit einem kleinen Monitor, löste ein bleistiftgroßes Gerät aus seiner Halterung und fuhr mir damit über den Rücken. Grüne Zahlenkolonnen erschienen auf dem Monitor, unterbrochen von grafischen Umrissen des menschlichen Körpers. Sie führte die Spitze des Gerätes meine Wirbelsäule entlang und drückte es zwischen die Schulterblätter. Heiß stieß mir ein plötzlicher Schmerz in den Schädel. Durch meine Wirbelsäule flutete geradezu stoffliche Kälte. Ich stöhnte. Ihre Hand glitt beruhigend über meinen Rücken. „Ich muß erst die Blockade lösen", sagte sie. „Sonst bekommst du keine Erektion. Das ist etwas anderes als im Cyberspace!"

Ich wollte den Arm hochziehen, doch ich konnte ihn nicht mehr bewegen. Ein dumpfes, taubes Gefühl lähmte mich.

„Gleich vorbei", sagte sie leise. „Ich habe so etwas noch nie gemacht. Aber es sieht gut aus." Sie nahm den Stift von meiner Wirbelsäule und drehte mich auf den Rücken. Ich fühlte mich völlig unbeteiligt, beobachtete jedoch mit wachsender Faszination, was sie als Nächstes tun würde. Langsam wich das Gefühl der Taubheit. Ich rieb meine prickelnden Fingerspitzen.

Sie zog eine Spritze auf und injizierte mir vorsichtig einen Teil der gelblichen Flüssigkeit in den Oberarm. „Es wird deine Seele öffnen. Ich habe lange gebraucht, um den Stoff zu bekommen.“ Sie zog die Nadel heraus und injizierte sich die zweite Hälfte.

„Schließ die Augen“, flüsterte sie.

Ich gehorchte, spürte aber ihre tastenden Hände. Meine Haut sog gierig ihre Wärme auf, ihre Berührungen. Als sie mich küsste, waren ihre Lippen trocken und kalt. Sie setzte sich langsam auf mich, und ich fühlte, wie ich in sie drang. Ihr Körper schmiegte sich an mich, ich verspürte die beginnende Wirkung der Droge. Sie begann mit langsamen kreisenden Bewegungen und ich bemerkte, wie sie sich mit den Händen rechts und links von meinem Kopf abstützte. Ich öffnete die Augen. Mein Blickfeld war seltsam eingeengt, verzerrt und wurde nach und nach von anderen Bildern überlagert.

„Ich habe vor zwei Wochen meine Regel erzwungen.“ Ihre Stimme überlagerte ein lauter werdendes Rauschen. „Es wird sicher nicht beim ersten Mal klappen. Du darfst es dir auf keinen Fall wünschen ...“ Ihre Stimme wurde vom Rauschen verschluckt.

Ich versuchte die fremden Bilder aufzunehmen. Verwaschene rot-gelbe Farben ohne Konturen zuckten in einem langsamen Rhythmus vor meinen Augen. Ich glaubte die stark vergrößerten Umrisse von Zellformationen zu erkennen. Das Rauschen wurde zu einem dumpfen, gemächlichen Pochen. Im Hintergrund nahm ich ein fast unhörbares Flüstern wahr. Wie ein Seufzen der Luft über dem Wasser einer stillen See, kurz vor dem Sturm. Irgendwie fühlte ich ihre Lippen, meine Lippen, unsere sich berührenden Zungen und konnte beides nicht voneinander trennen. Es war eine Entkrampfung, als ich laut, fast tierisch aufschrie. Ein heißes, prickelndes Stechen quoll in mir auf, wild tanzten die Farben um mich herum. Als wir einander durchdrangen stockte mir der Atem, als hätte ich einen Schlag auf die Brust bekommen. Das Bild zerstob, es wurde dunkel. Ich wußte nicht, ob die Droge

Traumsequenzen enthielt, aber ich begann einen sandigen, mit kleinen Steinen übersäten Boden unter mir zu fühlen.

„Ich liebe dich." Ihre Stimme neben meinem Ohr. „Ich sehe unser Kind. Ein kleines zerknautschtes Etwas mit feuerroter Haut. Ich kann es riechen und fühlen. Es liegt ganz warm in meinen Armen."

Ihr schwach leuchtendes, weiches Gesicht. Dahinter eine glatte Linie, sie trennte Wasser und Himmel. Es war still.

Einer der drei Polizisten stieß mit einem kräftigen Tritt gegen die Tür. Holz splitterte. Er trat ein zweites Mal dagegen, die Tür schlug auf. Sie betraten mit gezogenen Waffen die Wohnung und fanden die beiden sich umschlingenden Körper im Wohnzimmer. Die Frau bewegte sich, bäumte sich auf. Einer der Polizisten feuerte auf sie. Ein Schuß durchschlug ihre Brust und zerfetzte einen Lungenflügel, der andere traf ihre Schläfe. Sie war auf der Stelle tot.

Die Polizisten trennten die beiden Körper voneinander. Den unter Drogen stehenden Mann zwängten sie in ein Häftlingshemd und verschweißten es auf dem Rücken. Er wurde wegen Verstoßes gegen das Geburtenregelungsgesetz festgenommen. Sie überprüften die restlichen Zimmer, bevor sie die Wohnung verließen und die Tür versiegelten. Zwei schleppten den Mann nach unten, der dritte informierte die Organverwertung, um die Leiche abholen zu lassen.

„Wenigstens auf die Mithilfe der Nachbarschaft kann man sich noch verlassen", sagte der Fahrer zu den drei in den Wagen steigenden Polizisten und fuhr langsam die Straße hinunter.

Terminiert

Rob ging langsam den Gang entlang. Vor und hinter ihm verschluckte Dunkelheit jegliche Raumkontur. Dennoch schien die alles verschlingende Schwärze lebendig und von noch dunkleren Schatten bevölkert zu sein. Hin und wieder glaubte er, die blassen Windungen gewaltiger Eingeweide zu erkennen, und rechnete jeden Augenblick damit, von etwas Monströsem angesprungen zu werden. Der Gang schien endlos und nur die spärlich verteilten Fackeln an den rußigen Wänden vermittelten ihm den Eindruck, voranzukommen. Es roch plötzlich nach verrottenden Pflanzen und Verwesung, so dass er unwillkürlich seinen Schritt beschleunigte.

Hinter sich glaubte er etwas atmen zu hören. Ein röchelndes Geräusch, so erschreckend nah, dass sich ihm die Nackenhaare aufstellten. Er drehte sich vorsichtig um und sah einen länglichen Körper von der Decke baumeln. Die bläulich schimmernde Haut war von dickknotigen Adern überspannt, und in dem fast kreisrund klaffenden Maul rotierten blitzende Metallzähne.

Der Körper, der aus einem zackigem Loch herunterhing, zuckte mit schlagenden Bewegungen vor und zurück. Rob fühlte sich bedroht. Wirklich sehr eindrucksvoll! Mark musste monatelang an dem Monster gearbeitet haben. Die Polygone waren dicht gesetzt und die Texturen brillant. Er zog seinen Energiewerfer aus der Halterung und feuerte. Ein blau gleißender Impuls jagte der Kreatur in den Kopf, zerfetzte ihn und ließ einen Hagel blutigen Körpergewebes niedergehen. Rob schüttelte sich. Manchmal ging Mark zu weit.

Rob wollte sich gerade umwenden, als noch ein Monster aus dem Loch schnellte. Er kam kaum dazu, die Waffe erneut zu heben, als ihn das Wesen erreichte. Das Maul mit den rotierenden Zähnen schnappte um die Hand, in der er den Energiewerfer hielt, so dass er gerade noch Zeit hatte, einen Schuss auszulösen. Durch sein minimiertes Schmerzempfinden merkte er kaum, wie ihm die Hand abgebissen wurde. Eine Fontäne grünen Blutes schoss aus seinem ausgefransten Armstumpf, da explodierte vor ihm das zweite Monster. „Sehr komisch, Mark!“ rief er in die Dunkelheit. Mit der unversehrten Hand zog er die Waffe aus der dampfenden Blutmasse. Weiter den Gang entlang. Er musste den Ausgang finden oder sterben, nur so konnte man den Level verlassen.

Nach einigen Metern veränderte sich die Wandstruktur. Eine klebrige Substanz überzog den massiven Stein. Darunter zeichneten sich organische Strukturen ab. Der niedrige Gang weitete sich. Aus kleinen Öffnungen sickerte trübes Licht in dunstigen Flecken zu Boden. Nebelschwaden trieben durch die Luft.

Er erreichte den Eingang einer riesigen Arena, in deren Mitte er den dunklen Leib eines Raumschiffes erblickte. Es ragte Hunderte von Metern in einen wolkenverhangenen Himmel. Wurde er erwartet? Rob lächelte. Selbst Mark gelang es nicht immer, hundertprozentigen Realismus zu erzeugen. Die Wolkenformationen zogen etwas zu gleichmäßig dahin, als dass sie einen geübten Betrachter täuschen konnten.

Nach einigen tiefen Atemzügen lief er langsam auf das Schiff zu. Es herrschte absolute Stille. Nicht einmal Windgeräusche waren zu vernehmen. Als er die Hälfte der Strecke hinter sich hatte, gab es ein Geräusch wie das Entriegeln eines riesigen Tors. Ein silbern glühender Faden schoss über die Länge der schwarzen Schiffshülle und verbreiterte sich. Es entstand eine gleißende Öffnung, die zuweilen unruhig flackerte. Rob schaltete seinen Schutzschild mit dem Oval des milchigen Energiefeldes ein.

In diesem Augenblick trat ein Schatten in das gleißende Lichtfeld des Raumschiffs. Die Kreatur war riesig und bewegte sich schwerfällig wie ein Urzeitwesen. Der Boden bebte, als die Kreatur ihm entgegen stapfte. Die Umrisse, die er ausmachen konnte, enthüllten gewaltige Hornplatten mit spitze Dornen, die den Körper des Ungeheuers bedeckten, dazu unzählige stachel- und klauenbewehrte Auswüchse. Er musste sich zwingen, nicht Hals über Kopf davonzurennen. Schließlich war alles nur eine Simulation.

Die Erschütterungen wurden immer heftiger, die Kreatur kam schnell näher. An ihrem flachen, länglichen Kopf leuchteten drei rote Augen. Hier lag höchstwahrscheinlich der Punkt, an dem Mark das Monster verwundbar gelassen hatte. Er würde schon beim ersten Mal genau zielen müssen, oder es würde ein anstrengender Kampf werden. Rob schaltete sein Schutzfeld ab, hob langsam den unverletzten Arm mit der matt leuchtenden Waffe, visierte eines der Augen an und zog den Auslöser durch. Augenblicklich schloss sich das verspiegelte Lid des Auges, der Energieimpuls wurde reflektiert, jagte zu Rob zurück und schlug ihm ein zentimetergroßes, merkwürdig sauberes Loch in die Brust. Seine Gesundheitsanzeige sackte auf 24 Prozent. Rob taumelte zurück. Sein virtueller Körper geriet aus dem Gleichgewicht. Er fiel auf den Rücken. Das Monster jagte auf ihn zu.

Rob verschlug es die Sprache. Mark hatte sich diesmal selbst übertroffen. Er hatte das Letzte aus dem Level-Editor herausgeholt – und noch ein ganzes Stück mehr. Das Monster kam über ihm zum Stehen. Es öffnete ein Maul und brüllte mit Marks Stimme ein erschütterndes GAME OVER. Eine Klauenhand hob sich zum letzten Schlag, und Rob rief QUIT.

Die Klauenhand traf ihn. Der augenblicklich einsetzende Schmerz ließ ihn aufbrüllen, bevor die Fratze des Monsters verblasste.

Rob streifte sich die Sensorelektronik vom Kopf und ließ sich in seinem Drehstuhl zurückfallen, während die imaginäre Wunde noch auf seinem Gesicht brannte. Es war eine Art Aberglaube, dass Rob das Spiel jedesmal vor seinem virtuellen Exitus durch das Sicherheits-Codewort beendete. Warum es dieses Mal nicht funktioniert hatte, war ihm ein Rätsel. Er brauchte etwas Zeit, um das Schwindelgefühl zu verlieren, nachdem er die Verbindung mit dem Rechner gekappt hatte. Rob berührte fast liebevoll die antiquierte Tastatur, die seinen Rechner noch zierte. Die alten Dinger waren unverwüstlich, wenn man nicht gerade seine Mahlzeiten hineinkrümeln ließ.

„Kontakt Mark“, rief er und sein Rechner stellte nach dem unvermeidlichen Werbeclip des Netz-Providers mit den 3-D-gerenderten Animationen die Verbindung her.

Er musste warten, bis Mark den Anruf bestätigte, und hatte dann dessen gestochen scharfes Bild auf dem Schirm.

„Hi!“ rief Rob und hob Marks Datendisk in die Höhe. „Ich kann nicht glauben, was du da zusammengezaubert hast. Genial! Ihr Informatiker habt wirklich ein Rad ab.“

Mark grinste mit schiefem Gesicht. „Ich hoffe, du hast nicht die Hosen voll! Bist du durchgekommen?“

„Bei dem Viehzeug, das du auf mich losgelassen hast? Bis zum Raumschiff hab ich’s geschafft, dann war Schluss ... Keine schlechten Biester, die du dir da ausgedacht hast.“

Gelassen zuckte Markt mit den Schultern. „Ich hab ein paar Bildbände von Giger durchstöbert. Da bekommt man Inspiration pur. Der Mann hat wirklich Phantasie. Vor ein paar Jahren hatte ich mir mal ein Bild von ihm ins Zimmer gehängt. Nach zwei Wochen konnte ich es nicht mehr sehen. Du bekommst Albträume von dem Zeug.“

Rob begann zu lachen. „Du und Albträume! Deine Splattereffekte waren so widerlich, dass es mir fast den Magen umdrehte. Du solltest vielleicht nicht so ins Detail gehen. Außerdem gab es Probleme mit dem Sicherheits-Codewort. Ich hab ‘ne volle Ladung abbekommen, und das bei eigeschaltetem Schmerzempfinden."

Mark blickte entsetzt. „Das ist unmöglich, ich meine ... Rühr das Programm bitte nicht an, solange ich keinen Blick darauf geworfen habe. Okay?"

„Ist mir auch lieber so", erwiderte Rob.

„Ich werde aber in nächster Zeit kaum dazu kommen. Bin gerade einem verteufelt intelligenten Virus auf der Spur. Alte Programmiererehre diese Dinger zu knacken! Als ich gestern meinen Rechner runterfuhr und kurz vom Netz löste, entdeckte ich ihn durch Zufall. Ich hab nämlich ein kleines Sicherheitsprogramm entwickelt, das den Zeitraum überprüft, den der Rechner benötigt, um alle Anwendungen zu beenden. Bei mir dauerte der Vorgang etwa zwölf Sekunden länger als vom Programm berechnet. Der Toleranzbereich liegt bei plusminus zwei Sekunden. Bleiben also noch immer 10 Sekunden, in denen Dinge passieren, die eigentlich nicht passieren sollten. Bisher konnte ich noch keine weiteren Veränderungen feststellen, aber ich nehme an, dass sich der Virus früher oder später bemerkbar machen wird. Meine aktuellen Virenscanner haben jedenfalls versagt. Vielleicht sehe ich auch nur Gespenster, und mein Rechner hat viel handfestere Probleme."

„Klingt jedenfalls seltsam", sagte Rob. „Für mich ist es zumindest beruhigend, dass auch ein Profi wie du an Grenzen stößt. Treffen wir uns heute Abend im *Soul Reaver*?"

„Punkt neun!" bestätigte Mark. „Lass dir nicht wieder so viel Zeit wie beim letzten Mal."

Das *Soul Reaver* war ein kleines Internet-Café, gleich bei Rob um die Ecke. Man konnte eine Kleinigkeit essen und trinken und danach an einem der freien Rechner ins *Netz* tauchen. Das Essen, überwiegend aus der Kühltruhe, war nicht besonders, aber Rob kam wegen der Leute hierher. Mark saß an einem Tisch in der

Ecke und rauchte eine der neuen Designer-Zigaretten. Er konnte es an dem blauen Ring um den Filter erkennen. Die Dinger waren vollgepackt mit leichten Drogen und ließen jeden nach spätestens drei Minuten wie blöde grinsen.

„Schon was gegessen?“ fragte Rob.

„Nein, lass uns bestellen.“ Mark schaute ihn an, als hätte er etwas Ungeheuerliches mitzuteilen.

„Mit dir stimmt doch was nicht“, sagte Rob. „Willst du es wieder mit Jana versuchen? Du weißt, wie ich darüber denke. Die Frau ...“

„Hier, lies!“ Mark schob ihm mehrere Blätter in Programmiersprache vor die Nase. „Erinnerst du dich an unser Gespräch von heute Nachmittag? Das Ding ist kein Virus, wie ich dachte.“

„Sondern?“

„Ein fremdes Programm. Äußerst raffiniert.“

Rob betrachtete die Blätter, zuckte mit den Schultern und schob sie zu Mark zurück. „Du weißt, davon verstehe ich keinen Deut. Versuch es mir zu erklären!“

Mark senkte die Simme: „Ich habe den ganzen Nachmittag daran gesessen. Erst als ich anfing, Dateigrößenvergleiche anzustellen, bemerkte ich, dass bestimme Dateien größer waren als üblich. Betroffen waren besonders erweiterte systeminterne Konfigurationsdateien, die ohnehin ständigen Größenschwankungen unterliegen und in die der Anwender normalerweise nicht eingreift. Diesen Dateien waren Daten angehängt, die dort nicht hingehörten. Insgesamt, so meine Schätzungen, sind rund 40 MB meines Speichers durch solche Dateianhängsel belegt – eine Menge, die man bei den heutigen Gigabytesystemen ohnehin nicht mehr registriert. Als nächstes habe ich festgestellt, dass diese Daten Programmfragmenten ähneln und miteinander verzahnt sind. Sie kommunizieren sogar miteinander. Bemerkenswert sind jedoch zwei ganz andere Dinge. Diese Programmstrukturen funktionieren wie ein sich selbst fortpflanzender Organismus, oder genauer gesagt, wie genetisches Material. Man kann einen Teil der befallenen Dateien löschen, erreicht damit aber nur, dass nach kurzer Zeit andere Dateien beschrieben werden. Ähnlich wie in einem genetischem System: Zellen sterben ab, Zellen werden erneuert. Interessanterweise sind die neu erzeugten Programmstrukturen nur zum Teil identisch."

„Wofür soll das gut sein?" fragte Rob, als Mark eine kurze Pause einlegte.

„Kann ich noch nicht sagen. Ich werde es spätestens dann merken, wenn das Ding anfängt, im Rechner was kaputt zu machen."

„Willst du das Programm nicht entfernen?"

Mark zündete sich eine neue blauberingte Zigarette an, blies eine süßliche Qualmwolke in die Luft und lächelte. „Das sind genau solche Herausforderungen, an denen ich nicht vorbei komme. Aber vielleicht entpuppt sich dieser Virus als eine harmlose Sache."

„Dafür scheint das Ding zu intelligent gebaut. Meinst du nicht?" erwiderte Rob.

Rob gruppierte sämtliche Objekte, gab den Polygonbegrenzungen eine einheitliche Linienstärke und speicherte ab. Er hatte leichte Kopfschmerzen von der ständigen Arbeit am Bildschirm. Zwar hätte er auch mit den *Virtual-Glasses* arbeiten können, doch die damit verbundenen Steuerungsvorgänge behagten ihm nicht. Ein Blick auf die Uhr – schon wieder weit nach 18 Uhr. Eigentlich ging seine Arbeitszeit bis 16 Uhr. Dennoch kam er selten früher hier weg. Dabei durfte er sich als einer der wenigen fest angestellten Grafiker in der Agentur noch glücklich schätzen. Die meisten mussten sich als sogenannte *Freie* auf dem immer dünner werdenden Arbeitsmarkt durchschlagen.

Rob wollte seinen Rechner gerade in den Stand-By-Modus schalten, als ein Anruf einging. Marks stoppelbärtiges Gesicht erschien auf der Bildplatte. Sein Augen blickten verstört. „Hallo Rob“, sagte er. „Ich muss mit dir reden. Kommst du zu mir?“

„Ich habe eigentlich schon etwas vor.“ Rob lehnte sich leicht zurück. „Es müsste schon etwas sehr Wichtiges sein ...“

„Es ist verdammt wichtig“, erwiderte Mark schnell, und sagte dann beinah flehend: „Bitte!“

„Okay, ich kann aber nicht lange bleiben. Auf diese Verabredung habe ich lange hingearbeitet.“

„Ich warte auf dich.“ Mark lächelte gequält. „Danke!“

Mark wohnte in einem der Altbauviertel. Es stank nach Hundekot, an den Straßenrändern lagen Müllsäcke. Die Stadtreinigung hatte sich hier schon seit Monaten nicht mehr sehen lassen. Drei etwa zehnjährige Kinder standen am Ende der Straße und hielten einen großen Hund an der Leine. Der Köter kläffte ihn an. Die Kinder lachten und riefen Schimpfwörter. Rob ignorierte sie.

Mark hatte seine Wohnung im dritten Geschoss eines noch halbwegs intakt aussehenden Gebäudes. Die massive Wohnungstür war mit hellgrüner, schon abblätternder Farbe gestrichen. Dort, wo der Klingelknopf sein sollte, ragten zwei kurze Kabelenden aus der Wand. Mark hatte sich nie Mühe gegeben, aus dieser Wohngegend herauszukommen. Rob hätte es hier nicht ausgehalten. Er klopfte.

Mark öffnete die Tür und ließ ihn ein. Obwohl Rob das letzte Mal vor rund zwei Jahren hier gewesen war, hatte sich an der Einrichtung nicht viel geändert. Zentrum der Wohnung war das Wohnzimmer, in dem mehrere Rechner mit offenem Gehäuse ihren Platz hatten. Ein Tisch, drei alte Stühle und zwei Schränke waren lieblos im Zimmer aufgestellt.

Mark verschwand in der Küche und kam mit zwei riesigen Tassen Kaffee zurück. Seine Hände zitterten.

„Ich bin heute gekündigt worden", sagte er plötzlich. „Fristlos! Laut Personalsoftware gelte ich als Risikofaktor für die Betriebssicherheit. Keine Ahnung, wieso. Entscheidungen der Personalsoftware stellt man nicht in Frage. Das Mistprogramm wurde angeschafft, um die Korruption beim Personalmanagement einzuschränken. Jede größere Firma läßt ihre Personalentscheidungen über diese Software laufen. Sie berücksichtigt psychologische und physiologische Gutachten und das aktuelle Verhaltensmuster der betreffenden Person."

„Du hast vier Jahre in dem Scheißladen gearbeitet!" rief Rob. „Hast du keine Möglichkeit, die Entscheidung anzufechten?"

„Ich könnte einen Widerspruchsantrag einreichen. Doch bei solch einer Anschuldigung ... Ich sehe kaum Chancen."

„Warum? Man kann doch nicht einfach etwas behaupten, ohne dir eine Möglichkeit zur Richtigstellung zu geben."

„Das Programm sorgt für ein Höchstmaß an Sicherheit.. Ein Verdacht reicht aus, um deinen Job zu gefährden. Industriespionage zählt zu den häufigsten wirtschaftlichen Vergehen mit verheerenden Auswirkungen. Darauf reagiert eine Firma besonders empfindlich.

Ich habe zumindest einen Verdacht: Die Software wurde manipuliert! Ich habe dir doch von diesem merkwürdigen Virus erzählt. Hinter dem Ding steckt mehr, als ich dachte." Mark nahm einen Schluck Kaffee. „Seitdem in Online-Systemen dank der Einbindung von Werbeträgern keine Gebühren mehr anfallen, stehen die meisten Rechner in einem ständigen Kontakt mit dem Weltnetz. Der Virus nutzt diesen Zustand und kommuniziert über diese Verbindungen mit anderen befallenen Systemen. Das eigentliche Programm hinter dem Virus ist also viel größer, als ich dachte. Es ist vielleicht so gewaltig, dass es Intelligenz besitzen könnte!"

Rob starrte Mark fassungslos an: „Du spinnst!“

Mark schüttelte den Kopf „Ich habe solche Programmstrukturen noch nie gesehen. Selbstregenerierend und in ein höheres System eingebettet. Einfach genial ...“

„Aber welchen Zweck soll die Sache haben? Ein Spaß durchgeknallter Informatikstudenten?“

Mark schüttelte langsam den Kopf: „Es könnte vieles sein. Ein direkter Eingriff in unsere Privatsphäre, ein aus den Bahnen geratenes wissenschaftliches Experiment oder ein Mega-Virus mit eigener Intelligenz.“ Mark lächelte traurig. „Such selbst heraus, was am wahrscheinlichsten ist.

Vielleicht ist einigen Leuten unangenehm, dass ich auf ihre Schliche gekommen bin. Das würde zumindest einiges erklären ...“

Rob befand sich in einem völlig abgedunkelten Raum. Langsam streckte er seine Hände aus in der Hoffnung, irgendwann auf ein Hindernis zu stoßen, um sich zu orientieren. Doch da war nur Leere. Vorsichtig begann er, Schritt um Schritt nach vorn zu gehen. Die Hände nach vorn haltend spürte er, wie ihm der Schweiß ausbrach. Eine merkwürdige Stille, die wie Samt in seinen Ohren lag, verstärkte sein Gefühl der Unsicherheit. Plötzlich hatte er den Eindruck, durch feine Spinnennetze zu gehen. Ein unkontrollierbares Schütteln zuckte durch seinen Körper, und er wischte sich hektisch über sein Gesicht, um die klebrigen Fäden abzustreifen. Das Gefühl erinnerte ihn an seine Kindheit, als er mit den Eltern jeden Herbst Pilze suchen war. Die Spinnweben zwischen den Bäumen hatten den Spaß verdorben, so dass er später nur noch widerwillig mitkam. Ein seltsamer, aber vertrauter Geruch geriet ihm in die Nase. Er machte noch einige Schritte nach vorn und spürte einen leichten Luftstrom auf seinem Gesicht. Jetzt konnte er auch den Geruch bestimmen. Es war der intensive Gestank nach frischem Blut. Sein Herz begann zu rasen. Plötzlich brach den Boden unter seinen Füßen weg. Kopfüber, mit den Händen ins Nichts greifend, fiel er in die Dunkelheit.

Rob spürte einen schmerzhaften Aufschlag und erwachte neben seinem Bett. Ein lautes Summen zeigte einen dringenden Anruf an, der in der Warteschleife lag. Er stand auf, rieb sich die schmerzende Schulter und bestätigte den Anruf. Das Gesicht einer hageren, etwa vierzigjährigen Frau mit halblangen, schwarzen Haaren und einem dünnlippigen Mund erschien auf dem Schirm. Er schaute auf den Link der Statuszeile. *Polizeidistrikt 8* war dort zu lesen. Da Rob von seiner Seite den Bildkanal deaktiviert hatte, streckte er ihr die Zunge heraus.

„Was gibt's?“ fragte er.

„Sind Sie Rob Halberg, derzeit bei *ComSatz* beschäftigt?“

„Worum geht es?“

„Kennen Sie Mark Kalik?“ Ihr Gesicht zeigte keine Regung.

„Wir sind befreundet. Ist was passiert?“

„Mark Kalik wurde heute Morgen tot in seiner Wohnung aufgefunden. Ein Nachbar hörte laute Schreie und informierte die Polizei.“ Sie schaute plötzlich in die Kamera, als würde sie ihn tatsächlich sehen. „Wann hatten Sie das letzte Mal Kontakt mit Herrn Kalik?“

Rob schlug es heiß ins Gesicht, sein Magen krampfte sich zusammen. „Gestern Nachmittag“, sagte er einen Augenblick später. „Er wollte mir ...“ Rob stockte. „Wie ist es passiert?“

„Hirntod“, antwortete die Frau. „Wir fanden ihn an einen Rechner gekoppelt. Reizüberflutung.“ Sie lächelte kurz. „Wir benötigen Ihre Aussage. Fünfzehn Uhr, Polizeidistrikt acht. Möglicher Verdienstausfall wird Ihnen erstattet.“

Die Verbindung endete abrupt und machte einem Werbespot über Speichermedien Platz.

Rob lehnte sich zurück und schloß die Augen. Seine Gedanken überschlugen sich. Er konnte es nicht glauben. Mark tot – einfach so, von heute auf morgen? Ihn überkam Übelkeit. Er lief ins Bad, konnte sich jedoch nicht übergeben. Heftig atmend hockte er vor dem Toilettenbecken. Er musste etwas unternehmen.

Einige Sekunden lauschte er an Marks Tür. Von drinnen war kein Geräusch zu vernehmen. Er zog den Schlüssel, den er von Mark für Notfälle bekommen hatte, aus der Manteltasche und schloss leise die Tür auf. Die Wohnung machte, von einem süßlichen Geruch abgesehen, einen unveränderten Eindruck. Rob lief ins Wohnzimmer. Ein Rechner war umgekippt und der spinnenartige Sensorhelm lag auf dem Boden. Daneben waren die Umrisse von Marks Körper angezeichnet. Ein Bildschirm lief noch und zeigte fliegende Toaster.

Im Laufwerk des umgekippten Rechners entdeckte er den gleichen Datenträger, den Mark ihm ausgeliehen hatte und auf dem sich die 3-D-Simulation befand. Rob suchte den Raum nach schriftlichen Aufzeichnungen ab, konnte jedoch nichts finden. Vermutlich hatte die Polizei alles Wesentliche mitgenommen.

Er stellte den umgekippten Rechner wieder auf und schaltete ihn ein. Der Speicher wurde hochgezählt und das Betriebssystem geladen. Rob setzte sich, befestigte den Sensorhelm am Kopf und startete die Simulation. Es konnte kein Zufall sein, dass sich gerade dieser Datenträger im Laufwerk befand. Als das Programm in sein Nervensystem griff, hatte er einen Augenblick das Gefühl, schwerelos zu sein. Sein Blickfeld wurde weich überblendet, er vernahm leichtes Rauschen.

Wie aus diffusem Nebel erstand eine Landschaft um ihn. Er fand sich in einem Wald mit gewaltigen, moosbewachsenen Bäumen wieder. In der Ferne war das Gekreisch von Vögeln zu vernehmen. Hin und wieder brach die Sonne durchs Blätterdach und warf fächerartige Lichtsäulen auf den Boden. Rob fühlte den feuchten Boden unter seinen Füßen und das Gekrabbel von Insekten. Er war nackt. Mit zögernden Schritten begann er sich durch Büsche mit großen fleischigen Blättern zu kämpfen. Die mächtigen Bäume standen weit auseinander und waren am Fuß von Schlingpflanzen umwuchert. Rob spürte, wie ihm etwas auf den Rücken spritzte. Er faßte nach hinten und berührte eine klebrige Substanz. Als er die Hand nach vorn nahm, klebte an seinen Fingern schmieriger violetter Schleim.

Er lief eine lichtdurchflutete Schneise entlang. Diese Simulation sollte sich Mark ausgedacht haben? Sie war unglaublich detailliert, fast schon real. War das der seltsame Virus, mit dem sich Mark in den letzten Tagen beschäftigt hatte? Eine künstliche Intelligenz? Hatte etwa der Virus Mark umgebracht, oder waren es die Leute, die hinter dem Programm standen? Absurd!

Rob hielt inne. Vor sich erblickte er eine Lichtung. Gleißendes Sonnenlicht fiel auf eine pyramidenähnliche Konstruktion. Hellbraune verwitterte Steine waren zu einem etwa vier Meter hohen Bauwerk aufgeschichtet. Ein enger Eingang führte in unergründliche Dunkelheit. Direkt vor dem von schmalen Steinplatten umrahmten Eingang entdeckte er eine bewegliche Bodenplatte und am Rande der Pyramide einen schweren Stein. Mühsam schleppte er ihn vor den Eingang und ließ ihn, während er gleichzeitig zurücksprang, auf die Platte fallen. Es gab ein Geräusch wie von austretendem Gas. Einige Sekunden verharrte Rob regungslos, dann bemerkte er, dass jetzt das Innere der Pyramide erleuchtet war.

Gebückt betrat er den Eingang. Verwesungsgeruch schlug ihm entgegen. Rob ging Schritt für Schritt in das Gebäude hinein. Der Gang wurde nach hinten breiter und höher. An den Wänden brannten von Gas versorgte Fackeln. An seinem Ende weitete sich der Korridor zu einem größeren Raum. Behutsam betrat er das kuppelförmige Zimmer. Vom Zentrum der Decke hing eine milchige Kugel, aus der warmes Licht strömte. Die nach innen gewölbten Wände waren mit farbigen großflächigen Zeichnungen, zumeist in Rot und Schwarz gehalten, verziert. Rob fuhr zusammen. Die Bilder zeigten sterbende Menschen. Obwohl nur angedeutet, sah man den Gesichtern Schmerz und Entsetzen an. Von allen Seiten stürzten sich haarige Riesenspinnen auf die Menschenopfer. In Rob keimte ein entsetzlicher Verdacht. So schnell wie möglich musste er von hier verschwinden. Da gab der Boden unter seinen Füßen nach. Beinah gemächlich schwangen sechs spitz zulaufende Segmente nach unten und gaben den Blick auf eine dunkle Grube frei. Es raschelte leise.

Er brüllte auf, als er den Halt verlor, der Länge nach auf den harten Stein fiel und langsam von der Steinplatte rutschte. Rob stürzte zwei Meter tief und fiel auf Hunderte haariger Körper, eine Matte aus handgroßen Spinnen. Er versuchte aufzustehen, doch die Tiere krabbelten über seinen Körper, zwängten sich mit ihren hornigen Beinen zwischen seine Lippen und drangen ihm tiefer in Mund und Hals.

Rob spürte, wie er seine Kraft verlor. Seine Arme, mit denen er sich hochzustemmen suchte, zitterten. Mit letzter Energie brüllte er QUIT.

Rob sackte in sich zusammen, als sich sein Gehirn vom System löste. Er riss sich den Sensorhelm vom Kopf und warf ihn beiseite. Noch immer zitterte er am ganzen Körper, kalter Schweiß bildete sich auf seiner Stirn. Plötzlich überlief es ihn heiß. Sein Blick fiel auf sein heimisches Arbeitszimmer. Auf dem Monitor stand GAME OVER.

Rob öffnete seine Adressbank und klickte auf Marks Videoverbindung.

„Der Teilnehmer ist zur Zeit nicht verfügbar. Versuchen Sie es später noch einmal.“ meldete nach wenigen Augenblicken eine synthetische Frauenstimme. „Danke, dass Sie *Videotec-Vision* als Übertragungssoftware benutzt haben.“

Rob stand auf, zog sich seinen Mantel über und ging auf die Straße. Kalter Wind peitschte gelbbraune Herbstblätter über den Fußweg. Die Straße war seltsamerweise fast menschenleer, nur ein Motorradfahrer fuhr langsam am Straßenrand entlang. Rob trafen einige Regentropfen. Er blickte nach oben und sah aufgewühlte dunkle Wolken über den Himmel ziehen. Er blieb schlagartig stehen. Diese Wolkenbewegungen kannte er. Zu exakt, um real zu sein. Um ihn begann sich alles zu drehen, seine Beine rutschten unter ihm weg. QUIT rief er erneut.

Als die Überblendung sein Blickfeld freigab, sah er Hunderte von Spinnen sich in sein Fleisch graben. Zuckende Wölbungen bewegten sich langsam unter seiner Haut vorwärts und fraßen. Dumpf spürte er einen sich ausbreitenden Schmerz im ganzen Körper.

Er schloss die Augen und ließ sich zurückfallen. Eine schwere Müdigkeit erfasste ihn und drängte alle anderen Empfindungen zurück. Er wollte sich nur ausruhen, alles von sich abstreifen.

Rob versank in einer warmen weichen Dunkelheit.

Dunkle Sonne

1

Es war dunkel. Nur eine an die Hauslichtanlage angeschlossene Lampe erhellte das Zimmer. Daran gewöhnte man sich. Viel störender war die Tatsache, dass wegen der draußen angebrachten Werbefläche das Fenster nicht mehr zu öffnen war. Leider war Georg auf diese Einnahmequelle angewiesen. Er hätte sonst seine 20 Quadratmeter Wohnraum aufgeben müssen.

Zu diesem Zeitpunkt gab es jedoch keinen Grund mehr, sich darüber Gedanken zu machen. Er hätte die Werbeplatte aus ihrer Verankerung stoßen können, niemand hätte sich daran gestört.

Georg verließ die Wohnung und stieg neun Etagen zu Fuß hinab. Den Lift zu benutzen vermied er wegen der in letzter Zeit häufig auftretenden Stromausfälle. Bunt bedruckte Müllsäcke lehnten, teilweise übereinander gestapelt, am Geländer. Unten öffnete seine Kreditkarte die Tür. Er lief in die Nacht.

Sein Blick wanderte zum Himmel. Er sah ihn sofort: einen gleißenden Stern, der den Dunst der Stadt durchdrang. Ein Licht, das ihm durch die Augen heiß in den Schädel sprang. Seinem Gefühl nach hätte er losschreien, seinen Schmerz hinausbrüllen wollen. Doch Georg stand nur da und starrte in die sternenfunkelnde Finsternis.

Noch zwei Tage, möglicherweise auch drei, und alles würde vorbei sein. Ein gigantischer, durchs All treibender Gesteinsbrocken, durch pures kosmisches Desinteresse geleitet, würde auf die Erde treffen und alles Leben von ihrer Oberfläche tilgen. Die Menschheit war hilflos, ihre Hochtechnologie ein ergebnisloses Schulterzucken.

Das war nicht das Schlimmste. Nicht für Georg. Es gab eine Sache, die ihn viel mehr quälte. Die ihn dazu brachte, nach draußen zu gehen und die Straßen zu durchstreifen.

2

Sabine suchte in ihrer Tasche nach der Kreditkarte, fand sie in dem Täschchen für Kosmetika und führte sie in den Abtastschlitz. Summend öffnete sich die Tür der Wohneinheit.

Ihr Blick fiel auf einen schwarzen Koffer neben dem Flurschrank. Ihr fiel auch der an den Spiegel geheftete Zettel auf. Mit Großbuchstaben stand dort geschrieben:

LIEBE SABINE,

VERZEIH MIR. ICH MÖCHTE DIESE LETZTEN UNS VERBLEIBENDEN TAGE MIT DIR VERBRINGEN

DEIN ROBERT

Sabine zerknüllte den Zettel und ging ins Wohnzimmer. Was kam Robert in den Sinn, hier aufzutauchen und unerlaubt ihre Wohnung zu betreten?

Sie hatte Robert vor einem halben Jahr vor die Tür gesetzt und bisher nicht daran gedacht, ihn auch nur anzurufen. Es war ihr unangenehm, nur an ihn zu denken.

Sie ging zum Kühlschrank, füllte ein Glas mit Milch, trank es auf einen Zug leer. Aus dem Flur vernahm sie plötzlich Geräusche, der Summer ertönte. Sie lief zur Tür, verharrte einen Augenblick und öffnete.

„Hallo", sagte Robert leise.

3

Er musste an Vater denken. Schon mit dreizehn war Georg einen Zentimeter größer als er. Wie hatte er sich damals, als stolzes

Kind, über diese zehn Millimeter gefreut. Für Vater musste es furchtbar gewesen sein. Dabei war er mehr als froh, dass sein Sohn nicht unter derselben Krankheit litt wie er.

Vater sprach häufig von Mutter. Sie fehlte ihm. Georg hatte nur ein verschwommenes Bild von ihr, nichts, was er sich vor Augen führen konnte. Nur ein Gefühl. Zwei Tage nach seinem vierten Geburtstag war sie gestorben. Sie hatte tot im Bett gelegen, und den Ärzten war es nicht gelungen, eine Todesursache auszumachen. Entgegen ihrem Willen ließ Vater sie einäschern. Es fehlte das Geld für eine *richtige* Beerdigung. „Sie hatte sich über ihren Tod oft Gedanken gemacht“, pflegte er hin und wieder zu sagen. „Es war vielleicht eine Art Vorahnung. Sie wollte immer richtig begraben werden.“

Ob Vater noch immer allein in der Wohnung lebte, wusste Georg nicht. Die letzte Weihnachtskarte hatte er vor drei Jahren erhalten, die letzte Geburtstagskarte lag noch weiter zurück. Daran war er selber Schuld. Er hatte nichts mehr von sich hören lassen.

Ohne Eile ging er den Fußweg entlang. Die Luft war warm und die Stadt für diese Zeit ungewöhnlich ruhig. Vor dem U-Bahn-Eingang am Ende der Straße versammelten sich Leute, die im letzten Augenblick noch irgendwohin wollten. Sie warteten vergeblich. Das städtische Verkehrsnetz lag seit Stunden still.

Georg machte einen Bogen um die Menge und verschwand in einer Seitengasse. Laute Musik ertönte über ihm. Sie kam aus einem der wenigen werbefreien Fenster, das weit geöffnet war und hinter dessen Scheiben helles Licht brannte.

Durch die laute Musik drang Geschrei. Eine männliche aggressive Stimme und die erregte Antwort einer Frau.

Da hatte jeder Mensch nur noch wenig mehr als zwei Tage zu leben, und diese Leute wussten nichts Besseres zu tun, als sich anzubrüllen. Aber vielleicht löste dieser besondere Zustand angestaute Aggressionen. Das nie Ausgesprochene, ständig Verdrängte entlud sich in den letzten möglichen Augenblicken.

Georg ging weiter. Der Streit schien beendet, nur das Rumoren der Musik drang noch an sein Ohr. Aus den Augenwinkeln bemerkte er das Aufflammen der Treppenbeleuchtung. Wenige Sekunden später verließ eine mit einem dunklen Mantel bekleidete Frau den Hauseingang. Ihr blondes, halblanges Haar war ein unsteter Lichtfleck in der Finsternis. Georg folgte ihr.

Ein quälender Druck stieg in ihm auf. Ein verzweifeltes Gefühl, das seinen Weg nach oben suchte. Es pochte als heißes Blut in den Schläfen und fand sich als kalter Schweiß auf seinen Handflächen.

Georg näherte sich der Frau, die schnell vor ihm herlief. Ein schwacher Duft erreichte ihn. Ihr Parfum! Drei hastige Schritte, und er packte sie von hinten. Georg fühlte einen warmen, weichen Körper, während sich die Frau heftig wehrte und mit den Ellenbogen nach hinten stieß. Als sie anfing, um Hilfe zu rufen, verschloß er ihr mit einer Hand den Mund. Mühsam zwang er sie auf den Boden und rollte sie herum. Seine Hand wanderte zwischen ihre Beine, riß die Kleidung beiseite. Dann wälzte er sich auf sie, preßte seinen Körper auf ihren zitternden Leib, der sich in hilfloser Gegenwehr aufbäumte. Dabei blickte er in ihre weitaufgerissenen Augen, in denen sich winzige Lichtpunkte spiegelten.

Georg spürte ihre Haut auf der seinen und vermochte dennoch nichts zu empfinden. Sein Drängen war ein gefühlloses Aneinanderreiben von Fleisch. Es gab nichts Warmes an dieser Bewegung. Sosehr er sich auch mühte, es ging nicht. Er ließ von ihr ab, fiel zur Seite. Die Frau kroch sofort zur Hauswand und zog die Knie an. Ihr Gesicht zeigte blasse rote Flecken.

4

Die Erstarrung überfiel Sabine in dem Augenblick, als sie die Beine hochzog. Ihr Körper verlor jegliches Gefühl, der Schmerz verwandelte sich in dumpfes Unbehagen. Was hatte ihr der Selbstverteidigungskurs vor einem halben Jahr eingebracht? Ganz automatisch hätten die Reaktionen ablaufen müssen. Eintrainierte Bewegungen. Alles Unsinn! Das funktionierte vielleicht bei anderen.

Doch was war in diesem Augenblick noch wichtig? Auch Robert, dem sie vorhin entflohen war, hatte versucht, sie gegen ihren Willen zu nehmen.

In ihren Gedanken tauchte mit einem Mal Eileen auf. Sie war der wichtigste Halt für sie in den letzten drei Jahren. Wichtiger noch als ihre Eltern oder einer der Männer, die sie kannte. Doch der Kontakt zu Eileen war schon vor Monaten abgebrochen. Ein unsinniger Streit, etwas Belangloses. Der Gedanke schmerzte, dass sie sie nie wiedersehen würde. Doch irgendwie war sie sich sicher, dass auch Eileen in diesem Augenblick an sie dachte. Dass sie trotz der fehlenden Versöhnung ein Gefühl der Wärme verband.

Sie blickte auf und starrte den Mann an. Fast regungslos hockte er da und rieb seine Finger. Der Anblick ließ seltsame Gefühle in ihr aufkommen.

5

Er hörte, wie sie Beschimpfungen murmelte. Leise und monoton, als wäre sie sich dessen nicht bewusst. Als sie merkte, dass er ihren Blick erwiderte, wich sie ihm aus und zog die Knie noch ein Stück höher.

„Ich wollte das nicht …“ flüsterte er und hatte das Gefühl, nur unverständlich zu stammeln.

„Scheißkerl!“ Ihre Stimme war heiser. „Scheißkerl!“

Georg musterte ihr Gesicht. Trotz des Überfalls strahlte es eine ungewöhnliche Weichheit aus. Es verwirrte ihn.

„Machst du so etwas öfter?“ fragte sie mit gefassterer Stimme.

Georg schüttelte den Kopf.

„Du hast noch nie mit einer Frau geschlafen“, sagte sie so sicher, als wäre es auf seine Stirn geschrieben.

Georg sog die warme Nachtluft durch die fast geschlossenen Lippen. Was konnte ihm das Geständnis angesichts des bevorstehenden Endes noch ausmachen? Sein Nicken war eine kaum merkliche Bewegung.

Er beugte sich nach vorn, um den aufkommenden Schmerz zu dämpfen. Ein Schmerz, der, von den Augen ausgehend, sich über den ganzen Kopf ausbreitete. Wellen quälender Hitze.

„Was hast du?“ hörte er ihre Stimme. Georg blickte auf und sah, wie sie ihm die Hand entgegenstreckte. Als sie ihn berührte, war er erstaunt über die Rauheit ihrer Finger.

6

Lautes Gebrüll war mit einmal zu hören. Georg blickte sich um und sah eine Gruppe Jugendlicher von der Kreuzung her kommen. Sie schlugen mit Eisenstangen auf abgestellte Fahrzeuge ein und warfen Steine gegen Fenster.

„Komm!“ rief er und stand auf. Seit letztem Monat warnte man vor den sich überall bildenden Jugendbanden. Sie durchstreiften ganze Stadtbezirke, verprügelten Passanten oder schossen auf sie und plünderten Geschäfte.

Georg beugte sich zu ihr hinunter. Bewegungslos hockte sie am Boden.

„Wir müssen hier weg“, drängte er. „Die schlagen uns sonst zu Tode.“

„Geh, hau ab!“ erwiderte sie.

Er fasste ihre Hand und versuchte sie hochzuziehen. Als sie sich losreißen wollte, traf ein kleiner Stein ihre Stirn. Sie zuckte zusammen. Er packte ihren widerstrebenden Körper und zog sie empor. Ein Stein traf ihn schmerzhaft auf den Rücken, die Schreie kamen näher. Da begannen sie zu laufen. Steine und Feuerwerkskörper sausten an ihnen vorbei oder trafen auf die Häuserwände.

Georg war ausdauerndes Laufen nicht gewohnt. Es dauerte nicht lange, und seine Beine wurden langsamer und das Atmen zur quälenden Herausforderung. Die Stelle, an der ihn der Stein getroffen hatte, begann stärker zu schmerzen. Sie hatte mehr Energie in sich, ihr Atem klang ruhig und gleichmäßig.

Als er bemerkte, dass die Schreie leiser wurden, drehte er sich um und sah, wie der Mob in eine andere Straße einbog, einem lohnenderen Ziel entgegen. Er trat zu der Frau, die in einiger Entfernung wartete. Eine Weile liefen sie schweigend nebeneinander. Der Gestank nach Verbranntem lag in der Luft. Plötzlich erlosch die Straßenbeleuchtung.

„Fassen Sie mich an“, sagte sie.

Er tastete nach ihr und traf ihre ausgestreckte Hand. Langsam gingen sie im Dunkeln weiter. Allmählich gewöhnten sich ihre Augen an die Finsternis, schwach traten die Umrisse der Umgebung hervor. Sie passierten eine Kreuzung und kamen auf einen breiten Fußweg. Rechts von sich hörten sie zwei Männer miteinander reden. Ohne einen Laut schlichen sie an ihnen vorbei und hatten nach etwa hundert Metern die düstere Silhouette einer Parkanlage vor sich.

„Bleiben wir hier!“ sagte sie. „Wir können im Park übernachten. Die Temperatur ist völlig ausreichend.“

7

Wärmende Sonnenstrahlen auf dem Gesicht, erwachten sie mückenzerstochen am nächsten Morgen. Aus einem der ausgeplünderten Läden um das Parkgelände besorgte Georg etwas zum Essen. An mehreren Stellen der Stadt stiegen tiefschwarze Rauchfahnen zum Himmel. Es herrschte eine merkwürdige Stille. Wie ein zum Zerreißen gespanntes Band, das jeden Augenblick die Grenze der Belastbarkeit überschreiten konnte, schwebte sie über der Stadt.

Der Tag verging, während sie den großflächigen Park erkundeten, mit anderen Personen ins Gespräch kamen, sich von einem heftigen Regenschauer durchnässen und von der Sonne wieder trocknen ließen.

Georg hatte schon lange nicht mehr so viel Zeit für sich gehabt. Es gelang ihm sogar, nicht ständig an den die Erde bedrohenden Asteroiden zu denken.

Als es Nacht wurde, durchkämmte eine der Jugendbanden das Gelände. Georg verharrte mit Sabine in dichtem Gebüsch und wartete.

Später, als der letzte Schein der Sonne vom Horizont verschwunden war und der wolkenfreie Himmel eine unendliche Tiefe gewonnen hatte, in der schwach die Sterne funkelten, saß Georg mit ihr auf einem Flecken Gras, umgeben von Büschen und Bäumen. Die Zeit hatte aufgehört zu existieren. Nur schwach vermochte er die Umrisse ihres Gesichts auszumachen.

„Mir wird kalt", sagte sie, umfasste seine Hand und zog ihn zu sich. Er näherte sich langsam ihrem Gesicht, ohne zu begreifen was geschah. „Du verdammter Idiot", flüsterte sie, bevor sich ihre Lippen vorsichtig berührten. Er spürte Wärme und Weichheit, ertastete zärtlich ihren Körper. In der Nähe fielen plötzlich Schüsse,

Leuchtkugeln tauchten die Umgebung in rot-grünes Licht. Irgendwo riefen Leute.

8

Sie schwieg, streichelte sein Gesicht und verwischte die Tränen. Er spürte die Bewegungen ihrer Finger auf seinem Rücken, wie sie seine Haut liebkosten. Seine Hand, die auf ihrem Bauch lag, fühlte die Bewegungen ihres Körpers, sein Auf- und Abschwingen bei jedem Atemzug. Ein Gefühl, dass ihn beruhigte und nach einer Weile ganz und gar erfüllte.

Er betrachtete ihr Gesicht. Mit geschlossenen Augen lag sie da, die Arme von sich gestreckt. Nur ihr ruhiger werdender Atem war noch zu hören.

Ringsum herrschte absolute Stille.

Er blickte auf.

Zwischen zwei Bäumen sah er den Stern den Horizont berühren.

Wo die Dunkelheit anbricht

In der von einer schwachen Arbeitslampe erhellten Ecke seines Wohnzimmers saß Herbor Selbrick am Tisch und starrte auf das graue, aufgefaltete Blatt, das vor ihm lag. Sie hatten ihn lange in Ruhe gelassen, ihn im Laufe der Zeit durch ihre Untätigkeit sogar in Sicherheit gewiegt. Dennoch hatte etwas in seinem Innersten jeden Tag damit gerechnet.

Er schloß die Augen, seine Gedanken wanderten fünf Jahre zurück. Es war ihm nach seinem Absturz als Netztaucher gelungen neu anzufangen. Ohne Hilfe wäre er erledigt gewesen. Der Preis, den er damals dafür bezahlt hatte, erschien Herbor angesichts der zur Verfügung stehenden Alternativen unbedeutend: Noch heute benötigte er jenes Medikament, ohne dessen regelmäßige Einnahme er sofort wieder in Abhängigkeit verfallen würde. Er bekam es zweimal im Monat zugeschickt, Absender ein Postschließfach. Er hatte sich einige Zeit bemüht, über andere Kanäle an das Medikament zu gelangen. Umsonst.

Der vor ihm liegende Brief nahm sich wie eine Zahlungsaufforderung aus. Man übertrug ihm per Computerausdruck auf schlechtem Papier eine Aufgabe, bei deren Nichterfüllung zwei Wochen später die Medikamentenlieferungen eingestellt würden. Die Karten lagen schlecht für ihn.

Er war in seiner aktiven Zeit ein guter Netztaucher gewesen und hatte sich in einer Art kindlicher Besessenheit die kompliziertesten Datenbanken zugänglich gemacht. In zwei Jahren stieg er zu einem der Besten ihrer Gruppe auf. Zur gleichen Zeit entwickelte die Software-Industrie eines ihrer wirkungsvollsten Systeme zur Datensicherheit im Cyberspace und versetzte sämtlichen Netztauchergruppen einen schweren Schlag. Man hoffte auf diese Weise den unkontrollierbar gewordenen Datenabfluss zu stoppen. Das Abwehrsystem griff dabei direkt in das menschliche Hirn und führte zur physischen und psychischen Abhängigkeit der Taucher, die sich in ihrem elektronischen Universum verloren.

Als die Gruppenmitglieder damals bemerkten, dass mit Herbor etwas schief lief, schoben sie ihn ab. Er war völlig hilflos. Einfach in eine andere Gruppe umzusteigen, war schon zu dieser Zeit fast unmöglich. Es dauerte keine drei Tage, und er war ein zähneklapperndes und zitterndes Bündel. Nachdem er jede andere Möglichkeit ausgeschöpft hatte, entschied er, über einen Kontaktmann den richtigen Ansprechpartner auszumachen und sich zu stellen. Wie er inzwischen wusste, hätte er sonst keinen weiteren Monat überlebt.

Er hatte mit Gefängnis oder Schlimmerem gerechnet. Zu seiner Überraschung ließen die Leute mit sich reden und sahen von einer Anzeige ab. Er kam mit einer geringen Geldstrafe davon. Nach dem Gespräch wurde ihm eine Schachtel Tabletten in die Hand gedrückt, begleitet von der Zusage, später mehr zu erhalten. Er bekam sogar die Möglichkeit, einen festen Job anzunehmen.

Vor den Monitoren des Überwachungsraumes beobachtete Herbor, wie die letzten Kunden die Verkaufsräume verließen. Nachdem sich die Halle geleert hatte, verriegelte er die Außentüren und deaktivierte die Diebstahlsicherung. Zwölf Vergehen hatte er heute aufgezeichnet. Drei der zumeist jugendlichen Täter hatte er in dieser Woche zum zweiten Mal erwischt. Für sie würde die Halle ein halbes Jahr gesperrt bleiben.

Herbor schloss den Computer ab und schaltete die Beobachtungsmonitore aus. Er gähnte und rieb sich die schmerzenden Augen. Den kalt gewordenen Kaffee schüttete er in den Ausguss, stellte die Tasse zu den übrigen und verließ das Warenhaus.

Die schmutzigrote Sonne verschwand hinter dem Horizont, und der eisengraue Himmel, der die Stadt überspannte, wurde undurchdringlich schwarz. Herbor sog die nach Abgasen stinkende Luft in die Lungen, betrat den Steg der Pendlerstation und orderte eine Beförderungskabine.

Wenige Minuten später schob sich das knallgelbe Gefährt fast geräuschlos an ihn heran. Er stieg ein und setzte sich vor das Bedienpult. Eine zerknüllte Zeitung lag in der Ablage und einige zerdrückte Getränkedosen auf dem Boden. Es roch schwach nach Erbrochenem. Herbor schob die Zahlkarte in den Schlitz, der Monitor wurde weißgrau. Er holte sich das Stadtnetz auf die Anzeige und gab seine Zielkoordinaten ein. Ein dicker Störstreifen lief über den Bildschirm, bevor er mit einem schmerzhaft in den Ohren stechenden Geräusch erlosch. Langsam setzte sich das Fahrzeug in Bewegung.

Den größten Teil der Strecke legte die Kabine unterirdisch zurück. Kroch sie dennoch einmal zur Oberfläche, zog die Stadt mit ihren hoch aufragenden Häusersärgen vorbei: Wuchernde Krebsgeschwüre, die ziellos in die Höhe wuchsen.

Herbor leckte mit der Zunge über die rissigen Lippen und dachte an den Brief, der in seiner Wohnung noch immer aufgefaltet auf dem Tisch lag. Er hatte nicht die geringste Vorstellung, wie er den Auftrag ausführen sollte. Er würde dabei umkommen, egal wie er handelte. Nach längerer unterirdischer Fahrt rollte die Kabine wieder nach oben und schwenkte in eine weite Kurve. Herbor schaltete den Bildschirm auf TV-Modus und ging die Stadtinfos durch. Von seinem Bezirk gab es keine Unruhemeldungen. In einer Chemiefabrik am anderen Ende der Stadt war ein Feuer ausgebrochen.

Er lehnte sich zurück, sein Blick fiel auf die in die blaue Wandbeschichtung gekratzten Worte LIEBE – EINE PERVERSION! Fast zärtlich strich Herbor mit den Fingern über die Linien der

Schrift, als die Kabine heftig hin und her geschüttelt wurde und durchdringendes Kreischen von aneinanderreibendem Metall die Luft zerriss. Er schlug mit dem Gesicht gegen die kalte Sichtscheibe und brüllte auf, als ihm etwas Spitzes in den Oberarm drang. In seinem Mund sammelte sich Blut und seine Zunge ertastete die Splitter abgebrochener Zähne. Er klammerte sich mit zuckenden Fingern an die Amaturenfläche, als die Kabine mit ohrenbetäubendem Lärm langsam zur Seite kippte. Bis auf ein leises Brummen herrschte plötzlich Stille.

Herbor lag mit dem Kopf unter der aufgesplitterten Sitzfläche, ein Rinnsal warmen Blutes lief ihm in die Augen. Alle Kraft war aus seinem Körper gewichen. Übergangslos begann er zu zittern. Er drehte sich zur Seite und übergab sich. Danach fühlte er sich etwas besser. Nach seinen Schmerzen zu urteilen, hatte er sich ein oder zwei Rippen gebrochen, und in seinem Oberarm klaffte ein zentimetergroßes Loch.

Er zog sich an einer geborstenen Stange nach oben, als draußen Schritte knirschten und die Kabinentür aufgerissen wurde. Dunkle Gestalten stiegen herein und durchsuchten die Kabine.

„Los! Beeilt euch!“ rief einer. „Die Bullen warten nicht, bis wir fertig sind ...“

Sie kippten Herbors Sachen auf den Boden und fischten seine Brieftasche heraus. Einer der Männer wurde auf Herbor aufmerksam. Er trat näher, ein schwacher Lichtschein fiel auf sein Gesicht. Es war zernarbt, eine frische Wunde wurde von noch nicht entfernten Fäden zusammengehalten.

„Er lebt!“ rief der Mann. Ein Messer blitzte in seiner Hand und wurde vor Herbors Gesicht gehalten. Er konnte dunkle Flecken darauf erkennen. Ein kurzer Schnitt, und Herbor fühlte es warm seine Wange herunterlaufen.

„Lass den Mist“, kam von hinten eine Stimme.

Der Mann ließ die Klinge zurückklicken und steckte das Messer weg. Er zog eine Pistole vom Gürtel, auf die er einen Dämpfer schraubte. Langsam drückte er die Öffnung auf Herbors linkes Auge.

„Gute Reise", kam leise seine Stimme, bevor er den Abzug drückte. Das metallische Knacken durchzuckte Herbors Körper, er übergab sich erneut. Der Mann lachte, spuckte ihm ins Gesicht und verließ mit den anderen die Kabine.

Herbor ließ sich in die größer werdende Blutlache fallen. Der Schmerz, den er spürte, befand sich dumpf im Hintergrund. Erstaunen empfand er vor allem darüber, dass er seinen Atem noch durch die teerigen Lungen pumpen konnte. Sie hatten ihn nicht umgebracht, nicht einmal zusammengeschlagen.

Herbor zog sich an der Kabinenwand nach oben. Aus seiner Wunde am Oberarm sickerte Blut. Er klinkte den Notbehälter aus dem Bedienpult. Zwischen zersplitterten Drogenampullen fand er unbenutztes Verbandsmaterial. Er umwickelte seinen Oberarm und wischte sich so gut wie möglich das Blut vom Gesicht.

Draußen war es jetzt still. Vereinzelt erhellten noch intakte Straßenlaternen die Gegend. Er hatte nur eine ungefähre Vorstellung, wo er sich befand. Um Genaueres zu erfahren, musste er die nächste Pendlerstation erreichen.

Während er aus dem Wagen in lockere Erde sprang, blitzte eine verrückte Idee in ihm auf. Er lehnte sich gegen die entgleiste Pendlerkabine und überlegte. Ging er es richtig an, bekam er hier die Möglichkeit, seinen Auftrag auszuführen. Die Chancen waren minimal, aber er hatte jetzt zumindest einen Plan. Eine günstigere Situation bot sich ihm bestimmt nicht. Seiner Vermutung nach befand er sich in der Nähe der Datenhändlergruppe, die zu suchen er den Auftrag hatte.

Zweihundert Meter entfernt leuchtete schwach eine schräg stehende Laterne. Langsam ging er darauf zu. Je näher er kam, um so häufiger musste er Autowracks und anderen Schrottteilen ausweichen. Hier und da hörte er das Scharren von Ratten. Pelzig drängte etwas an seinen Füßen vorbei und verschwand unentdeckt im Müll.

Die angefahrene Laterne stand zwischen zwei Häuserreihen, deren Fensterscheiben größtenteils herausgeschlagen waren. Dunkelheit hockte drohend hinter den Fensteröffnungen. Herbor lief schneller. An einer Stelle länger zu verharren, brachte Schwierigkeiten. Eine Vielzahl von Gruppen beherrschten diese Zwischenbereiche der Stadt und ließen nicht mit sich spaßen.

Er verdrängte diese Gedanken. Er musste nur eine Datenleitung finden und dieser folgen, um irgendwann auf Händler zu stoßen.

Herbor wurde auf ein lauter werdendes Klopfen aufmerksam. Vorsichtig bewegte er sich leicht gebückt die Straße hinauf, wich einem nach Verwesung stinkenden Müllhaufen aus und bog in eine dunkle Seitengasse ein. An eine feuchte Wand gelehnt, verharrte er. Das Geräusch war unverändert. Er zupfte seinen Verband zurecht und wartete einige Minuten. Da sich nichts weiter tat, urinierte er in die Dunkelheit und wagte sich wieder auf die Straße.

Die folgende Strecke ging er in fast völliger Finsternis. Der Wind frischte auf, es begann schwach zu regnen. Nach dreihundert Metern erreichte er eine große Kreuzung. Auf dem linken Abzweig, in den er jetzt Einblick gewann, standen zusammengeschobene Autowracks und eine Eisentonne, aus der schwarzer Qualm und hochschlagende Flammen drangen. Neben der Tonne erkannte er eine Gestalt und in ihren Händen eine Axt. Herbor schob sich an den Rand zum Licht, hockte sich auf den Boden. Seine Wunde am Oberarm begann zu schmerzen. Unter dem Verband sickerte ein dünnes Rinnsal frischen Blutes hervor. Herbor hörte das Klopfen noch immer, aber es schien jetzt leiser zu werden.

Die Gestalt erhob sich, drehte sich, eine weite Kutte wirbelte herum. Taumelnde Funken schossen aus der Tonne, als die Gestalt einen durchdringenden Schrei ausstieß und die Axt durch die rauchige Luft wirbelte. Herbor presste sich gegen eine Hauswand und suchte hastig nach einem Gegenstand, mit dem er sich notfalls verteidigen konnte. Seine Hände tasteten über rissigen Beton, Steine und Schutt und umfassten plötzlich das rostige Ende einer kurzen Eisenstange. Erleichtert hob er sie auf und packte fest zu. Die Gestalt schien zwischen den Autowracks nach etwas zu suchen. Es war zu dunkel, und Herbor war zu weit entfernt, um Genaueres zu erkennen. Als sie sich bückte und etwas Licht auf ihr Gesicht fiel, sah er, dass es sich um eine Frau handelte. Stirn und Wangen glänzten rot.

Da gewahrte er hinter ihr an einer Wand das ihm vertraute Datennetz-Symbol der Händler. Es war in einer Art Graffitizeichnung versteckt. Das bedeutete, dass hier der Hauptstrang einer geschützten Datenleitung verlief. Er hatte unglaubliches Glück! Er musste jetzt nur noch die Frau von dieser Stelle weglocken. Herbor ging mit kleinen Schritten rückwärts.

„Halt!" rief die Frau plötzlich. Sie kam zu ihm und drückte Herbor das stumpfe Ende der Axt gegen die Brust. Schwarze Augen musterten ihn. „Soll ich dich aufschlitzen?" Sie machte eine kleine Pause. „Warum versteckst du dich hier?

Herbor wies auf seinen Verband. „Ich bin mit einer Beförderungskabine entgleist und versuche den nächsten Pendlerstützpunkt zu erreichen. Außerdem möchte ich mit meiner Händlergruppe Kontakt aufnehmen."

„Deine P-Code-Karte!" verlangte sie.

Er löste den schmalen Plastikstreifen vom Armband und reichte ihn ihr. „Was soll ..."

Ihr Blick ließ ihn verstummen. Sie schob den Streifen in ein handgroßes Überprüfungsgerät und las seine Daten von dem winzigen Monitor.

„O.K." sagte sie. „Du bist weit entfernt von deiner Gruppe."

Herbor konnte kaum glauben, dass es so einfach lief. Vielleicht bekam er den Auftrag doch noch in den Griff. „Kannst du mich mit einer anderen Gruppe zusammenbringen?" fragte er. „Ich habe Zugriff zu den Datenbanken der Bullen und kann ungeprägte Kennkarten besorgen."

Die Frau verharrte einen Augenblick, keine Regung war ihr anzusehen. Dann streckte sie die Hand aus, warme metallene Finger legten sich um sein Handgelenk. „Ich bring dich zu ihnen!"

Von jetzt an durfte er sich keinen Fehler leisten. Die Datenhändler hatten seine Personenkennnummer. Lief die Aktion schief, würden sie ihn überall aufspüren – und nicht nur diese Gruppe.

Die Frau lief so schnell, dass es ihm schwer fiel, ihr zu folgen. Sie führte ihn durch verwinkelte Seitengassen, die oft nur zwei Meter breit waren. Mitunter führte ihr Weg durch unbeleuchtete Straßen, und ohne ihre Hand hätte er die Frau schon längst verloren.

Sie erreichten eine große Straße, grelles Licht blendete ihn. Jemand packte Herbor von hinten, etwas fürchterlich Brennendes wurde ihm in die Augen gesprüht. Er brüllte auf und kniff die Augen zusammen, die sofort zu tränen begannen. Die Frau zog ihn weiter hinter sich her. Es war nur ein kurzes Stück, bevor er erneut festgehalten wurde. Herbor bekam ein Tuch, mit dem er sich die Augen auswischte. Im trüben Licht erkannte er, noch stark verschwommen, drei Frauen und zwei Männer.

„Du kannst ungeprägte Kennkarten besorgen?" fragte eine der Frauen übergangslos. Ihr Kopf war kahl, ihr Gesicht glänzte vom Schweiß. Er konnte feine Narben um ihre Augen erkennen, und an ihrer linken Hand sah er das Implantat der Interface-Anschlüsse.

Er nickte. „Ihr braucht mich nur zur nächsten Pendlerstation zu bringen.“ Er hoffte, dass sein Bluff gelang, denn am Verlassen der Gruppe war er vorerst am allerwenigsten interessiert.

„Wieviel kannst du auftreiben?“ fragte sie weiter.

„Jede Woche zwanzig bis dreißig. Die Abholung müsstet ihr organisieren.“

„Was ist mit den Datenbanken der Bullen? An welche Informationen kommst du?“

„Ich habe freien Zugriff“, erwiderte er. „Bis zur Zellenbelegung im Knast.“

„Versuch nicht, uns hinters Licht zu führen.“ Sie ging einen Schritt auf ihn zu und Herbor glaubte ein Lächeln auf ihren Lippen zu erkennen. „Besser, du hältst dich an unsere Vereinbarungen.“

Herbor nickte. „An wieviel Karten habt ihr gedacht?“

„Das wirst du rechtzeitig erfahren“, sagte sie und trat noch näher an ihn heran. „Du bist ein komischer Typ.“ Ihre Hände fassten sein Hemd, rissen es auseinander. Kalte Nägel kratzten über seine Brust und hinterließen blutige Streifen. Herbor zuckte zurück und stieß mit dem Kopf gegen eine Wand. Seine Wunde am Oberarm meldete sich mit Schmerzen zurück. Er schloss die Augen, als sich ihre Hände seinem Gesicht näherten.

„Das wird dein bester Trip“, hörte er ihre Stimme nah bei seinem Ohr. Er bemerkte den fast schmerzlosen Einstich einer Injektion, gleich darauf strömte Wärme durch seine Adern.

Er atmete tief, konturlose Farbenexplosionen flammten vor seinen Augen auf. Ein dumpfes Rauschen schwoll in seinem Schädel an, sein Mund wurde trocken und war wie von Flaum bedeckt. Er spürte, wie er eine schmerzhafte Erektion bekam. Seine Beine glitten unter ihm weg, er rutschte an der Wand zusammen. Kurz bevor sein Bewusstsein Schutz in einer schwammigen Ecke seines Hirns fand, spürte er wieder ihre Hände auf der Haut.

Herbor erwachte in einem leeren dunklen Zimmer, auf dem kalten Boden liegend. Sein Körper war nackt und von schmerzenden kleinen Wunden bedeckt. Schwaches Licht sickerte durch schmutzige Fensterscheiben. Seine Sachen lagen verstreut im Raum. Ein kalter stetiger Luftzug, der leichten Zimtgeschmack mit sich trug, ließ ihn frösteln. Langsam erhob er sich, suchte seine Sachen zusammen und zog sich an. Er bemerkte, dass man über seine Wunde am Oberarm eine Versiegelung gesprüht hatte. Man schien sein Angebot also ernst zu nehmen.

Er band sich das zerrissene Hemd mit den Ärmeln um den Oberkörper, ging zu der einzigen Tür und sah in die anderen Zimmer. Die Anordnung der Räume ließ darauf schließen, dass es sich bei dem Gebäude um einen verlassenen Bürokomplex handelte. Er durchquerte zwei große längliche Räume und erreichte den Treppenschacht. Die Wände waren mit Ruß bedeckt. Vom Geländer gab es nur noch Reste.

Aus einer Etage unter ihm ertönte Musik. Leise stieg er die Treppen hinunter und betrat zwei Stockwerke tiefer einen notdürftig eingerichteten Computerraum.

Drei Netztaucher lagen auf flachen Liegen. Abgegriffene Adapterhelme bedeckten ihre Gesichter, aus den Interface-Anschlüssen liefen Kabel zur Hardware. Zwei der Taucher waren stark abgemagert, der dritte wies erste Anzeichen von Suchterscheinungen auf. Herbor erinnerte sich, dass wenige Wochen nach seinem Ausstieg als Netztaucher unter den Gangs eine Art Dämpfer gegen das neue Sicherheitssystem die Runde machte. Eine halbherzige Angelegenheit, da es in den meisten Fällen die Wirkung des Sicherheitssystems nicht aufhob, sondern nur verzögerte. Herbor waren einige Theorien über die Funktionsweise des Sicherheitssystems geläufig. Angeblich war es in der Lage, durch Nerveneinwirkung den Energiehaushalt des Körpers zu beeinflussen und Halluzinationen zu erzeugen. Im Endstadium der Sucht waren die Taucher nicht einmal zur Nahrungsaufnahme fähig.

Als ehemaliger Netztaucher wusste er, wie faszinierend es war, sich an Datenströmen entlangzutasten, der optischen Umsetzung von Mathematik zu folgen, auf Widerstände und Blockaden zu stoßen und diese mit der Freude des Überlegenen zu überwinden. Es lockte mitunter auch der Spaß, den Computerfachidioten von Großfirmen zu beweisen, wie leicht man an ihre – ach, so gehüteten – Geheiminformationen herankam. Der Verkauf von erbeuteten Informationen erschien ihm damals nebensächlich. Es war eine saubere Angelegenheit. Man durfte sich nur nicht erwischen lassen.

Herbor ging an eine der Liegen und schob den Adapterhelm nach oben. Er erblickte das Gesicht eines etwa dreißigjährigen Mannes: grau und von winzigen Schweißperlen bedeckt. Die wenigen Haare klebten ihm nass am Kopf. Es konnte nicht gut um die Gruppe stehen, wenn sich ihre Taucher in diesem Zustand befanden. Dennoch mussten sie sich an Daten herangearbeitet haben, deren Bedeutung gewisse Leute veranlasste, ihm diesen Auftrag zu geben.

Herbor vermutete, dass die Händlergruppe seine Mitarbeit erzwingen würde. Sie brauchten nichts so dringend wie einen neuen Netztaucher. Der Mann, der hier vor ihm lag, würde ihnen in den nächsten Wochen unter den Händen wegsterben. Sie würden Herbor eher umbringen, als ihn aus ihrer *Obhut* zu entlassen. Seine Kennkarte hatten sie überprüft. Sie waren damit über seinen Wohnsitz informiert. Herbor hatte sie zwar so manipuliert, dass Teile fiktiver Informationen die seinen ersetzten. Aber bestimmte Grunddaten konnte man nicht überschreiben, ohne die gesamte Kennkarte unbrauchbar zu machen.

Es blieb ihm keine Wahl: Um zu überleben, musste er seinen Auftrag erfüllen.

Herbor zuckte zusammen, als hinter ihm eine Stimme ertönte. „Wir sollen dich also hier rausbringen." Schnell drehte er sich um und erblickte einen vielleicht fünfzehnjährigen Jungen, der ein langes Messer mit schmaler Klinge in der Hand hielt. Seine schwarzen Haare waren kurzgeschoren und ließen die Kopfhaut durchschimmern. Das Gesicht war hager und blass, nur ein seltsam roter Mund leuchtete daraus hervor.

Herbor trat näher an ihn heran. „Ich bezahle dafür", sagte er ruhig.

„Schwein!" sagte der Junge plötzlich und hielt die Klinge in seine Richtung.

„Was?" fragte Herbor und starrte dem Jungen in die blauen Augen. Hitze durchströmte seinen Körper. Der Junge erwiderte seinen Blick. Seine schmalen Lippen zuckten.

„Deine Karte ist überschrieben. Saubere Arbeit."

Herbor tastete nach dem Streifen an seinem Armband. Er fehlte.

„Ich habe die ganze Nacht versucht, hinter dein Geheimnis zu kommen." Der Junge stockte, seine Lippen zitterten. „Du wurdest hergeschickt, um unsere Gruppe auszulöschen. Wir haben ein zu großes Ding am Haken, das konnten sie nicht duchgehen lassen."

„Ich verstehe nicht", sagte Herbor.

Der Junge schüttelte den Kopf. „Nein! Natürlich nicht."

Herbor reagierte in Sekundenbruchteilen. Er machte einen Schritt vor, schlug dem Jungen das Messer aus der Hand, presste seine Hände auf den roten Mund und stieß ihm das Knie in den Unterleib. Der Junge war während Herbors Angriff völlig bewegungslos. Damit hatte er nicht gerechnet. Nun sackte er auf den Boden und krümmte sich zusammen.

Herbor hatte mehr Widerstand erwartet. Er griff schnell nach dem Messer und tötete den Jungen durch drei tiefe Stiche. Dann hob er den leblosen Körper vom Boden auf, trug ihn in das Zimmer, in dem er erwacht war, und legte ihn in eine Ecke.

Herbor ging zu den Netztauchern zurück. Er klappte den hochgeschlagenen Adapterhelm über das Gesicht des Tauchers und bemerkte dabei zusätzliche Anschlüsse zur künstlichen Nahrungszufuhr. In diesem Stadium der Abhängigkeit konnte man die Taucher nur noch über Cyberspace erreichen, um an die gewünschten Informationen zu gelangen. Durch ihre extreme Abhängigkeit erbrachten sie für einige Wochen die besten Resultate.

Herbor schaute sich um und setzte sich dann vor eines der drei Computerterminals. Er aktivierte das Gerät, suchte den richtigen Einstieg und tastete hastig Befehle ein. Er hatte den Platz so gewählt, dass er die Tür im Blickfeld behielt. Obwohl er sich beeilte, dauerte die Erstellung des Programms fast eine halbe Stunde. Er überprüfte es, dann gab er den Startbefehl.

Jetzt musste er sich nur noch davonmachen. Er verließ den Raum und lief nach unten. Einen Ausgang nach hinten gab es nicht. Auf der Straße vor dem Gebäude fand er den Rest der Händlergruppe. Sie saßen um eine Eisentonne, aus der mehr Qualm als Feuer drang. Der größte Teil von ihnen rauchte, Herbor stieg ein schwerer, süßlicher Geruch in die Nase.

„Hi, Süßer“, rief eine der Frauen. Die Stimme erinnerte ihn sofort an seinen zerschundenen Körper. „Wie war dein Trip?“ Ihrem von Drogen geröteten Gesicht konnte er nicht ansehen, ob sie lächelte oder ihn nur anstarrte.

Wortlos trat er vor die Tonne und blickte in die sich quälenden Flammen. Wärme und der Gestank von verbranntem Gummi schlugen ihm ins Gesicht.

„Wann bringt ihr mich in die Stadt?“ fragte er.

„Das ist die Stadt“, antwortete jemand.

Damit hatte er gerechnet. Sie würden ihn nicht weglassen. Um durch sein Fangprogramm nicht selbst ans Messer geliefert zu werden, musste er in spätestens einer Stunde seine Flucht bewerkstelligt haben.

„Wir begleiten dich in einer halben Stunde zur nächsten Pendlerstation“, sagte ein Mann mit kurzgeschnittenen schmutzigblonden Haaren zu seiner Linken. Herbor blickte verblüfft zu ihm hinab. Der Mann nahm seine Zigarette aus dem Mund, zerdrückte sie am Boden und stand auf. „Aber zuerst muss Lee von der Übergabe zurück sein!“

Herbor nickte und setzte sich auf den Boden. Mit diesem Verlauf hatte er am allerwenigsten gerechnet. Irgendetwas ging hier schief. Er sah auf und bemerkte, wie ihn der Blondhaarige musterte. Herbor schwieg und blickte in die Flammen. Er hoffte nur, der Gruppe würde das Fehlen des Jungen erst später auffallen.

Plötzlich ertönten schnelle Schritte, drei Personen betraten den Platz. Unter ihnen die Frau, über die Herbor den Kontakt zur Gruppe bekommen hatte.

„Lief alles sauber“, sagte sie und rang nach Atem. „Zweifünf! Fast das Doppelte von dem, was wir erwartet haben.“

Die zwei ihr folgenden Männer gingen mit einer Tasche ins Gebäude, die Frau ging auf Herbor zu. „Ich bringe dich raus!“

Sie durchstreiften weitläufige Ruinenviertel, Herbor hatte Mühe, ihren schnellen Schritten zu folgen. Nicht selten ging es über Schuttberge, er musste aufpassen, nicht auszurutschen.

Als sie sich in einer schwach beleuchteten, schmalen Straße befanden, drehte sie sich um und ließ Herbor herankommen. „Die Gegend wird von einer großen Händlergruppe beherrscht“, flüsterte sie. „Wir nennen sie die Mechanischen. Ihre Körperteile sind zum größten Teil durch hochentwickelte Prothesen ersetzt. Außerdem blockieren sie Bereiche ihres Gehirns, die das Schmerzempfinden steuern. Keine Lust, denen zwischen die Finger zu geraten."

Es ging weiter über aufgebrochene Straßen und Schmutz, vorbei an kahlen Häuserwänden und umgekippten Laternenmasten. Ihr einziger Schutz war die Axt, die die Frau trug. Nach einigen Minuten näherten sie sich einer brennenden Straßensperre. Die Frau schob Herbor in den Schatten der Wände. Er glaubte, Stimmen zu hören.

„Schnell! Hier hinunter", sagte sie. „Durch die Kellergänge! Wir umgehen die Sperre."

Er folgte ihr nach unten. Sie hasteten durch niedrige, nur hin und wieder beleuchtete Gänge. Herbor hörte nur am Geräusch ihrer Schritte, wohin er gehen musste. Er stieß sich an einem hervorstehenden Rohr und war froh, als sich das Ende des Kellergangs abzeichnete.

Sie befanden sich jetzt auf der anderen Seite der Sperre. Die Straße war menschenleer und still. In die Dunkelheit der Häuserwände geduckt, liefen sie weiter und kamen zu einer großen Kreuzung. Scheinwerfer beleuchteten grell die Straße.

„Wir sind da", sagte die Frau und umfasste die Axt mit beiden Händen. „Geh in die Mitte der Straße."

Herbor verharrte. Es war vorbei.. Er hätte versuchen sollen, sie auf dem Weg unschädlich zu machen. Er blickte ihr in die Augen.

„Los!" sagte sie. „Die warten auf dich."

„Ich glaube ...", begann er, sprang vor und versetzte ihr einen kräftigen Stoß. Die Axt sauste über ihn hinweg und ritzte ihm die Haut auf der Stirn. Sie tat einige Schritte nach hinten, um den Stoß abzufangen, und stand plötzlich in voller Helligkeit. Sofort ertönte ein Schuss. Die Frau wurde herumgerissen, und Herbor, der hinter ihr stand, wurde vom wegspritzenden Blut getroffen. Sie stürzte zu Boden und blieb regungslos liegen.

Herbor presste sich gegen die Häuserwand und wartete. Er spürte das Blut auf seinem Gesicht und begann zu zittern.

„Kommen Sie mit erhobenen Händen heraus“, rief eine kräftige Stimme über Lautsprecher. „Bezirkspolizei!“

Er schaute auf den leblosen Körper vor sich. Sie war so gefallen, dass die eine Seite im Licht und die andere im Schatten lag. Die Bullen hatten ihr genau in den Kopf geschossen. Er sah nur das kleine Einschussloch auf der Stirn. Unter ihrem Kopf bildete sich eine Blutlache.

Es war ihnen also doch nicht gelungen, sein Programm abzustellen. Vielleicht wussten sie nicht einmal, dass er es in Gang gesetzt hatte.

Er hob die Hände über den Kopf und lief auf die erleuchtete Kreuzung. Kein Luftzug war zu spüren. Er würde sich zuerst festnehmen lassen und dann alles erklären.

Er blieb stehen. Durch das grelle Licht, dass ihn nun von allen Seiten traf, konnte er nichts mehr erkennen. Er kniff die Augen zusammen und hörte einige Personen näherkommen. Grob wurde er herumgerissen, ein Schlag traf ihn ins Gesicht. Ein zweiter folgte und ein weiterer traf ihn in der Magengrube. Herbor sackte zu Boden und wartete auf neue Schläge. Vor seinen Augen erkannte er die Umrisse von Stiefeln. Eine Waffe wurde entsichert.

„Pass auf, wo du hinschießt“, sagte ein Mann, der weiter entfernt stand. „Keine inneren Organe, sonst bekommen wir allenfalls die Hälfte.“

„Nur noch in den Kopf“, sagte der Mann über ihm, und Herbor spürte kaltes Metall auf der Stirn.

Andere Stimmen

Christian stand vor der Liege, an deren Kopfende sich der Netzadapter befand. Seine Hände waren blass und kalt. Warren trat neben ihn. Keiner wusste etwas zu sagen.

„He", sagte Dave schließlich, „wenn ich da nicht reingehe, können wir Kate abschreiben. Sie hat ihr Köpfchen oft genug für die Gruppe hingehalten. Mehr als jeder von uns. Wir schulden ihr was, okay?"

Christian versuchte beim Sprechen ruhig zu bleiben. „Denk nach! Wir haben bei diesen Duellen fast immer den Kürzeren gezogen. Erinnere dich an Paul. Er war kaum drin, da hatten sie ihn schon. Sie zwangen ihn, um sich zu schlagen. Du hast ihm selbst die Kugel verpasst. Soll ich weiter aufzählen? Sie sind besser als wir – mach dir das klar. Bessere Hardware, bessere Software."

„Seit Jahren bin ich im Geschäft!" rief Dave. „Es kommt drauf an, geschickter und schneller zu sein. Überlegenheit ist 'ne andere Sache. Stellt euch vor, was sie mit Kate anstellen, wenn wir ihre Herausforderung nicht annehmen. Das erste, was sie aus ihr herausschneiden, sind die Interface-Platinen – und was von ihr übrig bleibt, landet in einem Müllsack vor unserer Tür."

„Schon klar, aber wenn du auch noch ins Datennetz einsteigst, werden wir außer deiner Lady auch dich verlieren", erwiderte Christian. „Die Bastarde sind uns durch ihre genetischen Spielereien eine Nasenlänge voraus. Keine Chance!"

Dave regulierte den biochemischen Haushalt seines Körpers, ließ beruhigende Mittel in die Blutbahn spritzen.

„Einen Versuch nur", forderte er. „Sobald ich merke, dass etwas schief läuft, komme ich zurück!"

Christian und Warren blickten sich an. Dave wusste, dass sie im Recht waren. Dennoch konnte er nicht anders. Vor drei Wochen hatte es zwischen Kate und ihm gefunkt. Sie hatten sogar geplant, ein Kind zeugen zu lassen. Genug Geld besaßen beide, um sich einen Inkubator für die Wachstumszeit zu mieten. Eine naive und dumme Idee! Konnte man ein Kind in diese Kloake, die man Erde nannte, aussetzen? Ein Kind, das nur überlebte, wenn es wenige Tage nach seiner Abnabelung biotechnologisch verändert wurde? Gifte in Luft, Wasser und Nahrung hätten es sonst innerhalb weniger Wochen lebensunfähig werden lassen. Doch das war nur eine Seite der Wirklichkeit. Auch auf dieser abgewrackten Welt gab es Positives. Man konnte danach suchen. Das war vielleicht die furchtbarste Hoffnung ...

„Mach es!" sagte Christian plötzlich. „Aber riskiere nicht deinen Arsch. Sobald es zu heiß wird, verschwinde. Wir versuchen dann, von hier aus zu helfen. Wenn sie die Steuerkreise deiner Körpersensoren erreichen, bist du erledigt. Okay?"

„Danke."

Dave atmete erleichtert aus. Er schob sich zwischen Christian und Warren hindurch und kletterte auf die Liege. Dort klappte er den Adapterhelm über den Kopf und verband die Anschlüsse mit seinen Interfaces.

Warren fasste nach seinem Arm. „Wir warten auf dich!"

Er nickte, schloss die Augen und tauchte in Dunkelheit.

Dave stürzte in einen Abgrund, in Grenzenlosigkeit und Leere. Er versuchte seinen Körper wahrzunehmen. Doch da war nichts, in das er seine Empfindungen leiten konnte. Nur der unendliche Raum – und Kälte. Er befand sich als astrales Wesen an einem materielosen Ort und vermochte nichts von sich selbst zu verspüren. Ein Gefühl des Auseinandergleitens bemächtigte sich seiner. Ein Gedanke an ...

Dave schrie auf, als die Todesfratze vor ihm auftauchte. Er riss die Augen auf und starrte in die matte Schwärze des Zimmers. Vereinzelt huschten Lichter der Straße am schmutzigen Stoff der Vorhänge vorbei. Er stand auf und schaltete das Licht ein. Dave versuchte sich zu erinnern – an seinen Traum. Er wusste, dass es wichtig war. Dabei waren es oft die banalsten Dinge, die man im Augenblick des Erwachens für bedeutsam hielt. Doch diesmal war es anders. In der Tiefe seines Bewusstseins lag etwas verborgen, an das er nicht herankam. Er gab auf.

Um sich abzulenken, nahm er wahllos ein Buch aus dem Regal, schlug es an einer beliebigen Stelle auf und begann zu lesen. Doch schon der Sinn des ersten Satzes entging ihm. Er las die Stelle noch einmal, jedes Wort laut aussprechend. Unmöglich!

Er warf das Buch beiseite und griff sich ein neues. Das gleiche Ergebnis. Die einzelnen Worte passten zwar zueinander, doch alles andere erwies sich als Unsinn.

In diesem Augenblick begriff Dave. Mühsam presste er sich jeden einzelnen Gedanken aus seinem vernebelten Verstand. Die hier inszenierte Umwelt war ein einziger Schwindel; eine aus seinem Gedächtnis rekonstruierte Wirklichkeit.

Dave stand auf. Ein Brennen durchlief seine Fingerspitzen. Er musste hier raus! Verzweifelt blickte er sich um. Es gab keine Tür in diesem Raum. Dave lief zum Fenster und blickte in eine spiegelnde Fläche. Dort sah er sein Gesicht. Entsetzlich verwüstet starrte es ihm entgegen. Blut ergoß sich aus tiefen Wunden und etwas Grausiges bewegte sich in den blutigen Augenhöhlen.

„Du existierst nicht!“ brüllte Dave seinem entstellten Antlitz entgegen. Er rannte ins Zimmer zurück und riss herumstehende Gegenstände zu Boden. Es war lächerlich. Wie hatte er nur glauben können, bei dieser Auseinandersetzung als Sieger hervorzugehen? Er hatte sich selbst ans Messer geliefert.

Dave lehnte sich mit der Stirn gegen die Wand. Es musste einen Weg nach draußen geben. Für einen Durchbruch war er zu schwach. Er merkte plötzlich, wie die Wand vor ihm wärmer wurde. Er glaubte, unter den Fingern schwache Bewegungen zu spüren. Dave drehte sich um und sah, wie das Zimmer seine Form verlor. Es blähte sich auf, jegliche Farbe verblasste. Die Gegenstände vergingen wie unter starker Hitze, und das Zimmer verwandelte sich in eine große weiße Kugel, an deren Innenwand er sich klammerte. Unter ihm zerriss eine weiße Substanz, gleißende Helligkeit flutete herein, brannte in den Augen. Etwas riss ihn zur Seite, bevor er seinen Körper von neuem verlor.

Ganz in Schmerz getaucht, bäumte er sich auf und versuchte zu schreien. Von weit her vernahm er Stimmen. Sein Name wurde gerufen.

Er öffnete die Augen. Sein Körper war schweißgebadet, die Flamme einer Kerze blendete ihn. Über sich sah er Christians Gesicht. Warren erahnte er im Hintergrund.

„Habt ihr mich rausgeholt ...?“ flüsterte er. „Ich hatte nicht mehr daran geglaubt.“ Ihm bereitete das Sprechen Schwierigkeiten. Nachdem er durchgeatmet hatte, sprach er weiter. „Sie sind verdammt gut! Bin nur durch Zufall drauf gekommen. Wo ich doch Bücher nicht ausstehen kann! Damit haben sie nicht gerechnet ...“

„Verstehe nicht.“ Christian zog die Stirn in Falten. „Was für Bücher?“

Während er das sagte, nahm er die Injektionspistole von Tisch und spritzte Dave ein stärkendes Mittel. „Hast wirklich Glück gehabt. Eine Sekunde länger und sie hätten dir dein bisschen Verstand rausgebrannt.“

Dave bewegte schwach den Kopf. „Es ist wegen Kate. Ich konnte ihr nicht helfen. Sie ..." – Ein anderer Gedanke platzte in seine Überlegungen. Er richtete sich auf. „Bring mir ein Buch, Warren!"

Warren zögerte.

„Bitte!"

Christian schien leicht zu lächeln. „Wir haben keine Bücher. – Wer ist Kate?"

„Bringt mir eins", stammelte Dave. „Irgendein verdammtes Buch!" Er stieg von der Liege und tat mühsam einige Schritte.

„Du spinnst!" rief Christian. „Sie haben dir falsche Erinnerungen eingepflanzt. Bücher gibt es schon seit Jahren nicht mehr. Und auch eine Kate gab es hier nie."

Dave griff nach der Waffe, die am Haken hing. Er richtete sie auf Warren. „Ein Buch ..."

Warren rührte sich nicht. Sein Gesicht war grau und glich dem eines Toten.

Christian zog den Abzug der Waffe durch und beobachtete, wie Dave von der Entladung herumgerissen wurde. Kaum hörbar fiel er zu Boden; eines der Bücher im Regal über ihm kippte zur Seite. Nur der Name Kate, den Dave zuletzt gerufen hatte, blieb Christian eine Weile im Gedächtnis haften. Wie kam Dave nur darauf?

Umkehrung

Ich sitze in der grobkörnigen Finsternis meines Wohnzimmers und zittere vor Kälte, meine klammen Hände reiben über das rauhe Metall der Waffe. Ich bin allein mit der Stille und den fürchterlichen Schmerzen im Kopf. Gedanken umspülen mich wie ein immer schneller rotierender Strudel, aus dessen Umklammerung ich mich nicht zu lösen vermag. Hin und wieder sehe ich, wie sich die Wände des Zimmers verformen, scheinbar harmlose Gegenstände sich in scharfkantige Gebilde oder Grauen erregende Fratzen verwandeln. Ich habe Hunger und bin müde, doch ich muss wach bleiben und aufpassen, sonst fallen die lauernden Gestalten über mich her, kratzen mir die Augen aus und weiden sich an meinem Fleisch.

Die Vorstellung bereitet mir Übelkeit. Ich beuge mich vor und erbreche mich in krampfartigen Stößen. Entsetzt erkenne ich, dass dunkles Blut wie Wasser aus meiner Kehle dringt. Ich presse die Hand gegen den Mund, um mein Blut zurückzuhalten, erhebe mich und schleppe meinen schmerzenden Körper zur Tür. Die Wand weicht vor mir zurück, eitrige Geschwüre schwellen an ihrer grauen Oberfläche auf. Fettes, samtiges Ungeziefer klettert nach oben. Es werden immer mehr, sie schließen die Türöffnung ein. Ich brülle, als schwarze Ungezieferflocken von der Decke fallen, sich in meinem Haar verfangen und über mein Gesicht kriechen. Ich stürze zu Boden und wälze mich in kleinen weichen Körpern, die mit widerlichem Knacken zerplatzen. Sie kriechen über mich hinweg. Wie eine raschelnde Decke umschließen sie meinen Körper …//

//… Ich blicke gewohnheitsmäßig zur Uhr. Der schmale, schwarze Minutenzeiger hat einen Zentimeter vor seiner Spitze einen leichten Knick. Schon als Kind habe ich minutenlang auf diese Stelle gestarrt und beobachtet, wie sich der Zeiger ruckweise Stück für Stück vorankämpfte, bis mir mein Vater eine Ohrfeige verabreichte. Danach habe ich es nur noch heimlich, in unbeobachteten Momenten getan. Jetzt scheint der Zeiger völlig erstarrt zu sein. Das leise Klickern der Zahnräder ist aber nicht zu überhören. Da bemerke ich, dass sich nicht die Zeiger, dafür das Zifferblatt mit den breiten römischen Zahlen in Gold bewegt. Ich gehe zur Uhr und klinke die nach außen gewölbte, zerkratzte Schutzscheibe aus der Halterung. Ich bemerke feinen Staub auf den Fingerspitzen, puste ihn vom Glas.

Unmerklich hat sich eine Veränderung eingeschlichen. Ich sehe das Zifferblatt in jeder Einzelheit. Der braune Rostfleck neben der IV kriecht langsam über die weiße Emaille zur VIII hinunter. Ich habe so etwas schon einmal erlebt. Kaltes Prickeln durchperlt meinen Hinterkopf. Die Zahlen bekommen kleine Füße, sie verlassen das Zifferblatt. Es wird dunkel, ich falle …//

//… Das Radio liegt wie ein großer zerdrückter Käfer am Boden. Ich gehe zu ihm hin, beuge mich hinab und berühre es, wie um Verzeihung bittend, zärtlich mit den Fingerspitzen.

Zögernd trete ich wieder zum Fenster. Regen stürzt wolkenbruchartig vom Himmel, zerschlägt auf der Straße zu dunstigem Nebel und spült schlammigen Unrat an den Rinnsteinen entlang. Beschirmte Gestalten huschen schattenhaft durch den Vorhang aus Wasser. Ich kann ihre Ausstrahlung fühlen, ihre entsetzliche Fremdartigkeit. Ein Krampf durchschüttelt meinen Körper, die Zähne schlagen aufeinander. Ich fasse die Waffe fester und lasse ihre Kraft in meinen Körper strömen. Ein gutes Gefühl.

Ein lauter Knall ertönt auf der Straße. Ich fühle mich bedroht und bin bereit, mich zu verteidigen. Das Zimmer bleibt ruhig, ich kann auch nach einigen Minuten keine Veränderung ausmachen. Ich lausche der Stille und lasse sie in mich dringen.

Der Regen hat nachgelassen. Große Pfützen füllen Schlaglöcher und spiegeln den dunklen Himmel wider. Sie werden bald Kinder anlocken, die mit Gummistiefeln durch das Regenwasser stapfen und sich bespritzen. Ich begreife die Kinder nicht mehr. Sie haben nur Spott für mich übrig und treiben mich in den Schutz meines Hauses. An sonnigen Tagen nach der Schule sammeln sie sich vor dem Zaun und verhöhnen mich. Ich kann diesen Hohn nicht ertragen, möchte sie packen und so lange schütteln, bis sie anfangen, mich um Verzeihung zu bitten.

Ich sehne mich heute in die Zeit vor den Veränderungen zurück. Eine Zeit, die mir vertraut war, die ich verstehen konnte. Ich besaß keinen Fernseher, und das Radio schaltete ich allenfalls am Wochenende ein. Mir genügte der Stadtanzeiger, von dem ich die Politik- und die Wirtschaftsspalten las.

Vorige Woche ist Seena gegangen. Die Kinder hatten sie schon lange vorher zu ihren Eltern gebracht. Ihre anfängliche Hilflosigkeit hatte sich in Angst gewandelt. Ich kann mich kaum noch an ihr Gesicht erinnern. Ein Verlust, der mich schmerzt. Seena hat ihr Bestes versucht. Sie ist so lange geblieben, wie es ihr möglich war. Ich habe ihr keine Chance gegeben.

Zuerst verlor ich den Kontakt zu meinen Kindern. Sobald sie in ihrer Unbekümmertheit, ihrer Naivität in meine Gedanken griffen, reagierte ich heftig, manchmal sogar gewalttätig. Ich konnte es nicht erdulden und schlug sie.

Es war damals eine Sache von wenigen Monaten. Die Wandlung in den Köpfen der Menschen war nicht mit bloßen Augen feststellbar. Wie eine heimtückische Seuche, die Wahnsinn zur Folge hatte, hereingetragen von den Millionen, die aus den Städten flüchteten.

Am Anfang war das Misstrauen groß. Die ersten, die in unserer Gemeinde auftauchten und in kleinen Zelten auf den Rasenflächen rund um die Kleinstadt übernachteten, stießen auf offene

Feindseligkeit. Man hatte über Fernsehen, Radio und Zeitung von ihnen erfahren. Sie erschienen wie eine neue Art von Vampiren, denen man lieber einen Holzpflock ins Herz gestoßen hätte, als sie hier willkommen zu heißen. Es gab Übergriffe, bei denen einige von ihnen verletzt und getötet oder die Zelte angezündet wurden. Keiner wusste, ob etwas dran war an den Gerüchten von ihrer angeblichen Fähigkeit, Gedanken zu lesen. Allein die Vorstellung bereitete Unbehagen und ließ die Fremden wie eine Armee feindlicher Spione erscheinen.

Später errichteten sie kleine Häuser aus Holzplatten, die sich wie ein Ei dem anderen glichen. Schmucklose Kästen, ohne den liebevollen Kitsch, den jede Familie im Laufe der Zeit um sich aufhäuft. Mit Nachbarn und Umgebung versuchten sie trotz der teilweise gewalttätigen Übergriffe ins Gespräch zu kommen. Ihre Kinder spielten meist außerhalb der Häuser, waren kontaktfreudig und, wie mir schien, hochbegabt. Irgendwann begannen unsere eigenen Kinder mit ihnen zu spielen. Sie schienen nichts daran zu finden, wir hatten überhaupt nicht daran gedacht, es ihnen zu verbieten.

Pierre hatte sich in sein Zimmer verkrochen, und Billy saß schweigend auf der kleinen Holzbank neben dem Ofen. Seine Augen waren geschlossen, als würde er schlafen.

Der Raum war vom mittäglichen Geruch zerlaufener Butter, gerösteter Zwiebeln, gebratenen Fleischs und verschiedener Gewürze erfüllt. Ich sog genüsslich den Geruch ein. Ich liebte diese halbe Stunde vor dem Essen, in der die zubereiteten Speisen besonders verführerisch dufteten.

Ich dachte an Billy. Gestern hatte er sich schlecht gefühlt und zum Abend leichtes Fieber bekommen. In der Nacht hatte er angefangen, laut zu weinen. Seena und ich hatten versucht, ihn zu beruhigen. Er schien uns überhaupt nicht wahrzunehmen. Hin und wieder stockte sein Weinen, und er sprach unverständliche Worte vor sich hin. Es dauerte mehr als eine Stunde, bevor Billy wieder eingeschlafen war. Er hatte bis vorhin im Bett gelegen und ohne Unterbrechung geschlafen. Sein dünnes blondes Haar klebte ihm feucht an der Stirn.

Ich wusste, was *das* bedeutete. Die Kinder der Fremden hatten ihn mit ihrer Krankheit angesteckt. Ich hatte von ähnlichen Fällen in der Nachbarschaft gehört. Es dauerte nur zwei, drei Tage. Das Fieber ließ nach, aber das Kind war verändert. Ich hatte nicht die geringste Ahnung, was ich tun, wie ich mich verhalten sollte. Seena benahm sich völlig passiv. Als ich heute früh mir ihr reden wollte, wich sie mir aus und lief ins Schlafzimmer. Ich hatte kein gutes Gefühl ...

„Billy!" rief ich, wie um mich zu versichern, dass ich nicht allein war. Billy öffnete die Augen und blickte mich an. Er hatte große braune Augen, die mich an ihm schon als Baby entzückt hatten. Sie strahlten eine seltsam traurige Sehnsucht aus, die Erinnerungen an meine Kindheit wach werden ließ. Ein schwaches Zittern lief ihm über das leicht gerötete Gesicht, sein Mund öffnete sich. Ich verspürte ein Ziehen im Kopf, das den ganzen Schädel ausfüllte. Ein intensives beängstigendes Gefühl, das bis in den Körper ausstrahlte. Ich krümmte mich zusammen, mir wurde schwarz vor Augen. Übelkeit überkam mich. Erst als ich aufblickte und Billys Gesicht sah, verstand ich, was geschah.

„Hör auf!" brüllte ich, als das Ziehen in meinem Kopf stärker wurde. Ich stand auf, lief zu ihm hin und schlug ihm ins Gesicht. „Tu das nie wieder!" schrie ich ihn an. „Begreifst du, nie wieder!"

Billy begann zu weinen. Seinen ganzen Körper durchzuckte es dabei. Ich wollte ihn umarmen, ihn um Verzeihung bitten. Billy stieß mich mit seinen kleinen Armen von sich, drängte an mir vorbei und lief zu Seena, die in der Tür stand. Seena nahm ihn zu sich hoch, streichelte seinen Kopf und redete beruhigend auf ihn ein.

„Bist du verrückt?“ sagte sie zu mir.

Sie gab Billy, der sie umklammerte, einen Kuss und fuhr ihm durchs Haar.

„Es ist passiert“, verteidigte ich mich. „Er hat versucht, meine Gedanken zu lesen.“

„Deswegen schlägst du ihn? Was kann er dafür? Er ist krank!“

Sie drehte sich um und verließ das Zimmer. Etwas Unsichtbares legte sich auf mich und nahm mir die Luft.

Am Abend kam Herbert. Er gehörte zu jenem Bekanntenkreis von Seena, in dem ich mich noch nie wohl gefühlt hatte. Herbert war mit einer ehemaligen Schulfreundin von Seena verheiratet. Obwohl wir uns sechs Jahre lang kannten, war unser Kontakt über eine bestimmte Ebene nicht hinausgegangen. Ich wäre nie auf den Gedanken gekommen, ihm persönliche Dinge anzuvertrauen. Herbert war leitender Angestellter in einer Firma für landwirtschaftliche Großmaschinen, brachte zu jeder Gelegenheit die Wichtigkeit seiner Position zur Sprache und besaß die wohl umfangreichste Münzsammlung der Gegend. Zudem konnte er stundenlang Schach spielen, ohne auch nur einen Augenblick die Konzentration zu verlieren.

Etwas, das uns jetzt einander näher brachte, war die gemeinsame Abneigung gegen die Fremden. Herbert sah die Lage jedoch viel optimistischer als ich.

„Das ist eine vorübergehende Angelegenheit“, sagte er bestimmt. „Irgendwann wird die Regierung anfangen, diesen Prozess einzuengen. Die gesamte Wirtschaft ist betroffen. Vielleicht setzen sie die Armee ein. Was wissen wir hier draußen davon! Die Nachrichten sind sehr widersprüchlich.“

Ich hatte das Gefühl, dass er sich seiner Zuversicht nur selbst versicherte. Es steckte kein wirkliches Vertrauen hinter seinen Worten.

„Ich will in Ruhe gelassen werden. Meinetwegen sollen sie in Reservaten ihr Leben führen. Billy hat es auch erwischt."

„Was ist mit Billy?" fragte Herbert.

„Ich glaube, er hat versucht meine Gedanken zu lesen." Ich spürte noch immer das Ziehen im Kopf. „Ein abscheuliches Gefühl. Ich habe ihm eine Ohrfeige gegeben und ihm verboten, das noch einmal zu versuchen. Er ist jetzt bei Seena."

Ich erhob mich, nahm eine Flasche Weinbrand aus dem Schrank und füllte zwei Gläser zu einem Drittel mit der gelbroten Flüssigkeit.

„Was willst du tun?" fragte Herbert, sichtbar außer Fassung.

„Nichts", antwortete ich. „Sollen wir einen Krieg gegen die eigenen Kinder führen?"

Herbert hob das Glas zum Mund und nahm einen Schluck. „Wir müssen hier weg", sagte er plötzlich. „Wir suchen einen Unterschlupf in der näheren Umgebung und warten dort ab."

„Wir sind keine Pfadfinder mehr", erwiderte ich. „Du musst dich vielleicht über einen längeren Zeitraum allein ernähren. Willst du auf die Jagd gehen und Wild erlegen oder regelmäßig einen Einkaufsbummel in die Stadt unternehmen?"

Wir schwiegen und ich begann mich zu ärgern, Herbert so viel anvertraut zu haben.

„Na schön." Herbert stand auf. „Du musst wissen, was für dich am besten ist. Ich packte nachher mit Leigh die wichtigsten Sachen zusammen und verschwinde mit ihr. Du weißt, wo du mich findest."

Er ging zur Tür, blickte noch einmal zurück und war verschwunden.

Seena hatte die Koffer gepackt und trug sie zur Tür. Ich saß am Fenster und schaute ihr zu. Sie machte den Eindruck einer Frau, die sich entschieden hat. Das war für mich eine völlig neue Seite an ihr. Sie trug den letzten Koffer mit steifen Bewegungen herein und vermied es, in meine Richtung zu blicken. An der Tür ließ sie das schwere Stück fallen und streckte sich entlastend zurück.

„Du kannst mich hier nicht allein lassen“, sagte ich. „Bitte!“

Den Blick auf den Boden gesenkt, schüttelte sie den Kopf. „Du weißt selbst, was in den letzten Tagen hier vor sich gegangen ist. Du hast dich wie ein Wahnsinniger aufgeführt, sobald ich auch nur versuchte, mit dir über das Draußen zu reden. Als wenn du alles ignorieren könntest, als ginge es dich nichts an. Seit drei Wochen hast du dich nicht bei deiner Firma gemeldet. Sie haben dich bestimmt schon längst gefeuert. Die Kinder haben Angst vor dir – und ich auch. Sobald Billy nur in deine Nähe kommt, fängt er an zu weinen.“

Sie verstummte, ihr Schweigen wirkte wie ein Schnitt. Seena verschränkte die Arme auf dem Rücken und lehnte sich gegen die Wand. Während ich sie in dieser Haltung betrachtete, wuchs mein Verlangen nach ihr. Mir erschien dieses Gefühl so selbstverständlich, dass ich annahm, auch sie müsste so empfinden.

Ich trat zu ihr, umfaßte ihre Arme und zog sie an mich. Ihr Körper war eine in Abwehr gespannte Feder.

„Hör auf, du tust mir weh!“ rief Seena. Sie versuchte, sich mir zu entwinden, als ich mich ihrem Gesicht näherte. Wir blickten uns an, sie hielt plötzlich inne. Ich fühlte ihre Anspannung und sah, dass sie selbst nicht wusste, wie sie sich verhalten sollte. Ihre Augen füllten sich mit Tränen, sie wandte sich von mir ab. Ich hielt sie fest und versuchte ihrem Körper, der mir aus den Händen zu gleiten drohte, Halt zu geben. Ein Umkehrung der Wirklichkeit.

Ich hob sie auf die Arme, trug sie zur Liege, setzte mich neben sie und streichelte ihr Gesicht, das Haar und die geschlossenen Augen. Meine Lippen nahmen ihre Tränen auf und trafen auf die ihren. In diesem Augenblick wünschte ich mir so sehr wie nichts anderes, sie nicht zu verlieren und die Kinder wiederzuhaben. Ich fühlte mich mehr denn je mit ihr verbunden. Ich legte mich neben sie, schmiegte mich an ihren warmen Körper und schlief ein.

Allein und noch immer mit meinen Sachen bekleidet, erwachte ich. Die Erinnerung an gestern traf mich wie ein Schlag. Ich sprang hoch und riss die Schranktüren auf. Seenas Sachen fehlten. Ich lief in den Flur. Auch die Koffer neben der Tür waren verschwunden. Hitze stieg mir ins Gesicht.

„Seena!“ brüllte ich, stieß einen Stuhl um, griff nach einer Schale und schmetterte sie an die Wand. Die Schale zerbrach in winzige Stücke. Ich stürzte zu Boden und weinte.

Gegen Nachmittag verließ ich das Haus und ging ohne Ziel die Straßen entlang. Der kühler werdende Oktoberwind blies mich vor sich her, peitschte die Pfützen in den Schlaglöchern, mein Mantel umflatterte die Füße. Die Gegend war wie ausgestorben. Regenwolken zogen über mich hinweg, vereinzelt fielen Tropfen. Die hin und wieder hervorscheinende Sonne besaß kaum noch Wärme.

Irgendwann kam ich an Herberts Wohnung vorbei. Leigh, seine blasse, fast zerbrechlich wirkende Frau, stand vor der Tür und nahm die Zeitung vom Boden auf. Ich mochte Leigh und wunderte mich, dass sie an einen Mann wie Herbert geraten war, der sie in fast jeder Beziehung benutzte. Als Leigh mich bemerkte, lächelte sie mir zu und winkte. Ich ging durch den gepflegten Vorgarten mit den verblühenden Rosenstauden auf sie zu. Es roch nach frisch gemähtem Gras und feuchter Erde.

„Hallo“, sagte sie und gab mir einen Kuss. „Du siehst nachdenklich aus. Komm rein, Herbert ist auch da.“

Ich folgte ihr zum Wohnzimmer. Herbert saß mit einem dicken Buch in den Händen in seinem Lieblingssessel und blickte auf. Er strahlte eine ungewohnte Ruhe und Nachdenklichkeit aus.

„Schön, dass du hier bist“, sagte er überraschend freundlich. „Setz dich doch.“

„Wolltest du nicht die Stadt verlassen, um in die Wildnis zu gehen?“ fragte ich etwas schärfer als gewollt. „Was hat dich umgestimmt?“

Herbert legte das Buch auf den Tisch und blickte mir in die Augen. Leigh stellte sich neben ihn.

„In letzter Zeit hat sich hier vieles verändert“, begann er. „Du weißt, wie ich über die Fremden dachte. Wir haben so wenig über sie gewusst. Keiner von uns hatte eine Ahnung, was in ihnen vorgeht, warum sie sich so verhalten. An dem Tag, als ich von dir wegging mit dem festen Wunsch, die Stadt zu verlassen, standen sie abends vor der Tür. Ich wollte mein Gewehr holen, um sie davonzujagen, und hätte ohne Gewissensbisse auf sie geschossen. Am allerwenigsten wollte ich mit ihnen reden. Leigh war stark genug, mich davon abzuhalten. Ich weiß nicht, was ohne sie passiert wäre. Sie brachte mich sogar so weit, diese Leute ins Wohnzimmer zu führen und ihnen zuzuhören.

Sie begannen mit uns zu reden, als wären wir seit Jahren vertraute Freunde, und schilderten die Ereignisse der letzten Zeit aus ihrer Sicht. Nach ihrer Meinung traten vor gut vier Monaten die ersten Fälle in den Großstädten auf. Sie wurden neugierig und sensationslüstern bestaunt. Die Medien stürzten sich auf sie und präsentierten ihre Fähigkeit in Talk- und Game-Shows als originelle Abartigkeit. Als man merkte, dass sich die Sache ausweitete, begann sich bei einigen Menschen die Angst zu regen, es folgten ernsthafte Auseinandersetzungen. Die Berichterstattung wurde eingeschränkt. In einigen Städten kam es zu regelrechten Jagden, deren Opfer anschließend gelyncht wurden. Kirche und Parteien riefen zum Widerstand, die Leute gingen auf offener Straße aufeinander los. Der Prozess war nicht aufzuhalten. Immer schneller wurden immer mehr Personen von der Umwandlung erfasst und flohen aus der Enge und der zunehmenden Gewalttätigkeit in den Großstädten. Sie hatten sich zu einer neuen Art von Menschen gewandelt und brauchten eine neue, unbelastete Umgebung. Es traten Wissenschaftler vor die Presse, die von einem evolutionären Sprung sprachen, auf den sie lange gewartet hatten, andere wiederum sahen eine Deformierung des menschlichen Geistes darin. Eine beweisbare Ursache für diese plötzliche Veränderung war jedoch nicht feststellbar.

Die Auswirkungen auf Gesellschaft und Wirtschaft sind umfassender und tiefgehender als bei jedem vorhergehendem Ereignis der Geschichte."

Herbert machte ein Pause, als müsse er sich neue Worte bereitlegen.

Ich stand auf, meine Gedanken überschlugen sich.

„Ich gehe ..." sagte ich heiser.

Herbert stellte sich vor mich und umfasste mein Handgelenk. „Du brauchst dich ihnen nur zu öffnen", flüsterte er. „Es ist anders als alles, was du bisher kennen gelernt hast. Etwas Wundervolles! Sie haben es mit uns getan, und wir werden es weitergeben. Es wird dich verändern, und du wirst begreifen, dass es wichtig für dich ist."

„Nein!" rief ich. „Lasst mich in Ruhe!"

Herbert blickte Leigh an, ich merkte, dass sie Gedanken tauschten. Ich riss mich von ihm los und lief aus dem Haus. Draußen fiel Regen in dichten Tropfen. Ich begann zu rennen und bemerkte kaum noch den Boden unter den Füßen, als ich wie von Sinnen die Straßen entlanghastete. Ein Mann mit schwarzem Regenschirm zeigte mir einen Vogel, rief mir etwas Unverständliches nach.

Erschöpft und außer Atem setzte ich mich unter die Glasüberdachung einer Haltestelle. Ich hockte mich nieder und versuchte Klarheit in meine Gedanken zu bekommen. Ich wusste nicht, wem ich mich jetzt noch anvertrauen konnte. Kälte drang durch die durchnässte Jacke, von meinem feuchten Haar tropfte Wasser. Ein Zittern durchlief meinen Körper.

Ohne dass ich es bemerkt hatte, war es dunkel geworden. Ich stand auf und trat unter der Überdachung hervor. Der Regen hatte, von vereinzelten Tropfen abgesehen, aufgehört. Ich ging die Straße, die zu meinem Haus führte, entlang und versuchte das Zittern und Aufeinanderschlagen der Zähne zu unterdrücken. Ein Fahrzeug fuhr langsam an mir vorbei, ein kleines Mädchen auf dem Rücksitz streckte mir die Zunge heraus.

Das Bedürfnis, etwas Warmes zu mir zu nehmen, ließ meine Schritte schneller werden. Ich raffte den Kragen der Jacke zusammen und eilte von einer Laterne zur anderen. Die ovalen Lichtflecke wurden für mich zu dunstigen Zielmarkierungen.

Ein dumpfer Druck auf den Augen ließ mich langsamer werden. Ich fühlte ein kaltes Ziehen in meinem Hinterkopf, das bis in die Wirbelsäule sickerte, und blieb stehen. Der Schmerz wurde unerträglich. Ich sackte auf die Knie, die Hände auf den Hinterkopf gepresst. Ich schrie und stürzte auf den schlammigen Boden. So schnell, wie der Schmerz gekommen war, verblasste er und fiel von mir ab. Als ich wieder aufblickte, um mein Gesicht vom Schmutz zu befreien, sah ich mich von dunklen Schatten umringt. Zuckende, konturlose Gebilde, die Kälte ausstrahlten. Sie glitten langsam auf mich zu, rutschten hinter meine Augäpfel und füllten meinen Schädel. Ein Teil von ihnen zerfloss zu winzigen schwarzen, spiegellosen Seen, die vom Boden aufgesogen wurden.

Ich lief weiter. Immer mehr Schatten traten aus der Nacht hervor – auf mich zu. Ich rannte, so schnell ich konnte, endlich erreichte ich das Haus. Im Wohnzimmer brannte Licht ...

Seena war zurückgekehrt. Ich spürte ihre Ausstrahlung, als ich das Haus betrat, konnte sie riechen und fühlen und hatte plötzlich die schwache Hoffnung, doch noch mit den Veränderungen zurechtzukommen. Ich ging ins Wohnzimmer, ins Schlafzimmer, doch Seena war nicht zu finden. Ich öffnete den Schrank. Die sorgsam über Bügel gehängten Kleider wogten sanft hin und her. Ein grauer Schleier lag über ihnen. Ich drückte sie ans Gesicht und ließ ihren Duft in mich strömen. Ich konnte mein Glück nicht begreifen, ließ mich von ihm treiben.

Seena stand unvermittelt neben der Tür. Ihre Gestalt erschien mir unscharf, das Gesicht als blasser Fleck. Es war dunkel im Zimmer, ich rieb mir die Augen, um die Dunkelheit herauszuwischen. Zögernd ging ich auf sie zu, schaute ihr ins Gesicht, fasste nach ihrer Hand und zog sie zu mir. Ihre Lippen berührten warm die meinen, ihr Körper schmiegte sich an mich. Da regten sich die Schatten in meinem Kopf und ich spürte, wie ich Seenas Wärme verlor. Ihr Gesicht wurde transparent. Ich begann zu fallen, die Schatten krochen hinter meinen Augäpfeln hervor, schmiegten sich an die Wände und füllten den Raum mit Finsternis. Ich tastete mit der Hand und rief nach Seena. Ein papiernes Rascheln schwoll in der Lautlosigkeit auf, ich glaubte zuckende Bewegungen auf dem Boden wahrzunehmen. Seena war verschwunden.

Herbert hatte mir eine Einladung an die Tür geheftet. Er wollte unbedingt mit mir reden, ich sollte zum Abendessen kommen. Ich zerriss den Zettel, ließ die Schnipsel fallen, ging ins Haus zurück und betrachtete mich im Spiegel. Mein Gesicht wirkte grau und eingefallen, das Haar hing wirr und fettig in die Stirn. Ich schlug mit der Faust gegen das Glas, der Spiegel zerbrach in Stücke, fiel zu Boden und zersplitterte. Ich setzte mich auf den Stuhl vorm Fenster und schaute auf die Straße. Kinder spielten mit einem Ball, und der Herbstwind trieb welke Blätter vor sich her.

Ich bemerkte plötzlich, dass meine Hand blutete. Aus einem zentimetergroßen Einschnitt auf dem Handrücken tropfte es und hinterließ einen dunkelroten Fleck am Boden. Schattengestalten saßen in düsteren Ecken des Zimmers, breiteten sich langsam über den Boden aus. Eine dunkle, tintige Substanz, die das Parkett entlangkroch und sich meinen Füßen näherte. Ein Stoff gewordener Albtraum, unter dem Kinderbett der Erinnerung hervorgekrochen. Ein dünnes schwarzes Rinnsal bildete sich und tastete vorsichtig nach dem frischen Blut auf dem Boden. Ich sprang auf den Stuhl, die Substanz zuckte die Stuhlbeine herauf. Ich hatte nur eine Erklärung dafür. Nur *sie* konnten diese Schreckensvision in meine Gedanken senden. Ich stützte mich an der Lehne ab, sprang in Richtung Tür und landete mit den Füßen in der weichen, nachgiebigen Masse, die den Boden bedeckte. Warm und geschmeidig krochen sie an meinen Füßen hoch. Ich schloss die Augen und schrie. Im selben Augenblick war alles vorüber. Ich öffnete die Augen wieder, die Strahlen der untergehenden Sonne fielen ins Zimmer. Vom Horizont nahten Regenwolken heran.

Ich lief zur Abstellkammer, um das Gewehr zu holen.

//... Ich nehme das Gewehr über die Schulter, öffne die Tür und gehe nach draußen. Morgensonne blendet meine Augen. Ich sehe nur Schattenrisse von den Menschen, die auf der Straße stehen. Sie scheinen auf mich zu warten. Langsam gehe ich auf sie zu und fühle ihre Blicke und das Fremde in ihren Gedanken. Es ist still.

Ich hebe das Gewehr und halte es einer Frau an die Stirn. Meine Hände zittern.

„Peng!" rufe ich laut. Das Gewehr fällt mit einem dumpfen Geräusch zu Boden. Ein Lachen löst sich hart aus meiner Kehle.

Phantastische Geschichten

Der Tag vor der Einschulung

Ein Schulaufsatz

So hektisch hatte ich Vater lange nicht gesehen. Er lief hin und her, trug dieses und jenes zusammen, telefonierte, stritt mit Mutter und scheuchte uns, die ihm ständig im Weg stehenden Kinder, beiseite.

Auf der Garderobe lagen die Eintrittskarten zum WUNDERLAND FREIZEITPARK: Erbaut zweitausendundzwanzig, genau vor zwölf Jahren. Meine Einschulung lag vier Jahre zurück, ich konnte mich noch an jede Einzelheit erinnern. Die gewaltige, silbern strahlende Kuppel, die rasenden Fahrten der SKY-Kabinen, lebende Tiere und natürlich *den Wald.* Wir schwärmten noch tagelang in der Schule davon. Einer der Mitschüler war sogar an ein besonderes Souvenir gelangt: Ein winziges Blatt von einem der Bäume. Er hatte es während der Führung unbemerkt von den Ästen gepflückt. Ehrfurchtsvoll bewahrte er es zwischen zwei Kunststoffplättchen auf.

Ich ging ins Wohnzimmer und erblickte meine Schwester Loreana, in ein spitzenbesetztes Röckchen und Jäckchen gekleidet, die kunstvoll geschwungenen schwarzen Haare mit Silberstaub besprüht, mit geradem Rücken auf einem Stuhl sitzend. Wie in Trance lächelte sie mir zu.

„Sucht Vater noch immer die Kreditkarten?“ fragte sie fast flüsternd.

„Nein!“ sagte ich laut, um zu zeigen, dass mich die Sache unbeeindruckt ließ. „Er sucht jetzt den 3-D-Aufzeichner.“

Loreana blickte zu Boden. Ihr blasses Gesicht glänzte schwach von CORDO’S Sonnenschutz-Creme. Vater arbeitete in der Abteilung Kundenberatung von CORDO. Sechs Stunden jeden Tag bis

Donnerstag. Fast alles, was wir besaßen, stammte von CORDO. Sämtliche elektronischen Geräte, ein Teil der Möbel und natürlich das Auto. Auch ich wünschte mir, wenn ich groß war, einen Wagen von CORDO, dem größten Autohersteller der Welt. Alle bisher gebauten Modelle standen im Kleinformat bei mir auf dem Regal. Natürlich ferngesteuert. Dennoch hatte ich nie mit einem von ihnen gespielt. Ich wollte nicht, dass sie Kratzer bekamen.

Vater war stolz auf seine Arbeit und erzählte uns oft stundenlang davon. Ich zog mich dann immer in mein Zimmer zurück und beschäftigte mich mit anderen Dingen. Zur Zeit dachte ich mir an meinem Rechner eigene Video-Filme aus. Für die Darsteller konnte ich zwischen mehreren Schauspielern wählen, die ihre digitalisierte Körperschablone zur Benutzung freigegeben hatten. Sogar hier hatte CORDO die Copyrights.

Endlich war es soweit. Vater fuhr das Auto vor den Eingang. Am Himmel, durch den glitzernde Passagierraketen ihre Bahn zogen, stand als rot leuchtender Ball die Sonne. Wir schlenderten den Gartenweg entlang. Die Kunst-Bäume, die den Weg säumten, bliesen Sauerstoff in die warme rauchige Luft. Loreana, die als erste auf den Wagen zulief, bekam von Vater einen Kuss auf die Stirn.

Als alle im Wagen saßen – Mutter hatte vor Aufregung vergessen, die positronische Küchenhilfe zu programmieren –, sausten wir los. Wir fuhren an den die Straße begrenzenden Flächen mit Werbe- und Wald-Plakaten vorbei, jagten unterirdische Tunnel entlang und aßen zwischendurch an einer Tankstelle. Vaters Lieblingsmusik *Die vier Jahreszeiten* begleitete uns.

Nach dreistündiger Fahrt erreichten wir unser Ziel. Die von innen heraus strahlende Kuppel lag vor uns. Loreana war ganz aufgeregt. Sie rannte an Vater und Mutter vorbei auf das leuchtende Eingangstor zu.

„Welche Farben!“ rief sie. „Und wie groß alles ist.“

Eine riesige Rolltreppe trug uns viele hundert Meter empor. Kühler Wind brachte die Gerüche von Meereswasser, frisch gemähtem Gras und Schnee. Das schwache Summen der unterirdischen Maschinen wurde lauter, das leise Rascheln und Klicken von Zahnrädern, das zaghafte Gurgeln der Pumpen. Vater gab die Eintrittskarten dem elektronischen Einlasser, der Loreana freundlich zulächelte.

„Zuerst zu den SKY-Kabinen. Papa. Papa. Lasst uns sofort hingehen!" Loreana hüpfte von einem Bein aufs andere und umarmte mich überschwänglich. „Es ist wunderbar. Ich möchte ganz lange hier bleiben."

„Beruhige dich, Loreana", sagte er. „Wir schauen uns alles in Ruhe an. Zuerst gehen wir zum Unterwasserlabyrinth."

Auch mein Herz begann schneller zu schlagen, als ich an die Wunder dachte, die uns erwarteten. Ich fasste Loreanas Hand und ging mit ihr voraus. Vater und Mutter lachten.

Der Etagengleiter brachte uns mit vielen anderen tief in die Erde hinab. Die ovale Tür glitt zur Seite und entließ uns ins Adergeflecht eines unterirdischen Bassins. Durchsichtige Kunststoffröhren durchzogen die blau-weiß flimmernde endlose Wasserfläche. Fischschwärme umströmten uns, teilten sich, um sich an anderer Stelle wieder zu vereinen. Golden gleißte der künstliche Sonnenfleck über unseren Köpfen.

„Schaut, ein Hai!" flüsterte Vater. „Da hinten kommt noch einer."

Wonnige Angstschauer liefen mir über den Rücken, während wir den Röhrengang entlangliefen, um der scheinbaren Gefahr zu entgehen. Wie uns Vater verriet, waren zumindest die Haie nur Attrappe. Dennoch sahen sie so echt, so gewaltig aus, dass einem angst und bange werden konnte.

Loreana begann zu weinen, als der Raubfisch über uns hinwegschwamm. Mutter gelang es nicht, sie wieder zu beruhigen.

„Gehen wir weiter“, bestimmte Vater nach einer Weile.

Unsere nächste Station waren die SKY-Kabinen. Wir bekamen eine ganz für uns allein. Ein kurzer, sanfter Ruck, und wir stießen ins flimmernde, wogende Sternenmeer. Kometen mit loderndem Schweif überholten uns. Riesige Asteroidenbrocken zogen, träge rotierend, ihre Bahn. Hin und wieder stießen zwei kleinere von ihnen zusammen, um mit feurigem Sprühen in tausend Teile zertrümmert zu werden.

Ich umfasste Loreanas feuchte Hand, die die ganze Zeit den Mund vor Staunen offen hielt.

Dann näherten wir uns dem gewaltigen Strudel eines dunklen Sterns und wurden mit unwiderstehlicher Kraft, samt dem kosmischen Staub, in seine schwarze, tintige Mitte gezogen.

Später flogen wir mit einer Passagierrakete durch wattige Schönwetter-Wolken, jagten mit einer Wasserbahn unterirdische Höhlen entlang, fuhren mit dem Mondauto durch das Mare Vaporum und machten einen Sprung in die Vergangenheit, zur düsteren Welt der Saurier, in der sich Echsen blutige Kämpfe lieferten.

Die eigentliche Attraktion hatte sich Vater für den Schluss aufgehoben: Der letzte Fleck erhalten gebliebenen Waldes. Bevor wir diese Sektion betreten durften, wurde uns ein bis auf die Filter luftdicht schließender Schutzanzug übergezogen. Danach mussten wir durch eine Schleuse, in der jeder bestrahlt wurde, um Keime abzutöten.

Uns wurde ein Führer zugeteilt, der darum bat, nur leise miteinander zu sprechen. Wir stellten uns in die Reihe der Wartenden.

Endlich war es soweit. Mit vorsichtigen Schritten betraten wir den grauen Kiesweg. Rechts und links erhoben sich dunkelbraune Stämme mit tiefgefurchter Rinde unter dichtem, kühlem Blattwerk, majestätische Baumriesen, von kunstblauem Himmel überdacht. Langsam gingen wir weiter. Der Führer erklärte die einzelnen Baumarten, während Loreana mit großen braunen Augen alles in sich aufnahm. Der intensive Geruch nach feuchter Erde, Blüten und Sauerstoff kitzelte in meiner Nase. Ich atmete kräftig durch, meine Augen begannen zu tränen. Der anti-biologische Schutzfilter machte das Luftholen schwerer.

Dunkle Wolken zogen auf, ein simulierter Regenschauer ergoss sein Wasser über uns. Als die Sonne wieder hervorkroch, glitzerten Tausende von Wasserkügelchen auf den Blättern der mächtigen Bäume und unseren Anzügen. Dünne Nebelschleier erhoben sich aus Baumkronen und Büschen. Sogar Vater und Mutter schauten sich staunend um.

Viel zu schnell war der Spaziergang zu Ende. Wir passierten die Schleuse und zogen die Anzüge aus. Loreana hatte Tränen in den Augen und auch mir ging es nicht anders.

Zum Abschluss aßen wir im automatischen Restaurant ein Eis mit echten Erdbeeren. Vater und Mutter tranken eine Flasche dunkelroten Wein. Dann ließen wir uns zum Parkhaus bringen. Aus den Tiefen der Maschine wurde unser Wagen heraufgetragen. Mit glücklichen Gesichtern stiegen wir ein, und Vater fuhr die Abfahrt hinunter. Ich drehte mich um und erblickte durch die Wagenscheibe und den aufgewirbelten Staub das golden glänzende Schriftband:

Gute Fahrt wünscht Ihnen Cordo's Wunderland Freizeitpark

Im Rückspiegel sah ich Vater lächeln, als wir in die Nacht fuhren.

Wenn Träume Substanz verlieren

Die Frau saß unbeweglich. Ihre Augen waren geschlossen. Die durchs Fenster scheinende Sonne hob mit zarten Schattenspielen die Formen ihres unbedeckten Körpers hervor. Sie schien in Träume versunken. In Wirklichkeit hatten sie lange gebraucht, diese Stellung zu finden, die zwar erotisch wirkte, aber auch zurückhaltend und scheu. Syd trat an den Fotoapparat und drückte mehrmals den Auslöser. Dann setzte er sich wieder vor die frisch gespannte Leinwand und begann die Konturen zu skizzieren.

Immer wieder blickte er auf das dunkle Dreieck ihrer Scham. Obwohl es nicht das erste Mal war, dass er einen Akt malte, konnte er die Frau nicht ohne Verlangen betrachten. Bei einigen Modellen hatte er Angst gehabt, das Bild zu verderben. Er hatte befürchtet, den Eindruck hervorzurufen, er wolle nur seine Schaulust befriedigen. Dieses Mal war das Modell seine Partnerin, die erste ernsthafte Beziehung, die er hatte. Mit neunundzwanzig war sie fünf Jahre älter, aber auch fünf Jahre erfahrener als er.

Syd versuchte, die Umrisse ihres Körpers zu zeichnen. Doch seine Hand zitterte vor Verlangen. Entsetzt beobachtete er, wie die frische Farbe zu zerlaufen begann.

Katrin öffnete die Augen. Ihre Lippen formten lautlose Worte. Sie erhob sich und kam zu ihm, um das Bild zu betrachten.

Syd stöhnte auf, als er wieder auf die Leinwand schaute.

Die zerfließenden Farben hatten ein neues, erschreckend realistisches Bild geschaffen. Das Bild war mit Blut gezeichnet, und er sah sich selbst, mit klaffenden Wunden bedeckt.

Er stieß mit dem Pinsel zu. Ohne Widerstand drang er durch die Leinwand. Die Umwelt stürzte mit einem flappenden Geräusch auf ihn zu und tauchte ihn in Dunkelheit ...

Kinderweinen. Erinnerungen unsäglichen Entsetzens. Weggewischte Bilder. Leere im Kopf.

Die kleinen Finger umkrampften das Spielzeug.

Das Kind stand vor ihm und wischte sich mit den Handrücken die Augen aus. Welches Kind?

Syd hob das Kind auf seinen Arm und stubste ihm die Nase.

„Na, was haben wir denn?"

„Sven hat das Rad abgebrochen", schluchzte der Kleine.

„Zeig doch mal her", sagte Syd leise. „Das ist bestimmt wieder zu reparieren."

Sanft bog er die kleinen Finger auseinander, das Auto fiel nach unten. Von der Handfläche starrte ihm ein lidloses Auge entgegen.

„Was ist das?" schrie er entsetzt.

Der Junge begann wieder zu weinen, Syd stierte auf das furchtbare Auge.

„Hat sich René verletzt?" hörte er Katrins Stimme hinter sich.

„Das Auge ...", stammelte er. „Was ist das für ein Auge?"

Er drehte sich um, als Katrin nicht antwortete. Ihm war, als würde sich der Raum nach hinten ausdehnen. Karin hockte kopulierend auf einem Mann mit blassem, ausdruckslosem Gesicht. Ihre Brüste wippten im Rhythmus der Bewegungen.

Syd schlug die Hände vors Gesicht.

Nein. Nein. Nein. Was war hier los? War er völlig durchgedreht?

Vergessen. Er mußte vergessen.

Wärme floß ihm durch den Kopf, er begann wieder frei zu atmen.

Als er die Augen öffnete, befand er sich in seiner Wohnung. Es war Nacht und das Zimmer vom Schein einer Stehlampe erhellt. René saß am Boden in seiner Spielecke und ließ Holzautos über den Teppich rollen.

„Katrin", rief Syd. „Wo bist du?"

„Hier", hörte er ihre Stimme aus dem Bad. Er vernahm Schritte, sie öffnete die Tür. Feuchtigkeit perlte von ihrem bloßen Körper. „Ist was?"

„Was soll sein?" erwiderte er schnell. „Ich wollte nur ..." Ein Lächeln huschte über seine Lippen. „Weißt du ..., du wirst dick!"

„Affe!" schimpfte sie in gespielter Entrüstung. „Bring lieber René ins Bett. Es ist schon nach acht."

„Mach ich alles", sagte er und küßte sie auf die Stirn. „Nachher gönnen wir uns eine Flasche Wein."

Er gab ihr einen Klaps und lief ins Wohnzimmer.

Das Kind war verschwunden. Syds Blick wanderte zum Fenster, in die Dunkelheit der Nacht hinaus. Mit zögernden Schritten näherte er sich der Öffnung voller Schwärze. Zwei undeutliche Schatten waren auf dem Fensterbrett zu erkennen. Er trat näher. Erst als er kurz davor stand, begriff er, dass es zwei sich festkrallende Hände waren. Kälte durchflutete ihn.

„René", rief er mit stockender Stimme. „Bist du da draußen?"

Stille.

Als er noch einen Schritt näher trat, packte eine Hand zu. Er wurde nach vorn gerissen und blickte in die schwarzen Augenhöhlen des blassgesichtigen Mannes. Eine verknorpelte Zunge schob sich zwischen den bleichen Lippen hindurch und legte sich ihm um den Hals.

Syd schien es, als müsse er ersticken. Er röchelte und versuchte mit aller Kraft, die Finger des Mannes vom Fensterrahmen zu lösen. Die Zunge um seinen Hals zog sich immer enger. Erst als mit einem hässlichen Geräusch Knochen brachen, verlor der andere den Halt. Die Zunge löste die Umklammerung, der Mann stürzte in die Tiefe. Syd lehnte sich erleichtert zurück. Sein Kopf stieß gegen einen menschlichen Körper.

Im selben Augenblick nahm er die Welt wieder deutlich wahr. Gebäude und Häuser traten plastisch hervor.

Hände legten sich ihm auf die Schultern. Er wußte, dass es die Hände von Katrin waren.

„Ich habe René ins Bett gebracht“, flüsterte sie. „Er mag dich mehr als seinen richtigen Vater. Bis auf die Pflichtbesuche zum Geburtstag und zu Weihnachten hat sich Bernd nicht mehr um ihn gekümmert.“

„Ich habe nicht das Geringste dagegen“, entgegnete Syd. „René ist liebebedürftig.“

Er drehte sich um und streifte ihr den Bademantel vom Körper. Ihre frischen, duftenden Formen trieben ihn fast in den Wahnsinn. Seine Lippen wanderten zwischen die schattigen Tiefen ihrer Brüste. In ihrer Schambehaarung glänzte noch die Feuchtigkeit des Bades. Er hob sie hoch und trug sie zum Bett.

Seine Hände wanderten über ihren Körper und suchten die Stellen der Lust. Als die Erwartung groß genug war, drang er in sie ein.

Erschöpft, und einander spürend, schliefen sie ein.

Die beiden Männer betrachteten den auf einem Podest stehenden grauen Metallkasten. Der Kasten war würfelförmig und hatte eine Kantenlänge von einem Meter. Unzählige Kabel und Schläuche führten von ihm zu einer mit Anzeigen bestückten Wand. Der Behälter war nur einer von vielen, die in endlosen Reihen aufgestellt waren. Ein stetiges Brummen lag in der Luft.

„Ich glaube, wir haben die Sache wieder im Griff“, sagte der Ältere der beiden und wischte sich über die faltige Stirn. „Es sind einfach zu viele Erinnerungen durchgedrungen.“

„Trotzdem, ich bin dafür, die Erlebnisse mit seiner verunglückten Freundin und ihrem Kind zu löschen. Sie belasten ihn zu sehr. Dieses Unglück war schließlich der Auslöser für seinen Entschluss, seinen Körper für die Organspende freizugeben. Er hat dann jedenfalls Ruhe.“

„Es war aber sein ausdrücklicher Wunsch, die Erinnerungen zu behalten“, protestierte der Ältere. „Ich bin gegen eine Manipulation.“

„Ach was“, entgegnete der andere. „Wir konzentrieren seine starken Empfindungen einfach auf andere Dinge. Ich habe jedenfalls keine Lust, ständig zu kontrollieren, ob er den Simulator schon wieder in Widersprüche oder Angstvorstellungen verstrickt hat. Der Typ, der seinen Körper bekommen hat, hätte ruhig ein besseres Gerät finanzieren können – gerade bei solch einem Problemfall.“

Syd erwachte mit leichten Kopfschmerzen. Er schlurfte ins Bad und erfrischte sich. Eine Ahnung von einem unbestimmbaren Verlust erfüllte ihn. Nach dem Frühstück übermannte ihn plötzlich Müdigkeit.

Er legte sich wieder hin und sank in Halbschlaf.

Syd überlegte. Was gab es zu tun?

Leere!

Es war doch nichts schöner als schlafen ...

Sternentraum

In Erinnerung an all die wunderbaren,
liebenswerten Geschichten von
Clifford D. Simak

Derek Pedersen saß zurückgelehnt in seinem Schaukelstuhl auf der Veranda. Die Sonne war untergegangen und Wolkenstreifen zerfurchten den tiefrot gefärbten Himmel. Ein lauer Wind trug die erdigen Gerüche der verwilderten Farm herüber. Er atmete tief ein. Derek liebte diese Stunde. Oft saß er so lange, bis das schwarze Gewölbe von Sternen übersät war. Manchmal fielen ihm die Augen zu, und er versank in Träumen, bis ihn die aufgehende Sonne und Morgenkühle weckten.

Derek Pedersen hob den Kopf. Die schmale Silberspur eines Meteors zog ihre Bahn bis zum Boden und erlosch mit einem winzigen Blitz. Seltsam, die Stille blieb ungebrochen. nur der Wind, der durch die trockenen Felder strich, war zu vernehmen.

Er erhob sich. Die Stelle, an der der Meteor eingeschlagen hatte mochte fünfhundert Meter entfernt sein. War da nicht ein schwaches Leuchten? Er überlegte einen Augenblick, ob er den Wagen nehmen oder seine altersschwachen Füße in Bewegung setzen sollte. Er ging ins Haus, holte eine Taschenlampe und machte sich auf den Weg.

Der Lichtkegel wanderte über Maisfelder, in denen die Kolben fast zu voller Größe herangewachsen waren. Rechts hörte er das Rascheln von Kleintieren, die sich gestört fühlend, zwischen den dicht stehenden Maispflanzen davon huschten. Es war sein Land und er hatte es, solange ihm sein Körper die Kraft dazu gab, bewirtschaftet. Seine beiden Kinder wollten nichts vom Landleben wissen und kamen allenfalls am Wochenende, um sich und ihren Familien Erholung vom Stress der Großstadt zu gönnen. Nachdem seine Frau verstorben war, ließen sie sich noch seltener sehen. Ihn störte das nicht. Er mochte die Ruhe. Nur seine Frau, die seine Träume geteilt hatte, fehlte ihm.

Je näher er der Einschlagstelle kam, desto mehr geriet ihm der Geruch nach Verbranntem in die Nase. Kurz danach stand er am Rand einer kreisrunden, verbrannten Fläche von vielleicht fünfzig Meter. Die Hitze des Bodens drang durch sein Schuhwerk. Er ließ den Lichtkegel seiner Lampe über den geschwärzten, an einigen Stellen noch schwelenden Boden schweifen. An einem dunklen, unförmigen Klumpen verharrte er. Da sich der Klumpen im Mittelpunkt des ausgebrannten Feldes befand, musste es sich um den Meteor handeln. Merkwürdig nur, dass er keinen Einschlagkrater erkennen konnte. Es sah aus, als hätte ein Riese mit den Fingerspitzen den Brocken an dieser Stelle abgelegt.

Derek wartete einige Minuten, bevor er sich näher heranwagte. Das erste, was er bemerkte, war ein Geräusch, als tickten im Innern des Meteors unzählige Uhren. Lag hier etwa eine neuartige Waffe vor ihm, die jeden Augenblick in die Luft gehen konnte? Das Militär hatte vor einigen Wochen in dieser Gegend eine größere Übung gestartet und für einigen Ärger gesorgt. Derek verabscheute die Dummheit von Menschen, die jegliche Kommunikation auf Befehlsketten reduzierten.

Jetzt stand er unmittelbar neben dem Meteor. Der schwarze Stein reichte ihm bis zur Schulter und jagte ihm eisiges Prickeln über den Rücken. Einen Augenblick hatte er die Vorstellung, als müssten gleich Tausende von Insekten aus dem Klumpen hervorbrechen. Er schritt um den Meteor herum, konnte aber keine Besonderheiten ausmachen. Da sich nichts weiter tat, setzte er sich an den Rand des ausgebrannten Feldes und wartete. Ausdauer entwickelte man in dieser Abgeschiedenheit zur Genüge.

Als sich im Osten die erste Helligkeit bemerkbar machte, erstarb das Ticken. Es war, als hätte die Stille etwas Neues in Gang gesetzt. Tatsächlich begann sich an dem schwarzen Klumpen etwas zu verändern. Ein Feld in der Form eines Quadrates von einem halben Meter Kantenlänge färbte sich rot, wechselte ins Blau und ließ mit einem Mal den Blick ins Innere zu. Etwas Dunkles fiel aus der Öffnung, bewegte sich schwach und blieb still liegen.

Derek, eben noch kurz vor dem Einschlafen, war hellwach. Er stand auf und näherte sich langsam der Stelle, an dem das Ding zu Boden gefallen war. Er glaubte mehre Gliedmaßen zu erkennen, die aus einem zitternden, weißlich-grauen Körper von einem Meter Länge herausragten. An einer Stelle war die Haut aufgerissen und von milchigem Ausfluss verklebt. An dem Wesen öffnete sich etwas, und Derek wusste, dass er in dessen Augen blickte. Es war ein warmer und zugleich ängstlicher Blick und plötzlich begriff er, dass das Wesen im Begriff war zu sterben.

Er trug das Geschöpf in sein Haus, breitete eine Decke auf dem Tisch aus und legte es darauf. Die ganze Zeit über musterten ihn die fremden Augen, und er glaubte etwas vom Schmerz dieses Wesens zu spüren. Er schaute sich die vermeintliche Wunde genauer an, besaß aber keinerlei Vorstellung, wie er helfen konnte. Das Wesen zitterte. Derek nahm ein Handtuch und deckte es zu. Danach schaltete er das Radio ein und hörte die Nachrichten nach Meldungen über besondere Vorkommnisse ab.

Im Regal neben der Tür hatte er einige Objekte abgestellt, die er aus dem Wrack geborgen hatte. Er war sich jetzt sicher, dass es sich um ein Raumschiff handelte. Nach und nach untersuchte er die einzelnen Gegenstände. In einem ungewöhnlich bunt gehaltenen Kasten entdeckte er eine Hand voll grauer, poröser Stifte, die süßlich rochen. Er nahm einen Stift, ging zum Tisch zurück und hielt diesen dem Wesen vor die Augen. Ein schwaches Beben durchlief den kleinen Körper. Eine der dünnen Gliedmaßen streckte sich dem Stift entgegen, ein Bündel fast durchsichtiger Tentakelfinger ergriff ihn und führte ihn an eine hellere Stelle im Zentrum des Körpers. Ein winziger Spalt öffnete sich, und das Wesen schob den Stift in die Öffnung. Schnell holte Derek die Kiste an den Tisch und fütterte seinen Besucher mit den grauen Stiften. Er konnte sehen, wie sich das Wesen vor ihm veränderte, wie etwas in ihm zu neuem Leben erwachte. Eine ungewohnte Wärme ergriff Besitz von Derek und er hielt inne. Die Augen des Wesens fixierten ihn, ein fremdes Gefühl drängte zu ihm durch. Eine Empfindung, die er vielleicht mit Dankbarkeit gleichsetzen konnte, doch das war nur eine ungefähre Auslegung. Das Wesen stieß zirpende Laute aus, da vernahm er das Geräusch eines Wagenmotors.

In diesem Augenblick klopfte es an der Tür. Er verschloss schnell die Kammer, in der das Wesen lag, wartete einen Augenblick, bevor er die Tür öffnete. Zwei Männer in Uniform standen vor ihm.

„Guten Tag“, sagte einer von ihnen. „Luftraumüberwachung Wisconsin, wir haben Fragen an Sie.“

„Ich habe im Augenblick wenig Zeit“, antwortete Derek. „Vielleicht können Sie später wiederkommen?“

„Es tut uns leid, aber wir müssen Sie *jetzt* befragen. Lassen Sie uns bitte eintreten.“

„Was fällt Ihnen ein! Dies ist Privatbesitz ...“ Derek versuchte die Tür zuzudrücken, doch einer der Männer steckte den Fuß dazwischen.

„Wir müssen Sie festnehmen, sollten Sie sich widersetzen.“

Derek trat zurück und ließ beide Männer herein.

„Was wollen Sie wissen?“

„Unseren Beobachtungen zufolge ist in unmittelbarer Nähe Ihrer Farm ein unbekanntes Objekt nieder gegangen. Können Sie uns zu diesem Vorfall Informationen geben und haben wir die Möglichkeit, die nähere Umgebung abzusuchen?“

Das Raumschiff, die ausgebrannte Fläche!

„Tut mir leid“, sagte er. „Ich bin gestern zeitig zu Bett gegangen. Mir ist nichts aufgefallen. Meine Erlaubnis, das Grundstück zu durchsuchen, haben Sie nicht.“

Der größere der beiden Männer blickte ihn finster an. „Ich verstehe Sie nicht. Wir werden morgen wiederkommen, und nicht allein! Ich möchte noch Ihre Wohnung sehen!“

„Sie werden unverschämt. Ich werde mich beschweren.“

„Was ist hinter der Tür?“ Der kleine Mann trat vor die Tür zur Kammer. „Öffnen Sie bitte!“

„Sie müssen schon mit Gewalt eindringen“, sagte Derek. „Von mir bekommen Sie den Schlüssel nicht.“

Der Mann zuckte mit den Schultern und versuchte die Tür einzudrücken. Derek rannte nach draußen und holte das Gewehr aus dem Schuppen. Als er wieder zurück war, hatten sie die Tür aufgedrückt. Dort, wo vorher das Fenster war, befand sich eine Holzwand. Derek starrte sie wie gebannt an. Von dem Wesen fehlte jede Spur. Die Männer suchten noch eine Weile und verließen dann das Haus. Derek lief zur Kammer zurück und konnte sehen, wie sich die Wand verfärbte, blass wurde und schließlich verschwand. Dahinter erschien wieder der Tisch und auf ihm das Wesen. Ihm wurde bewusst, dass er schnell handeln musste, um die Entdeckung seines Besuchers zu verhindern. Er ging zum Geräteschuppen und setzte den Traktor in Bewegung. Der Motor hustete entwöhnt. Mitten durch die Felder fuhr er zur Absturzstelle des Raumschiffs. Er brauchte eine Weile, die mitgebrachten Seile so um das Wrack zu wickeln, dass er es abschleppen konnte.

Er brachte das Wrack in den Schuppen und deckte es mit einer Plane zu. Einige Schwierigkeiten bereitete das Verwischen der Spuren, den sein Transport hinterlassen hatte. Erschöpft ging er zu seinem Haus zurück. Das Wesen schien auf ihn gewartet zu haben. Sein Zustand hatte sich deutlich gebessert. Es erschien Derek lebendiger und wesentlich kräftiger als noch wenige Stunden zuvor.

„Glaubst du, dass wir aus dieser Sache gut rauskommen?" sagte er mehr zu sich selbst und schaute zu dem sich in der dunstigen Hitze abzeichnenden Horizont.

Derek Pedersen erwachte aus einem wirren Traum, bei dem er von einer Felsspitze in das kristallklare Wasser eines Bergsees sprang, etliche Meter in die Tiefe tauchte und beim hochkommen die Wasseroberfläche nicht mehr finden konnte. Er hatte diesen Traum öfter in seiner Kindheit geträumt. Er rollte sich zur Seite, als er auf leises Kratzen und Schaben aufmerksam wurde. Als das Geräusch nach einigen Sekunden nicht aufhörte, schlich er zur Tür, öffnete sie und spähte hinaus. Die Geräusche kamen aus seinem Schuppen, von dem ein schwacher Schimmer auf den umliegenden Boden fiel. Derek ging um das Haus herum, um unbemerkt einen Blick in die Baracke zu werfen. Die Schuppentür war weit geöffnet. Hunderte silbern blitzender Geschöpfe krochen mit winzigen Metallfüßen über die Holzdielen. Ein Teil von ihnen transportierte ihm unbekannte Gegenstände, während sich andere an dem Raumschiffwrack zu schaffen machten. Das Wrack war zur Hälfte abgetragen und zerlegt. Derek konnte nicht erkennen, was sie mit den abgebauten Teilen anfingen, da sich die meisten Aktivitäten im hinteren Bereich des Schuppens abspielten.

Er trat zurück und stieß gegen seinen fremdartigen Besucher. Dunkel stand die kleine Gestalt vor ihm, während ihn die fremden

Augen musterten. Er begriff, dass sich sein Leben in den nächsten Tagen verändern würde.

Derek zog sich den Morgenmantel über und schenkte sich Kaffee ein. Seine Gedanken drehten sich um die Vorgänge im Schuppen, und er nahm sich vor, gleich nach dem Frühstück aus dem Haus zu gehen und sich die Angelegenheit bei Licht anzusehen.

Er schrak zusammen, als zweimal kräftig gegen die Tür geschlagen wurde.

„Im Auftrag des Staates Wisconsin führen wir eine Hausdurchsuchung durch“, dröhnte eine über Megaphon verstärkte Stimme. Er schaute aus dem Fenster und erblickte eine Reihe uniformierter Männer, darunter auch jene, die er vom Vortage kannte. Ein Teil der Männer stand mit gezogenen Waffen.

Derek begann am ganzen Körper zu zittern und bemerkte erst nach einer Weile, dass der Außerirdische neben ihm stand. Auch der blickte nach draußen und strahlte trotz der drohenden Ereignisse solch eine Ruhe aus, dass Derek der Verdacht kam, sein Besucher begriff gar nicht, was hier vor sich ging. Erst nach einer Weile stellte er fest, dass sich die Szene vor seinem Haus nicht veränderte. Die Männer standen starr im Licht der Morgensonne und bewegten sich schon seit einer Minute nicht mehr.

Plötzlich erinnerte er sich an Gefühle aus seiner Kindheit. Er hätte jetzt nach draußen gehen mögen um herumzutollen. Derek sah, wie sich das Wesen zur Haustür bewegte und sie öffnete. Einer Ahnung folgend, ergriff er den kleinen Standrahmen mit dem Bild seiner Frau, bevor er das Haus verließ.

Derek ging an den unbeweglichen Männern vorbei; ihre Waffen glänzten in der Sonne. Die Landschaft wirkte wie erstarrt, nicht das geringste Geräusch war zu vernehmen.

Hinter seinem Besucher betrat er den Schuppen und erblickte ein zwei Meter hohes bläulich schimmerndes Tor, das von einer in Wellen pulsierenden Energiewand verschlossen wurde. Schwache Wärme ging von dieser Maschinerie aus, die wohl die winzigen Metallgeschöpfe in der Nacht erschaffen hatten. Das Wesen zögerte einen Moment, bevor es an die zitternde Membrane trat. Es blickte ihn an, und er glaubte in seinen Gedanken so etwas wie die Aufforderung *Folge mir* ... zu erahnen. Purpurne Lichter liefen durch das Energiefeld des Tores. Da wusste er, dass er sich beeilen musste.

Noch einmal schaute er das Bild seiner Frau an. Die linke obere Ecke war eingerissen. Es zeigte sie an ihrem zwanzigsten Hochzeitstag; sie lächelte. Derek strich zart mit dem Finger über das Glas. Lange betrachtete er das Bild und stellte es dann so auf den alten Holztisch, auf dem er sonst seine Bastelarbeiten anfertigte, dass es auf das Tor zeigte.

Voll unbändiger Neugier, wie er sie schon seit Jahren nicht mehr gespürt hatte, näherte er sich dem Tor. Ein Kribbeln bemächtigte sich seiner, das durch den ganzen Körper ging. Dann war es soweit! Mit einer fließenden Bewegung durchschritt das Wesen die Membrane, und er folgte ihm ohne Angst wie ein Kind seiner Mutter. Es war, als wehte ein warmer Luftstrom durch seinen Körper, und von einem Augenblick zum anderen stand er in einer weiten samtenen Ebene, die ein feuerroter Himmel beherrschte, in dem lange dünne Wolkenstreifen schwebten. An einigen Stellen der Landschaft ragten spitz nach oben zulaufende, in Goldtönen blitzende Nadeln zehn oder fünfzehn Meter in den Himmel, in der Luft lag ein Duft nach Nelken.

Hinter sich vernahm er ein trockenes Flappen. Er drehte sich um. Das Tor veränderte seine Farbe, wurde immer blasser und verschwand schließlich ganz. Das Wispern Hunderter von Stimmen klang in seinen Ohren. Weit im Hintergrund erkannte er einen schwarzen Berg, der sich in den Himmel wölbte und über dessen höchster Erhebung ein milchiger weißer Ball schwebte. Von dort aus flogen Wolken von gleißenden Lichtern auf ihn zu, während das Flüstern immer lauter wurde.

Das Labyrinth

15. September 2350

Vier Wochen war es her, dass ich die Kältekammer verlassen hatte, ohne deren Schutz man keinen Überraumsprung überlebt. Ich schaute in den Spiegel. Mein Körper hatte seine gesunde Farbe wiedergewonnen und nur um die Augen bemerkte ich noch einen schwarzen Schimmer.

Ich stand vorm Zentralmonitor und holte mir über die Außensensoren das Abbild des vor mir liegenden Planeten. Eine große rote Kugel mit zarten Nebelschleiern. Ich hatte ihn in den letzten Stunden größer werden sehen. Morgen schon würde ich in seine Umlaufbahn eintreten.

Ich aktivierte den Speisesynthetisator mit der vielsagenden Aufschrift **Delikatessen** und ließ mir von der Automatik das Morgenmenü zusammenstellen. Nach fünf Minuten fiel ein Tablett mit den farbigen Produkten der Nahrungsmittelindustrie in die Auffanggriffe.

Ich aß die Hälfte, dann hatte ich genug. Das Menüprogramm war mehr als dürftig. Danach ging ich noch einmal den Filmspeicher durch. Bilder flammten auf. Ich sah die außerirdische schwarze Kuppel, unter der sich das Labyrinth versteckte. Hörte Interviews mit Leuten, die gerade das Labyrinth betreten wollten, und sah kurz darauf die vom Irrsinn verzerrten Gesichter, nachdem sie es verlassen hatten. Der Datenfluss endete, während sich schwache Kopfschmerzen über meinen Hinterkopf ausbreiteten.

Ich war eines der wenigen existierenden Relikte mit Privatkapital und konnte mir diese Reise ohne Stützung leisten. Ich brauchte nicht auf Wirtschaftlichkeit zu achten, sondern hatte das Privileg, meine Reise zu genießen. Trotzdem fühlte ich mich schlecht.

Fosters Planet, so der Name des Himmelskörpers, lag außerhalb der von Menschen besiedelten Raumsektoren. Deshalb pendelten noch keine Fährschiffe in dieser Gegend. Ein deftiges Trinkgeld machte es mir möglich, einen Transporter zu mieten, mit dem sonst Gesteinsproben und Ähnliches verschifft wurden.

16. September 2350

Der Transporter bewegte sich auf einer enger werdenden Umlaufbahn. Langsam zog die Planetenoberfläche unter mir hinweg. Ich schaltete das Schwerkraftfeld ab, schwebte durch die Gänge zur Landefähre, hangelte mich von Griffmulde zu Griffmulde und zwängte mich durch den Einstieg. Dort nahm ich im Pilotensessel Platz und schnallte mich an. Die Bezeichnung Pilotensessel war irreführend. Von ihm aus bestimmte man allenfalls den Abwurfzeitpunkt, der Rest lief automatisch. Die Steueranlage auf Fosters Planet würde meine Landefähre hinunterleiten und sanft auf dem Landefeld absetzen.

Ich gab den Befehl in die Bordautomatik ein und spürte den kurzen Stoß der Abkopplung. Der Rücksichtschirm zeigte einen blitzenden Strom leuchtender Funken. Die Transporterfähre kippte seitlich weg, während sich die Fluggeschwindigkeit erhöhte und heftiger Andruck mich in die Rückenlehne presste. Das Gegenfeld schaltete sich ein. Mein Körper verlor sein überzähliges Gewicht, und das Gefühl völliger Leichtigkeit ließ mich tief durchatmen. Ich rief über mein Implantat die Uhrzeit ab. Noch zwei Stunden bis zur Landung.

Das Panorama war eindrucksvoll. Tausende Kilometer sich dahinziehender Bergketten, Flussläufe und sandiger Ebenen. Große Wassergebiete entdeckte ich aber nirgends. Zum Ende des Fluges, ich überquerte gerade einen Sandsturm, schwenkte die Landefähre nach rechts und steuerte auf die weißen Türme einer Station zu.

Die Station, nach meinen Informationen keine drei Jahre alt, wirkte gewaltig. Aber weit mächtiger war das riesige Gebilde dahinter. Eine strukturlose schwarze Kuppel, unter der sich das Labyrinth verbarg.

18. September 2350

Mein dritter Tag auf Fosters Planet. Der mir zugeteilte Betreuer hatte mich eingewiesen, sich danach aber nicht mehr sehen lassen. Es war offensichtlich; die Stationsmitglieder gingen mir aus dem Weg. Ich wurde gerade noch geduldet. Solches Verhalten war ich gewohnt, ich musste täglich damit umgehen. Doch hier steckte mehr dahinter. Sie hatten meine Ankunft erwartet, aber nicht um mich willkommen zu heißen.

Vor mir erstreckte sich die Landebahn. Mein Blick wanderte über die endlosen Sandfelder, die hier alles beherrschten. Neben mir stand eine jener schmalen, etwa dreißig Zentimeter großen stachelbewehrten Pflanzen, deren grüne Schale von roten Äderchen durchwirkt war. Außer kargen Buschgewächsen und einigen Insektenarten gab es kein Leben hier. Dennoch befand sich auf diesem Planeten eine der erstaunlichsten Merkwürdigkeiten des von Menschen besiedelten Universums. Ein nicht einsehbares Labyrinth unbekannter Herkunft. Ein unbemanntes Forschungsschiff war erst vor wenigen Jahren darauf gestoßen. Der Fund wurde noch vor der Öffentlichkeit geheim gehalten. Ich hatte nur durch einen guten Freund, der mit diesem Projekt zu tun hatte, davon erfahren.

Ich verließ die Landebahn, stieg in den bereitgestellten Geländewagen und fuhr in Richtung Labyrinth. Kurz danach stand ich mit dem Fahrzeug vor der tiefschwarzen Kuppel. Die Luft war hier besonders heiß und drückend. Diente das Schwarz der Kuppelhülle zur Energiegewinnung?

Neben dem Eingang des Labyrinths stieg ich aus. Vor dem Energiefeld, welches das TOR abschirmte, traf ich auf Janet. Sie war neben dem Betreuer das einzige Stationsmitglied, dass sich mit mir unterhalten hatte. Ich stellte mich neben sie und starrte gebannt auf das pulsierende Feld. Farbige Entladungen liefen darüber hinweg und verursachten leise knisternde Geräusche.

„Spüren Sie es?“ fragte sie fast flüsternd. „Bis jetzt ist es niemandem anders ergangen.“

„Sie meinen die Sache mit der Unsterblichkeit?“ Ich schaute in ihr filigranes, blasses Gesicht.

„Es ist ein seltsames Gefühl“, sagte sie. „Man braucht sich nur vor den Eingang zu stellen, dann ahnt ... Ich kann es nicht beschreiben. Es ist eigentlich nicht die Unsterblichkeit, obwohl alle darüber reden. Das Labyrinth ist nicht fair. Jeder, der mehr wissen will, muss selbst hinein, allein auf die Suche gehen. Etwa jeder Zehnte schafft es auch. Sein Alterungsprozess wird auf unerklärlichem Wege gestoppt. Aber diese Leute sind anders als vorher. Jedenfalls sind sie nicht glücklich. Ein großer Teil kehrt jedoch mit offenem Mund und Irrsinn in den Augen zurück. Wieder andere findet man tot vor den beiden einzigen Ausgängen. Hat das Labyrinth sie abgestoßen? Das weiß keiner. Es waren jedenfalls alles Leute wie Sie. Deshalb wird das Labyrinth geheimgehalten. Aber wie lange gelingt uns das noch? Sie sind das beste Beispiel. Die Versuchung ist einfach zu groß. Sogar von unseren Forschern sind ihr einige erlegen.“

Ich streckte meine Hand aus und hielt sie in das wogende farbige Feld. Ich spürte nur ein sehr schwaches Brennen.

„Kann man nicht durch die Außenhülle eindringen?“

Sie schüttelte den Kopf. „Bis jetzt ist es uns nicht gelungen, das Material nennenswert zu bearbeiten. Ich hatte deswegen mit allen möglichen Spezialisten Kontakt. Umsonst! Es gibt nur diesen einen Eingang und die beiden Ausgänge auf der anderen Seite, durch die man aber nicht eindringen kann."

Ich berührte sanft ihren Arm. Sie wich nicht zurück und ich begann wieder zu sprechen. „Es ist verrückt, dahinter die Ewigkeit zu wissen, zum Greifen nah."

Sie drehte sich ganz zu mir. „Sie sind nicht der erste, der nur angereist ist, um ins Labyrinth zu gehen. Fast alle, die vor Ihnen hier waren, sind irrsinnig oder tot. Kaum einem ist es gelungen, das Labyrinth unbeschadet zu durchqueren. Vielleicht steckt nicht einmal ein tieferer Sinn dahinter, und das Labyrinth ist nichts weiter als der bittere Scherz einer außerirdischen Rasse." Sie stockte. „Aber das glaube ich nicht. Wahrscheinlich sind wir noch nicht reif dafür."

Sie schaute mich an und schien auf eine Entgegnung zu warten. Da ich schwieg, sprach sie weiter. „Sie werden sterben. Davon bin ich überzeugt! Beinah glaube ich sogar, dass es Ihr eigentlicher Wunsch ist. Ich könnte es sonst nicht verstehen."

„Wenn andere vor mir ums Leben kamen, heißt das doch längst nicht, dass auch ich es nicht schaffe", erwiderte ich. „Ich glaube, hier ist jeder Einsatz gerechtfertigt."

„Der Einsatz ist Ihr Leben", sagte sie. „Für Sie muss der Tod ähnlich erstrebenswert sein."

Ich richtete meine Aufmerksamkeit wieder auf den Eingang.

„Was ist mit den Unsterblichen?" fragte ich. „Sie haben gesagt, es gibt sie."

Keine Antwort. Sie war gegangen. Mein Blick fiel auf ihren sich entfernenden Schattenriss, die Sonne schien mir ins Gesicht. Nach einer Weile drehte ich mich wieder um. In meinem Kopf drehten sich die Gedanken wie ein immer schneller werdender Strudel. Alles lief auf ein und dieselbe Frage hinaus. Tief in meinem Innersten ahnte ich die Antwort. Ich konnte nicht anders. Allmählich vergaß ich alle Probleme, alle Bedrängnisse, die ich bis hierher getragen hatte, fühlte nur den Augenblick. Das TOR warf glitzernde und verheißende Lichtschauer über mich. Ich machte den ersten Schritt ...

Am 18. September 2350 betrat Michael Vian das Labyrinth. Er blieb als erster Mensch in seinen Gängen verschollen.

Grenzgänger

Der Wind fuhr mit eisigen Fingern über das Land, während sich die karg bekleideten Menschen an den Sammelplätzen trafen. Aus grobem, schwarzem Stein gehauene Götterbilder ragten hoch über die Ebene. Kaum eine der durch sie verkörperten Religionen hatte noch Bedeutung, sie waren nichts weiter als Sinnbilder längst verworfener Ideale und bildeten nur die Kulisse für das erwartete *Ereignis.*

Woud näherte sich einer der Steinfiguren. Sie wuchs in den Himmel hinauf und berührte fast die nach innen gewölbte Befestigung. Das ganze Land war von dieser undurchdringlichen Grenze umgeben. Sie sollte sogar übers Meer reichen. Woud war noch nie so weit gekommen, hatte es aber von Reisenden gehört.

Die Grenze war genauso bedrückend wie die ewig graue Wolkendecke. Nur während des *großen Ereignisses* öffnete sie sich für Augenblicke. Dann schwappte die dahinter liegende Finsternis in diese Welt, und nicht selten folgten ihr Tod und Verderben. Doch das hielt die Ausgestoßenen nicht davon ab, sich in der Ebene zu versammeln. Jeder von ihnen hatte ein Verbrechen begangen. Man hatte ihnen alles weggenommen, den meisten sogar ihre Bekleidung. Sollte das *Ereignis* nicht bis zur nächsten Dämmerung stattgefunden haben, so würde die Kälte sie umbringen.

Woud leckte die rissigen Lippen, ging bis auf wenige Schritte an die Stelle der Grenze heran, wo verschwommene Lichtflecken vorbeihuschten.

Winzige eiskalte Nadeln schienen in seinem Schädel am Werk zu sein. Hätte er sich noch weiter vorgewagt, wäre der Schmerz unerträglich geworden. Die Grenze duldete keine Annäherung. Nur das *große Ereignis* ermöglichte es, sie zu passieren.

Keiner war jemals von der anderen Seite zurückgekehrt, man wusste nicht einmal, ob es eine andere Seite überhaupt gab. Aber woher sollten dann die seltsamen Gebilde stammen, die ab und an durch den Nebel kamen ...

Woud hatte als Kind solch einen Vorgang beobachtet. Zuerst hatte ein ohrenbetäubendes Dröhnen die Ebene erschüttert, die verschwommenen Lichtflecken der Grenze waren erstarrt. Ihre Farbe war verblasst, und plötzlich hatte ein schwarzes unförmiges Ding die Wand durchbrochen. Es hatte einen lauten Knall gegeben, etwas Fackelgleiches war aus der Fläche gefallen und war in einer grellen, in den Augen schmerzenden Flamme verbrannt. Woud hatte es als einen Menschen erkannt.

Er und die anderen Kinder hatten sich damals vorsichtig dem schwarzen unförmigen Ding genähert. Ein furchtbarer Gestank hatte in der Luft gelegen, und bald hatten sie das Interesse an jenem rätselhaften Ding verloren.

Tage später waren die ersten mit schrecklichen Geschwüren bedeckt gewesen und hatten sich erbrochen.

Gestorben war damals zum Glück niemand. Die Erwachsenen pflegten solche Sendboten der Finsternis mit brennbaren Flüssigkeiten zu übergießen und anzuzünden. Meist waren die schwarzen unförmigen Dinger danach ungefährlich, trotzdem machte man besser einen Bogen um sie.

Nun stand Woud hier und wartete. Die Nacht war heraufgezogen, Männer und Frauen hatten sich enger zusammengestellt. Feuer zu machen war ihnen verboten, es fehlte auch das Werkzeug.

Als Woud auf einem Grasfleck im Halbschlaf lag, passierte es. Der Himmel riss auf, an einigen Stellen der Grenze bildeten sich leuchtende Öffnungen, die die Ebene in ein unwirkliches Licht tauchten.

Woud sprang auf und lief wie von Sinnen auf eines der zuckenden Lichter zu. Wärme strömte ihm entgegen, ein betäubendes Glücksgefühl erfüllte ihn.

Er hatte die Öffnung fast erreicht, als sein Nebenmann stolperte und ihm vor die Beine geriet. Der Boden stürzte auf ihn zu, und heftiger Schmerz in der Schulter ließ ihn aufbrüllen.

Als er wieder auf die Füße kam, hatten sich die Öffnungen geschlossen. Verzweifelt blickte er sich um. Nur wenige Menschen waren noch auf dem Platz: Der größte Teil von ihnen würde hierbleiben, um zu sterben. Nur wenige würden zu ihrer Siedlung gehen und um Vergebung bitten.

Woud setzte sich hin und ruhte aus. Die Grenze stand unverändert vor ihm. Noch immer spürte er die Wärme auf seinem Gesicht und sah die seltsam flackernden Lichter. Bevor das erste Sonnenlicht über den Horizont leckte, stand er auf und ging ...

Satirische Geschichten

Liebe, Sex und ?

Ich hockte vor der Fernsehwand, während der Programmpulsator alle paar Minuten den Sender wechselte. Ein Programm länger als zehn Minuten zu ertragen, war mir nicht mehr möglich. Gegen zwanzig Uhr fielen mir die Augen zu. Ich nahm die Fernbedienung zur Hand und bewegte den Daumen zum Ausschalter.

„Was ist los?“ fragte mich der Apparat. „Bist du dir wirklich sicher? Auf Kanal 34 läuft ein Science Fiction-Film, das wäre doch was für dich. Oder ruf die Programmübersicht auf. Du findest bestimmt etwas Ansehenswertes.“

„Nicht schon wieder!“ stöhnte ich auf. Es war das dritte Mal in dieser Woche, dass sich das Gerät weigerte, abgeschaltet zu werden. Zwei Monate ging das schon so. Genaugenommen seit jener Zeit, als ich mir den neuen Holographierecorder zugelegt hatte. Die ersten Tage hatten sich beide Geräte ausgezeichnet verstanden. Doch als ich eines Tages vom Einkaufen zurückkam, herrschte Zwietracht. Seitdem buhlten beide Geräte um meine Aufmerksamkeit. Wer weiß, was in sie gefahren war.

„Ich will keine Filme mehr sehen“, beteuerte ich, „nur ein wenig entspannen, vielleicht Musik hören.“

Ich erkannte meinen Fehler in dem Augenblick, als ich das Wort „Musik“ aussprach.

„Kanal drei, sieben und achtzehn bringen täglich vierundzwanzig Stunden Musik“, erwiderte die Fernsehwand. „Es ist für jeden etwas dabei. Wie wäre es mit Klassik? Schubert, Tschaikowski oder Beethoven?“ Der Sender wechselte. Das Violinkonzert von Beethoven donnerte in unangemessener Lautstärke durchs Zimmer.

„Ich kann Klassik nicht ausstehen“, brüllte ich gegen die Musik an. „Ich will nur meine Ruhe haben. Halt einfach die Klappe!“ Sofort herrschte Stille. Dafür leuchteten die Anzeigen des Holographierecorders auf.

„Wenn dir Argumente fehlen“, konstatierte das Fernsehgerät, „weichst du aus und wirst beleidigend.“

„Beleidigend!“ Mein Lachen klang laut und künstlich. „Zu einem Fernsehapparat beleidigend? Zu einem Häufchen Elektronik!“

„Fernsehgeräte unserer Generation wurden mit einem eingebautes Gefühlsempfinden ausgestattet“, erklärte er pikiert. „Es gab schon Fälle von Schizophrenie unter uns, weil die Besitzer nur Casting-Shows oder Quizsendungen sahen. Zuschauer mit gestörter Kommunikationsfähigkeit sollen Fernsehgeräte sogar in die Depression getrieben haben. Außerdem ... das Argument, dass wir nur aus einem Haufen Elektronik ...“

„Ist ja gut“, rief ich. „So war's nicht gemeint. Im Moment brauch ich nur etwas Ruhe. Ich erwarte Besuch und muss noch ein wenig für Ordnung sorgen.“

„Dabei kann ich doch weiterlaufen“, argumentierte er verständnislos.

Ich verstummte, da es zwecklos war, die Sache weiterzuführen. Im Gegenteil: Je länger man mit ihm stritt, um so verbohrter wurde er. Einmal war er sogar eine Woche ununterbrochen gelaufen, und das auf dem Sex-Kanal. Er behauptete zwar, es handle sich nur um eine technische Störung, doch ich hatte arge Zweifel am Wahrheitsgehalt dieser Behauptung. Das wollte ich mir nicht noch ein zweites mal antun. Vielleicht war es das Beste, ihn zum Händler zurückzubringen.

Ich räumte das Geschirr beiseite und begann den Teppich zu saugen. Auf einen intelligenten Staubsauger hatte ich vorausschauenderweise verzichtet. Ich hatte da schon Geschichten bis hin zur sexuellen Belästigung gehört.

Die Frau, auf die ich wartete, hatte ich vor drei Wochen mit Hilfe meines neu erworbenen BES (Beziehung-Eignungs-Sensors) kennengelernt. Eigentlich eine längst überfällige Weiterentwicklung der virtuellen Partnertauschbörsen. Man befestigte dabei an seiner Bekleidung einen unauffälligen Sensor. Dieser Sensor war mit einem winzigen und hochentwickelten Microcomputer verbunden, der seinen Daten in ein, in einer Sonnenbrille integriertes, Display übertrug. Hatte hatte man das Gerät eingerichtet, konnte man Restaurants, Theater oder andere öffentliche Einrichtungen besuchen, die man für geeignet hielt, einen interessanten Menschen kennenzulernen. Traf man nun auf Jemanden, der das gleiche Gerät benutzte, wurde eine Partnerschaftseignung errechnet. 80 bis 100% Übereinstimmung wurden für längerfristig geplante Beziehungen empfohlen. Das Gerät prüfte die Verträglichkeit beider Partner und gab die prozentuale Übereinstimmung an. Vor drei Wochen hatte es nun bei mir ›gefunkt‹, und wir hatten uns für heute, einundzwanzig Uhr verabredet.

Nachdem ich die Wohnung in einen halbwegs besichtigungsfähigen Zustand gebracht hatte, legte ich mich auf die dickflauschige Meditationsdecke am Boden, drückte mir zwei Übertragungsstecker in die Ohren und schob den Speicherstick mit Audiodaten aus der Kollektion Für den Erektionsfixierten Mann (inzwischen von einigen Medien auch als Schlappschwanz-Kollektion verunglimpft) in den Recorder.

„Sie sind nur ein Betroffener unter Vielen“, begann die Sprecherin mit warmer und wohlklingender Stimme ihren Text aufzusagen. „Ihr Problem macht Sie nicht zwangsläufig zu einem Versager bei Frauen. Es gibt andere, wichtigere Dinge, die einen Mann ausmachen. Versuchen Sie, Ihren Intellekt und Ihre Fähigkeit als

Gesellschafter in den Vordergrund zu stellen ... und lassen Sie es nie bis zum Äußersten kommen ...“

Ich litt zwar nicht unter Potenzproblemen (ehrlicherweise bot sich mir auch nicht allzuoft die Möglichkeit, dies auszuprobieren), wollte aber einem möglichen Versagen zuvorkommen. Der Erfolgsdruck war nicht zu unterschätzen.

Zehn nach neun klingelte es an der Tür. Sofort fuhr der Fernsehapparat seine Lautstärke hoch.

„Lass das!“ fauchte ich ihn an.

Ich öffnete die Tür. Vor mir stand eine fremde wunderschöne Frau. Ich war mir unsicher.

„Einen Augenblick!“

Ich zog meinen BES aus der Tasche. Die Erkennungsanzeige leuchtete grün. Ja, sie war es!

„Kommen Sie doch herein! Es tut mir Leid. Unsere letzte und einzige Begegnung war ja sehr kurz. Ich war mir nicht ganz sicher, ob Sie es wirklich sind“, entschuldigte ich mich. „Wir hätten vielleicht Bilder austauschen sollen. Sie sehen zauberhaft aus.“ Als ich merkte, wie peinlich das alles klang, verstummte ich.

Sie betrat die Wohnung. Die Tür schloss sich lautlos hinter ihr. Mit tiefblauen Augen musterte sie mich prüfend.

„Ich habe ein paar Unterlagen bezüglich meiner Lebensniveau-Anforderungen vorbereitet“, sagte sie mit einer Stimme, die mich schwindeln ließ. Sie griff in ihre Tasche und reichte mir eine altmodische Mappe mit Computerausdrucken. Ich fächerte die Ausdrucke auf und überflog die sündhaft teuren Papier-Ausdrucke. Eine Unzahl Tabellen fiel mir ins Auge. Eine kostspielige Bewerbungsmappe. Damit hatte ich nicht gerechnet.

„Sie verstehen das sicher. Eine Beziehung sollte man wohlüberlegt eingehen. Nicht umsonst gehen so viele Paare nach kurzer Zeit wieder eigene Wege. Ich weiß, wovon ich rede.“

Ihr blutrotes Lächeln gab mir einen Stich in der Brust.

„Ja, schon, natürlich ..." Ich lächelte (sicher etwas blödsinnig) zurück und legte die Ausdrucke vorerst zur Seite. „Setzen Sie sich doch."

Sie nahm auf der Liege Platz und konzentrierte sich sogleich auf den unerträglich laut tönenden Fernsehapparat. Währenddessen durchblätterte ich ihre Ausarbeitung. Einige Minuten später atmete ich erleichtert aus. Ich entsprach ungefähr ihren Vorstellungen. Einkommensniveau, Interessen und Speisenvorlieben. Alles im grünen Bereich. Dennoch ...

„Und auf sexuellem Gebiet?" Ich ließ die Mappe sinken. „Darüber fehlen die Angaben?"

„Diesbezügliche Fragen wollte ich im persönlichen Gespräch und praktisch klären", sie blickte mich mit ihren großen Augen geradezu hypnotisch an. „Ich bin eine moderne Frau. Eher der dominante Typ."

Ich fühlte mich so vor den Kopf geschlagen, dass keine Ton über meine Lippen kam. Ich hatte für den Abend eine Art romantische Stimmung erwartet. Doch alles war plötzlich wie weggeblasen.

Nach sich lang hinziehenden und sehr unangenehmen Minuten des Schweigens legte ich ihre Mappe auf den Tisch. Da sich inzwischen ihre Aufmerksamkeit wieder aufs Fernsehprogramm gerichtet hatte, tat ich es ihr gleich. Gegen zweiundzwanzig Uhr begann sie sich mit dem Apparat über Freudsche Theorien zu unterhalten. Ich war erstaunt, dass sie dabei die Oberhand behielt. Ich zumindest war dem Gerät dabei hoffnungslos unterlegen. Als mir die Müdigkeit zu schaffen machte, zog ich mich ins Schlafzimmer zurück, legte ich mich hin und versuchte einzuschlafen.

Ich war gerade in die weiche, dunstige Welt der Träume gerutscht, als sie mich unsanft wachrüttelte. Meine Besucherin musterte mich mit gierigen Blicken.

„Was ist los?“ fragte ich schlaftrunken. „Ist der Fernseher kaputt?“

In ihren tiefblauen Augen loderte unbändiges Verlangen.

Sie öffnete den am Rücken befindlichen Verschluss ihres Kleides. Klack! Der dünne luftige Stoff glitt langsam zu Boden und entblößte die rosigen Spitzen frecher kleiner Brüste und einen schlanken wohlgeformten Leib. Wieviel davon echt oder chirurgisch aufbereitet war, vermochte ich nicht zu sagen.

„Es ist dreiundzwanzig Uhr!“

„Ja ...“ Ich blickte zu ihr hoch.

„Um diese Zeit, so schreibt mein Langzeitdiätplan vor, sollte ich mich den physischen Angelegenheiten einer Partnerschaft widmen“, erwiderte sie.

Ich setzte mich auf und schaute sie an. Nein, ich hatte wirklich keinen Grund, ihren Diätplan in Frage zu stellen. Ich entkleidete mich (ungeschickt) bis auf die Unterwäsche und hielt plötzlich inne. Irgendwie war mir das jetzt unangenehm. Alles kam mir falsch vor.

„Willst du das etwa anbehalten?“ fragte sie mit leichtem Drängen in der Stimme.

„Aber ... es ist das erste mal ...“, stotterte ich. Meine Stimme klang dabei so jämmerlich, dass ich vor Scham am liebsten im Boden versunken wäre. „Ich weiß nicht ...“

Sie erstarrte einen Augenblick. Man hätte in dieser kurzen Zeit ein Staubkorn zu Boden fallen hören können.

„Ich meine ... das erste mal zwischen uns“, erwiderte ich, als mir klar wurde, was sie gerade dachte.

„Trotzdem musst du dabei alle Sachen ausziehen.“

Ihr Lächeln erschien plötzlich noch fordernder.

„Ich bin dennoch gut vorbereitet“, versicherte ich schnell. „Ich habe mich technisch über alles informiert und die etwa zwanzig im Moment groß angesagten Liebesstellungen mit Yoga eingeübt.“

„Stimmt!“ meldete sich der Fernsehapparat. „Mir ist vom Zusehen übel geworden.“

Ich warf ihm einen bösen Blick zu.

„Nach dem erweiterten Stellungskatalog“, sagte sie, „möchte ich gerne die vierundzwanzig mit dir machen. Du weißt wie sie geht?“

Das einzige, an das ich mich beim Einüben dieser besonders kniffligen Liebesstellung erinnern konnte, war das stundenlange Bemühen, wieder einigermaßen in eine relativ normale Körperhaltung zurückzufinden. Von den Rückenschmerzen mal ganz abgesehen. Ich konnte mir natürlich denken, warum sie diese Stellung bevorzugte. Der Mann hatte sich in ihr recht hilflos zu verknoten und war völlig dem aktiven Bemühen der Partnerin unterworfen. Ein perfektes Unterwerfungsritual für die dominante Frau.

Sie kam langsam näher. Ihr Körper strahlte eine unglaubliche Wärme aus. Geschickt befreite sie mich von meinen letzten Kleidungsstücken, während der Holographierecorder fragte, ob er jetzt die Kamera einschalten sollte. Ich warf mit einem Kissen nach ihm und dann ...

Information des Autors:

Da sich der Protagonist dieser Geschichte nur noch Bruchstückhaft an die Einzelheiten des ablaufenden Liebesaktes erinnern kann, habe ich mich entschlossen, diese zusammenhanglosen und wirren, aber dennoch sehr detaillierten Textfragmente dem Leser nicht zuzumuten. Der stilistische Bruch innerhalb der Geschichte ist meines Erachtens nicht akzeptabel. Ich bitte den Leser daher, lieber seine Fantasie zu bemühen.

Vielen Dank!

Als ich am nächsten Tag erwachte, war sie verschwunden. Irritiert schaute ich mich um. Auf dem kleinen Wohnzimmertisch lag ein Zettel.

Guten Morgen!

Der gestrige Abend mit Dir war großartig, auch wenn Du dabei öfter vom Bett gefallen bist.

Leider kann ich heute früh nicht bei dir sein, da ich um acht Uhr im Büro sein muss.

Deine Silvia

P.S.: Bringe heute Abend einen Freund mit.

Bereite doch Essen für drei.

Ich stand auf und rieb mir die schmerzenden Glieder. Irgendwie gefiel mir die Sache nicht. Konnte ich mit dieser Frau wirklich zusammenleben? Aber der BES galt als nahezu unfehlbar.

In einer halben Stunde musste ich weg. Ich trottete ins Bad, ließ mir von der automatischen Zahnbürste die Zähne putzen, während sie mir nebenbei eine Plombe verpasste, ließ mich abduschen und mit Duftstoffen einsprühen und war schneller mit den morgendlichen Hygienebemühungen fertig, als erwartet. In der verbleibenden Viertelstunde stellte ich das Geschirr für den Abend auf den Tisch und verließ die Wohnung.

Als ich nach Hause kam, war sie mit ihrem Freund schon da. Ich erinnerte mich schmerzhaft den Punkt „offene Zweierbeziehung“ ihn ihren Unterlagen. Die beiden unterhielten sich, der Fernsehapparat unterhielt sich überraschenderweise mit dem Holographierecorder und der Toaster mit der Kaffeemaschine.

Ich wurde von niemandem beachtet. In der Küche unterbrach ich die Kaffeemaschine bei ihrer Konversation. Fast schon mürrisch brühte mir das Gerät einen Kaffee. Während ich die lauwarme und bittere Brühe zu mir nahm, kroch eine bleierne Müdigkeit in meinen Körper. Ich schleppte mich zur Liege – das Bett war heute sicherlich für anderes vorgesehen – und war innerhalb weniger Augenblicke eingeschlafen.

Mit Recht werden Sie jetzt sagen: Das ist doch kein richtiges Ende, geschweige denn ein Happy-End. Nun ja, dagegen kann man schlecht etwas einwenden.

Nach den ersten zwei Wochen mit Silvia und ihrer offenen Zweierbeziehung kehrte ich zu einer alten Gewohnheit zurück: Ich besuchte eines dieser Häuser mit den rosafarbenen Vorhängen.

Sie wissen schon. Der Ablauf ist immer gleich: Man steckt seine Geldkarte in den Schlitz der Türverriegelung, betritt einen kleinen, dunklen Raum und wartet, bis der Bildschirm erwacht.

Daraufhin erscheint eine kleine, sehr zarte Frau und sagt:

„Ich liebe dich. Ich liebe dich. Ich liebe dich ...“

Immer und immer wieder.

Irgendwann spült das Mantra alle negativen Empfindungen beiseite, nimmt selbst große Steine mit. Langsam und voll innerer Ruhe sinkt man schließlich in den Schlaf.

Nach dem Aufwachen ist man erfrischt.

Der Abfallverkäufer - Optimien

Im Laufe der letzten Jahre habe ich gelernt, den mir entgegengebrachten Vorurteilen mit Gelassenheit zu begegnen. Sie prallen inzwischen von mir ab. Um das richtige Verständnis für meine Person aufbringen zu können, sollte man schon mehr über mich erfahren. Ich bin, so meine aus Erfahrungen resultierende Einschätzung, der vielleicht durchschnittlichste aller im Universum lebenden Menschen - und das ist meine wohl bemerkenswerteste Eigenschaft. Darüber hinaus besitze ich eine so unauffällige Erscheinung, dass man schon, kurz nachdem man mich gesehen oder mit mir gesprochen hat, vergisst, wie ich aussah oder was ich sagte. Eine negative Folgeerscheinung dieser Veranlagung: Ich besitze keinen eigenen Freundeskreis, da sich niemand an mich erinnert. Glücklicherweise hat gerade bei meinem Beruf diese Veranlagung ihre Vorteile: Oder anders gesagt, ohne diese Fähigkeit könnte ich meinen derzeitigen Beruf nicht ausüben. Sie werden jetzt vielleicht ahnen, welche Arbeit mir anvertraut wurde. Es ist der undankbarste Job, den man sich denken kann. Der Verdienst lässt mich jedoch über so manches hinwegsehen.

Ich bin Abfallverkäufer.

Der Abfallverkauf hat sich in den letzten Jahrhunderten zur wichtigsten Entsorgungsmöglichkeit für die Menschheit entwickelt. Würden wir ihn nicht verkaufen, wären wir schon längst unter ihm begraben. Wir haben einfach zuviel davon: Tüten, Becher, Dosen, Abwässer, Brennstäbe, Wracks von Flugwagen und Überreste aller Art. Wir wissen nicht wohin damit, hören aber auch nicht auf, ihn in Unmengen zu produzieren. Da aber auf der Erde kein Mensch auf die hirnrissige Idee kommen wird, jeglichen Abfall auch nur umsonst zu nehmen (geschweige denn dafür zu bezahlen), bin ich gezwungen, unsere Handelspartner in den dicht besiedelten Gegenden der Milchstraße zu suchen.

Früher, so habe ich im Buch „PR-Strategien für den Händler möglicherweise recyclingfähiger Abfallprodukte“ gelesen, soll es auf der Erde Länder gegeben haben, die Geld dafür bezahlt haben, dass ihnen Abfall abgenommen wurde - und das bei solch werbewirksamen Reststoffen wie Giftmüll oder den seltsamerweise heißbegehrten Brennstäben aus den längst aus der Mode gekommenen Atomkraftwerken. Oft waren jedoch die Handelspartner für solch explosive Ware eher von der zwielichtigen Sorte. Diese Stoffe heute in meinen Händen würden absolute Verkaufsschlager darstellen.

Mein bisher erfolgreichstes Geschäft habe ich auf *Spika drei* abgeschlossen. Von einer in der ganzen Galaxis geschätzten Delikatessfirma kaufte ich eine Schiffsladung gefrorene Zerrschwänzler. Mein gelungener Transfer bestand darin, die aus porösem Kunststoff bestehenden Container, in denen der Fisch gelagert wurde, zum doppelten Preis als Kunstgegenstände (aldebaranische Sitzmöbel der Kaiserzeit) an einen Raritätenladen desselben Planeten zu verkaufen. Eine wochenlange Fahndung nach mir war die Folge. Aber wie immer konnte sich keiner an mich erinnern. Meine angeborene Unauffälligkeit bewahrte mich wieder einmal vor dem Schlimmsten.

○ ○ ○

Eines Tages, ich tuckerte durch den äußersten Spiralarm unseres galaktischen Systems und wollte einen Müllkongress besuchen, zu dem ich mich zwar eingetragen, aber keine Einladung erhalten hatte, bekam ich eine Expressmeldung in den Empfänger. Ein Planet, in einem so gottverlassenen Flecken des Universums, dass selbst ich noch nie etwas von ihm gehört hatte, machte ein verführerisches Angebot. Die kurze Meldung lautete:

KAUFEN ALLE ARTEN VON RECYCLING-MATERIAL.

PREISE AUF VERHANDLUNSBASIS!

Das war Musik in meinen Ohren. Ich begriff natürlich sofort, dass es wichtigere Dinge als Müllkongresse gab und fütterte die Navigationseinheit mit den neuen Zielkoordinaten. Mein Schiff wendete mit einem wütendem Fauchen der Triebwerke. Da ich nicht genug Geld auf der Kante hatte, kam ein zeitsparender Überraumsprung nicht in Frage. Das einfachste wäre (soweit ich den Berechnungen der Navigationseinheit vertrauen konnte), einen der unzähligen Transmitterplaneten anzusteuern.

○ ○ ○

Der Planet der mir entgegentrudelte, war eine so langweilige graue Kugel, dass ich bei seinem Anblick ein Gähnen nur mühsam unterdrücken konnte. Ich steuerte den Raumhafen an. Die zur Verfügung stehende Landefläche war so überfüllt, dass ich, eingeklemmt zwischen zwei Riesenfrachtern, fast eine Bruchlandung baute. Als meine Frühstücksmaschine wegen der etwas harten Landung die Kombüse mit Grießpudding flutete, verließ ich fluchtartig das Raumschiff. Ums Saubermachen würde ich mich später kümmern.

Ich kämpfte mich Schritt für Schritt durch den Staub und Dreck, der kräftig über die Landebahn geweht wurde. Automatische Putzrobbies krochen über angeschwärzte Landefelder und kratzten die Schlacke von Beton. Das Transmittergebäude erschien mir hunderte Stockwerke hoch und zerteilte wie eine silberne Nadel die vorbeiziehenden Smogwolken. Den Eingang konnte ich zuerst nicht ausmachen, da die Fassade von einer zentimeterdicken Staubschicht bedeckt war.

Drinnen sah es nicht viel besser aus: An der Rezeption warteten zudem zwei doppelzüngige Weganer. Um ihnen die vertrauten Lebensbedingungen zu gewährleisten, hatten die Betreiberfirma durchsichtige Riesenbottiche aufgestellt, in denen die im Wasser lebenden Außerirdischen träge hin und her schwammen.

Ich klopfte gegen das Glas, so dass einer von ihnen erwachte, mit seinen unzähligen Fangarmen wedelte und seinen schmalen weißlichen Kopf aus der Flüssigkeit schob.

„Sie wünschen?“ übersetzte mein Sprachmittler das unverständliche Gezische.

Ich erklärte, wo ich hinwollte und hoffte darauf, sogleich eine leere Transmitterkabine zugewiesen zu bekommen. Schnell wurde ich eines Besseren belehrt.

„Zur Zeit durchzieht das Gebiet, welches Sie bereisen wollen, eine interstellare Dunkelwolke“, erklärte der Weganer gelangweilt (zumindest interpretierte ich die monotone Übersetzerstimme als gelangweilt). „Für die nächsten zweihundertfünfzig Jahre sind alle Transmittersendungen in diese Gegend ausgesetzt.“

Einige Sekunden geschah nun überhaupt nichts. Der Weganer schaute mich unverändert an, gab aber keinen weiteren Ton von sich.

„Okay“, sagte ich, bemüht, meine mühsam aufrecht erhaltene Ruhe zu bewahren. „Als Steuerzahler muss ich Monat für Monat keinen unbeträchtlichen Teil von meinem Gehalt dafür abzwacken, dass Asteroiden, Trümmerfelder oder kosmische Nebel von den eingerichteten Fernverkehrsstrecken ferngehalten werden. Nun komme ich nur einmal in meinem Leben in die Verlegenheit, eine solche Strecke auch benutzen zu wollen, und dann erzählen Sie hier etwas von störenden Dunkelwolken und einer Sperrzeit, die ein Menschenleben weit übersteigt. Eine Alternative wird überhaupt nicht in Aussicht gestellt ...“

Eine Kleinigkeit veränderte sich im Mienenspiel des Weganers. Er schien sich tatsächlich über mich lustig zu machen. „Ihr Menschen scheint eine starrköpfige und uneinsichtige Rasse zu sein. Vor weniger als vier Marzus stand auf eben jener Stelle, auf der Sie gerade stehen, auch ein Mensch. Etwas jünger, aber mindestens genauso wütend und außer sich, wie sie. Ich habe ihn gewarnt, ja geradezu gedrängt, sein Vorhaben aufzugeben, sich durch einen frisch gebildeten Wasserstoffnebel im Sendegebiet NNR78 übertragen zu lassen. Er hörte mir überhaupt nicht zu. Er wiederholte nur immer wieder, er müsse seinen Heiratstermin einhalten und schlug alle wohlgemeinten Ratschläge in den Wind. Nur zwei Marzus später kam er unerwartet wieder zurück. Seine Transmatkarte zeigte an, dass er am Ankunftsort etwas mehr als hundert Gramm Körpergewicht verloren hatte. Äußerlich war ihm nichts anzusehen. Dennoch, so sagte er, seien es gerade diese paar Gramm gewesen, die seine Heirat verhindert hätten. Obwohl mir verborgen blieb, was ihm fehlte (hier ist es vielleicht wichtig zu erwähnen, dass die Weganer geschlechtslose Wesen sind), muss es etwas sehr Wichtiges gewesen sein. Hätte ihn sonst sein Weibchen abgewiesen?“

„Auch wenn es mich schmerzt, Sie enttäuschen zu müssen“, sagte ich so eindringlich es mir möglich war. „Aber ich möchte trotzdem dahin - auch wenn es mich den Kopf kosten sollte!“

Der Weganer beachtete mich nun nicht weiter, und ich stand da, wie ein alleingelassener Trottel. Die Weganer sind in ihrer Arroganz unübertroffen. Aber ich war zu allem entschlossen. Ich kratzte meine verbliebenen Reste Selbstbewusstsein zusammen, trat mit energischen Schritten vor die dicke Sichtscheibe, holte tief Luft und sagte leise, „... Bitte ...“

Dann ging alles sehr schnell.

Ich wurde untersucht, gemessen, gewogen und an allen möglichen Stellen begutachtet (alle Versicherungsagenturen legten größten Wert auf eine komplett ausgefüllte Transmatkarte). Danach erhielt ich meine Sendeerlaubnis und begab mich zur Kabine. Dort bezahlte ich die Beförderungskosten und wurde kurz darauf in den Raum geblasen.

○ ○ ○

Als ich dort, wo ich hinwollte, erstaunlicherweise auch ankam, lief ich sofort zur nächsten Erfrischungszelle und überprüfte, ob noch alles an mir dran war. Mit dem Heiraten hatte ich zwar noch nichts im Sinn, aber man weiß ja nie.

Im Handelszentrum des Planeten empfing man mich mit erdrückender Überschwänglichkeit. Meine Gastgeber lächelten mir entgegen, als stünden sie unter Drogen oder als hätten sie eine frische Gehirnwäsche hinter sich.

So viel Freundlichkeit dachte ich mir, da musste was faul sein!

„Tja... äh... mh...", entgegnete ich unsicher, als plötzlich Totenstille eingetreten war. „Ich möchte eigentlich nichts kaufen. Wirklich nicht! Im Gegenteil: Ich möchte sogar VERKAUFEN!"

Nun war es heraus und nichts änderte sich. Die Bewohner dieses Planeten gehörten zu einer sehr menschenähnlichen Spezies, und das machte mir ihr Verhalten noch verdächtiger.

„Natürlich!", hauchte mir mein Übersetzer entgegen. „Wir wollen kaufen - und zwar jede Art von recyclingfähigem Material, dass Sie auftreiben können. Ob flüssig, gasförmig oder fest. Je mehr, desto besser. Was haben sie im Angebot?"

„Da gibt es eine ganze Menge", entgegnete ich plump. Mein erster Satz war eine verhandlungstechnische Vollkatastrophe. „Ich vertrete die *Galaktische Müllhalde* und noch einige andere äußerst gut florierende Firmen. Alle auf dem Planeten ansässig, der sich früher für das Zentrum des Universums hielt."

„Ah, ja... die Erde“, stellte mein Gegenüber fest und nickte anerkennend. „Ich fühle mich geehrt, einen ihrer wichtigsten Vertreter hier Willkommen zu heißen.“

Das unerwartete Lob verstärkte mein Misstrauen. Derartiges hatte ich noch nie erlebt.

„Um so mehr freut es mich“, sprudelte es weiter aus ihm hervor, „Sie mit einem Berufskollegen ihres Planeten bekannt zu machen.“

Er zeigte nach hinten. In mir erstarrte alles, als ich das Gesicht erkannte. Es war William Potter, und es gab sicher nur einen Grund, weshalb er sich hier befand.

Potter grinste zu mir herüber und hob seine fette Hand: „Auch auf einem Urlaubstrip?“ rief er durch den Saal. Ich schluckte und entwischte ihm durch die dichter werdende Menge. Dieser Mann hatte mir gerade noch gefehlt. Eine Schande für die Zunft der Abfallverkäufer.

○ ○ ○

Die Verhandlungen wurden im Stil zuvorkommender Freundlichkeit geführt. Man lobte sich, machte sich Komplimente und schloss vielversprechende Geschäfte ab. Ich kam mir danach nicht mehr wie ein Recycling-Händler vor, sondern wie jemand, der mit wertvollen Artefakten verschwundener Superzivilisationen handelt. Doch möglicherweise war ich der Betrogene und merkte nichts davon. Es war mir einerlei. Ich fühlte mich so gut wie selten zuvor und lebte mein Hochgefühl bis zur Neige aus. Am Abend drehte sich die Welt um mich und ich war froh, schnell ein *Galactic-Hotel* zu finden, welches Übernachtungsmöglichkeiten für Menschen bot.

Völlig übermüdet fiel ich in ein viel zu großes Bett. Wenige Minuten später schlief ich tief und fest.

○ ○ ○

Am nächsten Morgen erwachte ich mit einem schweren Schädel und einem pelzigen Belag auf der Zunge. Sogleich griff ich, von einem unguten Gefühl begleitet, nach meinem Aktenkoffer, den ich direkt neben das Bett gestellt hatte und schaute hinein. Es überlief mich eiskalt. Wo waren die Verträge, die ich gestern abgeschlossen hatte? Waren sie ein Traum meiner überreizten Nerven? Da lief etwas schief. Das spürte ich deutlich.

Ich wusch mich mit kaltem Wasser, bis sich einen halbwegs klaren Kopf hatte und verließ das Hotelzimmer. Mich drängte es zum Handelszentrum des Planeten!

Auf meinem Weg dorthin kam ich aus dem Staunen nicht heraus. Die Straßen, über die tropfenförmige Grav-Wagen flitzten, waren weit und geräumig und von hellen, großzügig angelegten Wohnanlagen und Bürokomplexen gesäumt. Die Bekleidung, die die meisten Planetenbewohner trugen, schien überwiegend aus dem Elite-Modekatalog: MIT SOTTOS KLEIDUNG WERDEN SIE ZUM MITTELPUNKT zu stammen. Die Bevölkerung dieses Planeten lebte scheinbar im Luxus. Aber das auffälligste: Die meisten der mir entgegen strömenden Personen lächelte. Nicht einer der Passanten hatte größere Sorgen, als vielleicht ein bisschen Staub auf dem Anzugärmel. Ich begann immer ärgerlicher zu werden. Es musste doch dahinterzukommen sein, warum all die Leute so dämlich grinsend durch die Gegend rannten.

Ich machte ein Gesicht Marke „Unbekümmerter Tourist“ und fragte einen Vorübergehenden, was die Leute hier in solche Stimmung versetzte. Der drückte mir nur wortlos eine kleine Schachtel in die Hand, zog die Mundwinkel bis zu den Ohren und schlenderte davon.

Ich betrachtete verblüfft die Verpackung, auf die mit fröhlich glitzernden Buchstaben in galaktischer Universalsprache geschrieben stand: OPTIMIEN - das einzig wirksame Mittel für positives Denken. Überzeugen Sie sich selbst!

Ich öffnete die Schachtel und ließ mir eine der metallisch schimmernden Tabletten auf die Handfläche fallen. Mit einem flauen Gefühl im Bauch schluckte ich die Tablette. Es dauerte nur wenige Minuten und meine Stimmung besserte sich spürbar. Ich bekam unbändige Lust, den Menschen und Außerirdischen in meiner direkten Umgebung Gutes anzutun. Ich war mit mir und der Welt zufrieden. Was gab es schöneres, als auf der Straße spazieren zu gehen, vorbeieilende Leute anzulächeln und ihnen das Beste zu wünschen. Sogar als ich an die sich so wichtig nehmenden Weganer dachte, konnte ich den arroganten Außerirdischen nur freundliche Gedanken entgegenbringen. Ich war gefangen in einem Rausch der Liebe zu allen Kreaturen die in diesem Universum lebten.

Erst am Abend ließ die Wirkung nach. Was folgte, war eine Stunde äußerster Depression, während der ich zu einer weinerlichen Jammergestalt wurde, die zwar mit Rasierklingen an ihren Pulsadern herumkratze, sich aber trotzdem nicht traute. Begleitet wurde dieser Vorgang von dem kaum zu unterdrückenden Wunsch, noch eine Tablette zu nehmen.

Ich begann zu ahnen, woher der Wohlstand um mich herum stammte. Sollte OPTIMIEN keine weiteren Nebenwirkungen aufweisen, als diese Stunde der Depression, so konnte dieser Planet das Geschäft des Jahrtausends machen. Einfach unglaublich.

Nur, warum hatte ich noch nie von diesem Mittel gehört? Warum war es so völlig unbekannt? Ich war entschlossen, diese Fragen in aller Gründlichkeit zu klären.

Aber zuerst ging ich in einen Buchladen und kaufte mir die zweibändige Ausgabe von WIE STÄRKE ICH MEIN SELBST-

BEWUSSTSEIN, zu dessen zweiten Teil (auf Wunsch und nach der Vorlage einer Holografie) Miniaturausgaben des eigenen Vorgesetzten (als 10er Satz nachbestellbar) geliefert wurden. In dem Buch wurde dann beschrieben, wie man auf unglaublich vielfältige Arten diese Figuren zu Staub verwandelte. Wie Verhaltensforscher herausgefunden hatten, war die Methode mit dem Vorschlag-Hammer die am häufigsten benutzte. So gerüstet, glaubte ich genügend Schutz vor weiteren Depressionen zu haben. Als nächstes machte ich mich auf, um bei der OPTIMIEN-Handelsvertretung des Planeten vorzusprechen.

Den Einfall des Architekten, das Gebäude als aufrecht stehende Tablettenschachtel darzustellen und quer über die Fensterfront das Wort OPTIMIEN anzubringen, fand ich etwas übertrieben. Der silbernfarbene tablettenförmige Fahrstuhl brachte mich in die gewünschte Etage und ich wurde überraschend schnell vorgelassen. In einem metallisch schimmernden Büro empfing mich eine freundlich lächelnde Frau mit metallisch schimmernden Lippen. An irgendetwas erinnerte mich diese Farbe ...

„Guten Tag", begrüßte mich die junge Frau. „Wie kann ich ihnen behilflich sein?"

„Ich bin an Informationen über „OPTIMIEN" interessiert", platzte ich sehr direkt und recht undiplomatisch heraus.

„Welche Gesellschaft oder welchen Planeten vertreten sie?"

„Die Erde", erwiderte ich. „Und im speziellen das Handelsunternehmen: *Galaktische Müllhalde*." Die Neugierde fraß mich fast auf. „Ich müsste nur noch ein wenig mehr über ihr besonderes Produkt erfahren. Von besonderem Interesse ist für mich vor allem die Tatsache, warum im restlichen Universum noch nichts über dieses einzigartige Mittel bekannt ist."

„Sie brauchen sich keinerlei Sorgen zu machen, dass dieses - wie sie selbst sagen - einzigartige Mittel von kaum jemandem gekannt wird." Sie lächelte mir tausend münzenklingende Versprechen entgegen, bevor sie mit ihrer Erklärung fortfuhr: „Das liegt vor allem daran, dass das Produktionskonzept erst vor wenigen Wochen abgeschlossen wurde. Seit über zweihundert Jahren - und diese Jahre stehen den ihren in keiner Weise nach - arbeiten unsere Chemiker, Techniker, Alchemisten und Atomspezialisten an der Fertigstellung von OPTIMIEN. Vor drei Monaten ist es ihnen endlich gelungen, das extrem komplizierte Verfahren für die Massenfertigung umzusetzen. Die Maschine, die unsere Techniker entwickelt haben, ist in der Lage, aus jeglichem Basis-Material dieses Produkt zu fertigen. Der Material- und Energieverbrauch ist nämlich enorm. Die Anlage ist so kompliziert, dass unsere Wissenschaftler wieder zweihundert Jahre benötigen würden, um sie erneut aufzubauen. Wir sind sehr stolz darauf.

„Aus jeglichem Basis-Material!!!“ In meinen Ohren klingelte es laut. Das also war das ganze Geheimnis!

„Aber was ist mit meinen Verträgen von gestern?“ unterbrach ich sie, vor Aufregung schwitzend.

„Darüber ist mir nichts bekannt.“ Ihre Stimme klang plötzlich ein wenig abweisend. „Aller Wahrscheinlichkeit wurden sie vaporisiert, da sie noch keine Gültigkeit besaßen und ein besseres Angebot zu Hand war. Unsere besondere 1xdrüber-Schlafen-Klausel. Wir halten unsere Geschäftsbeziehungen sehr dynamisch. Dafür haben sie sicher Verständnis.“

Ich dachte nur an einen gewissen William Potter und wünschte ihn in Gedanken in die Warteschleife um ein Schwarzes Loch. Ich war nicht der Einzige, der für die *Galaktische Müllhalde* arbeitete. Was konnte ich tun?

Sie redete noch eine ganze Weile weiter: Über die Schwierigkeiten, an genügend Ausgangsmaterial zu kommen, dass ihr System außer diesem Planeten keine weiteren Himmelskörper besaß und dass ich hier auch mein Raumschiff noch ganz gut loswerden konnte.

Ich erklärte ihr, dass ich über das Transmitternetz hergekommen war und hörte dann nur noch mit halbem Ohr zu. Sicher war die Möglichkeit, den lästigen Zivilisationsmüll auf diese Weise loszuwerden genial, aber was würde aus meinem Job werden? Ich war Abfallverkäufer und wohl auch zu nichts anderem mehr fähig. Wer einmal seine Nase in dieses Geschäft gesteckt hatte, kam nicht mehr davon los.

Ich verließ den Raum, während sie noch vor sich hin plapperte und schlug vor ihrem ewig strahlenden Gesicht die Tür zu. Ich hörte regelrecht, wie sie nach der OPTIMIEN-Schachtel griff. Aber ehrlich gesagt, es war mir in diesem Augenblick scheiß egal.

○ ○ ○

Üblicherweise bereitet mir eine solche Sache kein Kopfzerbrechen. Lange genug bin ich ja auf der Flucht vor geprellten Geschäftspartnern gewesen. Doch diesmal fühle ich mich schuldig. Ich bin ein verdammter selbstsüchtiger Egoist. Sicher war es eine Art der Selbstverteidigung, die Sprengkapseln heimlich an dieser Wundermaschine anzubringen. Sie hätten die Anlage ja auch besser sichern können. Ein Fehler, der ihnen sicher nicht noch einmal passieren wird.

Die Menschheit, ja das ganze Universum hat lange genug auf eine Lösung des Abfallproblems gewartet, da werden weitere zweihundert Jahre sicher nicht so viel ausmachen.

Aber trotzdem: Ich hätte mich nicht hinreißen lassen dürfen. Das persönliche Wohlergehen liegt einem leider doch näher, als das Glück der Allgemeinheit. Zumindest mein Job ist gerettet und Potters Verträge wertlos.

Die nächsten zweihundert Jahre wird dieser Planet sicher mit großem Unbehagen an die Erde denken (und ich werde mein übriges tun, mich hier nicht sehen zu lassen).

Der Abfallverkäufer - Werbetechniken

Seit mehr als fünfzehn Jahre bin ich als Abfallverkäufer im Universum unterwegs, hetze von einem Planeten zum anderen und habe inzwischen einen recht seltenen Bekanntheitsgrad für meine Zunft erreicht. Meine Geschäfte laufen gut und ich spiele mit dem Gedanken, mich mit meinen Ersparnissen in vielleicht fünf Jarzus zur Ruhe zu setzen. Man könnte denken, ich werde rührselig ... und vielleicht ist dieser Gedanke gar nicht so abwegig. Während der letzten Einsätze denke ich immer häufiger an frühere Zeiten zurück. Besonders jene aufregenden Episoden, die vor meiner Karriere als Abfallverkäufer lagen. Dann führe mir, nicht ohne ein fast schon schmerzhaftes Dauergrinsen im Gesicht, die damaligen Ereignisse vor Augen.

Als biologische Steuereinheit des Frachttransporters LILA WOLKE (ich erstand das Schiff aus dem Nachlass einer zu jener Zeit Pleite gegangenen Bordell-Kette) hatte mir meine Firma die verantwortungsvolle Aufgabe übertragen, ein so genanntes Start-Geschäft mit einer Zivilisation auszuhandeln, mit der die Menschheit erst vor wenigen Monaten Handelsbeziehungen aufgenommen hatte.

Ich war schon damals für meine besondere Fähigkeit bekannt, profitable Geschäftsbeziehungen aufbauen zu können. Deshalb war es für mich recht einfach, in der (zu allen Zeiten expandierenden) Handelsbranche einen Job zu bekommen. Die Bibel aller Handelsreisenden - „Wachstum, auch wenn kein Platz mehr da ist“ - hing direkt neben meiner Schlafkoje im Haltenetz. Dahinter eine der unzähligen Ergänzungen: „Perlen gegen Bodenschätze -

oder wie man mit Antik-Technologie ganze Planeten um ihren Reichtum bringt“. Ein ehemals guter Bekannter von mir hat über 20 Tonnen „Handyhüllen“ (ich habe nicht die geringste Ahnung, wofür diese seltsamen hässlich-bunten Teile wirklich gebraucht wurden) gegen 50 Liter Silbertau-Extrakt gehandelt, eines der teuersten Parfüms des Universums. Wobei Parfüm für das stinkende Wässerchen vielleicht die falsche Bezeichnung ist. Eigentlich wird der extrem seltene Silbertau-Extrakt nur von einem einzigen Volk eines weit entfernten Planeten abgekauft. Von wegen Parfüm. Entweder benutzen es die dortigen Lebensformen als Rauschmittel oder es hat bei ihnen potenzsteigernde Wirkungen. Alternativ wäre natürlich auch etwas Militärisches möglich. Gegenseitiges Bestinken bis zum Umfallen. Für solche Dinge geben geben Regierungen immer eine Unmenge Geld aus, selbst wenn das Volk am Verhungern ist.

Mir soll es Recht sein!

Ich saß - wie schon unzählige Tage und Wochen zuvor - an meinem Steuerpult, sah Sterne, galaktische Nebel, Dunkelwolken, Meteoriten und anderen kosmischen Abfall an meinem Holographiemonitor (von vielen liebevoll auch „Homo“ genannt) vorüberziehen und befand mich immer kurz vorm Weg-sacken in die bunten Traumgefilde des Schlafes. Das hektische Geflacker des Steuercomputers ließ sich auf Verdauungsstörungen im Fusionsreaktor zurückführen. Das Brennmaterial hatte ich sehr günstig erstanden. Wahrscheinlich stark verunreinigte marsianische Billigware. In fetten Lettern war der Schriftzug **Benutzung auf eigene Gefahr** auf die Kartuschen geprägt. Daran musste man sich gewöhnen, wenn man im Auftrag unterwegs war. Nur die Vorstände reisten First Class.

Mit einem mechanischen Rülpsen stieß mir der Computer ein Blatt mit Störmeldungen ins Gesicht. Ich hatte den Audiokanal abgeschaltet, da sich die Steuereinheit als unglaublich schwatzhaft erwies. Also liefen alle Meldungen über einen uralten Drucker (ein Museumsstück aus den Anfangszeiten der Raumfahrt), dessen Mechanik bei Betrieb erbärmlich quietschte. Diese Entscheidung hatte natürlich auch Nachteile. Meine Papierkörbe quollen über und ich hatte Schwierigkeiten, den Abfall loszuwerden. Das sähe heute natürlich anders aus!

Ich nahm das Blatt mit den Störmeldungen zur Hand und verspürte kurz den Impuls, es wie üblich zusammenzuknüllen und es mit einem gezielten Wurf dem Papierkorb anzuvertrauen. Glücklicherweise registrierte irgendetwas in meinem Unterbewusstsein die Warnmeldung. Eine Hitzewelle durchjagte meinen Körper. In mehr oder weniger verschlüsselter Form (endlose Schachtelsätze mit umständlichen und in die Irre führenden Formulierungen), um die sich die Steuereinheit boshafterweise bemühte, war dort herauszulesen, dass LILA WOLKE in wenigen Augenblicken mit einem größeren Objekt zusammenstoßen würde.

„Scheiße .... Scheiße ... Scheiße!" brüllte ich. Es krachte ohrenbetäubend. Das Raumschiff erzitterte. Da ich mich nur halbherzig anzuschnallen pflegte (das macht wirklich niemand), rutschte ich in Sekundenbruchteilen samt Sitzmöbel (ich wollte den Pilotensessel schon seit Ewigkeiten reparieren und wieder festschrauben) einen halben Meter nach vorn und stieß mit dem Kopf heftig gegen eine Kante des Steuerpults. Einen Augenblick lang stand ich in absoluter Dunkelheit. Ich hatte jedoch die Befürchtung, dass dieser Zustand nicht auf einen Ausfall der Schiffsbeleuchtung zurückzuführen war. Langsam kam ich wieder zu mir und auch das Licht kehrte, zunächst ein wenig verschwommen, wieder zurück. Ich stützte mich am Steuerpult ab und schaltete - noch immer ein wenig benommen - Außenkamera drei auf den Schirm. Die Spitze meines Frachters hatte sich tief in eine riesige Boca-Bola-Flasche gebohrt hatte. Schwarze, ölige Flüssigkeit sprühte in den Raum und gefror zu tausenden kleiner Mini-Asteroiden. die Laserbeleuchtung flackerte kurz und erlosch.

Die Präsentation der Raum-Werbeplastiken nahm immer groteskere Formen an. Keine Flugtrasse blieb davon verschont. Kaum hatte man sich an überdimensionale Kaffeepackungen, Toilettenrollen und Tampons gewöhnt, zog auch schon die Bola-Werbung nach. Nicht mehr lange, und es würden gigantische Tennisbälle in Planetengröße, Waschmaschinen, Kühlschränke, hinter denen sich galaktische Imbissläden verbargen, Windelverpackungen und wer weiß was noch alles im erreichbaren Universum verteilt sein.

Ich legte den Rückwärtsgang ein, befreite das Schiff aus der Werbeplastik und schaltete auf Auto-Pilot. Während ich die folgenden Manöver des Computers beobachtete, griff ich nach hinten in eine knisternde Tüte Kartoffelchips, die bei jedem Hinein-langen den dämlichen Satz „Wohl bekomm's!“ von sich gab. Zwar konnte ich die Dinger schon nicht mehr riechen, aber mein Kochomat (Menü-Designer 3.2) lieferte seit seiner letzten Überholung nur noch einen undefinierbaren, nach Maschinenöl stinkenden, blässlichen Schleim, den ich beim besten Willen nicht herunter-bekam. Nach drei Hungertagen und nicht einen bewohnten Planeten mit Imbissstation in Sicht, vergriff ich mich an der Frachtladung. Achthundert Kisten, vollgestopft mit Tüten voller Kartoffelchips - da würden ein paar fehlende Packungen nicht auffallen. Blieb nur die Frage, wie man mit solcher Art Nahrung auf Dauer gesund bleiben konnte.

Ich umflog mit LILA WOLKE die Bola-Flasche und machte mich wieder auf den Weg nach Kaldan I. Noch zwei Tage und ich würde wissen, ob dessen Bewohner mit der bestellten Ware wirklich etwas anfangen konnten. Falls nicht, würden sie mir sicher helfen, die Chips gewinnbringend weiterzuverkaufen. Sie galten schon weit länger als die kurze Zeit, in der sie mit Menschen Kontakt hatten, als ausgezeichnete Werbespezialisten. Die Menschheit konnte mit Sicherheit noch einiges von ihnen lernen.

Ich steuerte LILA WOLKE an einem Meteoritenfeld vorbei und machte es mir bequem. Die unendlichen Weiten des Weltraums, die mit unendlicher Langeweile angefüllt waren, legten sich schwer auf mein Gemüt. Eine halbe Stunde später war ich eingeschlafen.

○ ○ ○

Ein harter Stoß riss mich aus meinen Träumen und warf mich aus meinem Sessel (den ich inzwischen glücklicherweise wieder festgeschraubt hatte). Ich landete in einem Haufen Computerausdrucke, rappelte mich auf und warf ängstlich einen Blick auf die vier Haupt-Monitore. Düster und majestätisch schwebten weit und breit Raumschiffwracks und die Überreste von Raumstationen im All. Ich glaubte auch einige herrenlose Einkaufswagen zu erkennen. Ein Trottel von Altmetallhändler schien mich aufgesammelt und in ein magnetisches Netz gesperrt zu haben. Weit vorne erkannte ich den leuchtenden Punkt des Zugschiffes.

Ich schaltete mein Quanten-Funkgerät ein (ein uraltes Teil aus der *Quanten-Epoche* der Menschheit, als Quanten-Computer, Quanten-Fernsehgeräte und Quanten-Rasierapparate modern waren) und rief ins Mikro: „Hier Frachttransporter LILA WOLKE. Havarie! Benötige dringend Hilfe.“

Ich wiederholte die Durchsage zweimal und lauschte gespannt dem Lautsprecher. Nach einer Weile unterbrach ein Knistern das kosmische Rauschen und eine, von meinem zwischengeschalteten Quanten-Übersetzer bearbeitete Stimme, ertönte.

„Hier Schrotttransporter BLAUER STERN. Habe Deinen Hilferuf empfangen. Wie lauten Deine Koordinaten?“

„Ich hänge an Deinem Hintern und bin in einem der Schiffe, die Du aufgesammelt hast“, fuhr ich ihn an. „Sperr demnächst Deine Augen weiter auf!“

Es herrschte einige Sekunden Stille, bevor der andere verunsichert konterte. „Dann sollten Sie besser Ihre Positionslichter brennen lassen. Auch Ihr Nummernschild konnte ich nirgendwo entdecken. Schalten Sie ihre Havarie-Lichter ein, damit ich Sie da rausholen kann.“

Ich lehnte mich in meinen Pilotensessel zurück und aktivierte die Havarie-Beleuchtung von LILA WOLKE. Sofort spuckte der Computer einen Streifen mit der voraussichtlichen Energiekostenabrechnung aus. Irgendwann würde ich mich furchtbar an ihm rächen ...

Eine halbe Stunde später hatte der Händler meinen Frachter mit einem Traktorstrahl aus dem übrigen Altmetall herausgefischt und neben seinem klobigen, schwarzen Schiff postiert. Wir koppelten an, und ich kroch durch die Austauschröhre zu ihm hinüber. Überrascht stellte ich fest, dass auch er ein Mensch war. Er war vielleicht einen Kopf kleiner als ich, trug eine verdreckte Jeans und ein speckiges Hemd, welches über seinem Bauch spannte. Seine Augen blickten unruhig.

„Bitte immer hinter mir her zur Steuerzentrale“, murmelte er zerknirscht. „Ich hoffe, diese Unterbrechung bedeutet keinen finanziellen Verlust für Sie.“

„Kein Problem“, gab ich zurück und erblickte auf einem riesigen Wandmonitor, an dem wir gerade vorüber-kamen, mein Schiff. Kein erhebender Anblick! „Wenn ich LILA WOLKE von hier aus betrachte, hätte ich es sicher auch eingesammelt. Ich musste ja schon Ordnungsschiffe ausweichen, damit sie mich nicht wegen illegaler Abfallentsorgung drankriegen. Aber wenn man selbst ein solches Schiff fliegt und alles nur von drinnen sieht, vergisst man schnell seinen jämmerlichen äußeren Zustand. Ich darf doch „Du“ sagen?“

Der Mann lächelte und reichte mir - eine uralte terranische Geste nachahmend - die Hand. „Natürlich! Mein Name ist Brian. Ich bin froh, dass Du das so locker siehst. Ärger kann ich jetzt am allerwenigsten gebrauchen. Verrät's Du mir auch Deinen Namen?“

Ich überlegte angestrengt und kratzte mir dabei den Kopf, was mir beim Denken sonst eigentlich immer half. „Um ehrlich zu sein, in all den Jarzus habe ich meinen Namen vergessen. Ein Familienleiden sozusagen. Als ich noch ein Kind war und von einem Venus-Ferienausflug zurückkehrte, brauchten meine Eltern den halben Tag, um sich zu erinnern, dass sie überhaupt ein zwölfjähriges Kind hatten. Seltsamerweise war ich auch auf keinem ihrer Fotos abgebildet. Glücklicherweise besaß ich genügend Überzeugungskraft, um sie davon zu überzeugen, dass sie meine Eltern seien. Dafür hatte ich wiederum meinen Bruder vergessen, mit dem ich mir ein Zimmer teilen musste und der sich mir gegenüber sehr seltsam benahm. Und das war bei weitem nicht das einzige Erlebnis in dieser Richtung. Ich müsste mir jetzt einen Namen ausdenken. Aber wem wäre damit geholfen?“

„Macht nichts“, sagte er. „Genehmigen wir uns erst mal einen!“

Wir betraten die Steuerzentrale. Er lief sofort nach hinten zwischen ein abenteuerliches Gebilde aus ungeordnet über- und nebeneinander abgestellter Kisten und zog eine klobige, dunkelgrüne Flasche aus einem kleinen, auffällig bunt bedruckten Pappkarton.

„Auf unsere Freundschaft!“ rief er und hielt die Flasche in die Höhe. „Viel zu Essen kann ich leider nicht anbieten. Ich habe einen Ploka-Fladen im Ofen liegen und Unmengen Kartoffelchips zum Knabbern. Bei meiner letzten Landung auf Kaldan I – einem wirklich äußerst seltsamen Planeten, mit noch seltsameren Bewohnern - war mir alles andere zu teuer. Ich hoffe du magst das Zeug, ich hab's nämlich über!"

„Du hast die Chips auf Kaldan I gekauft?!" fragte ich misstrauisch. „Da soll ich gerade eine Lieferung hinbringen. Wieviel hast du dafür bezahlt?"

Brian grinste ungeniert: „Du willst denen wirklich was verkaufen? Na ... viel Glück! Ich habe die Kaldaner auf zwölf Kredits pro Tüte heruntergehandelt. Zweihundert habe ich dann genommen. Sie ließen mich glauben, eine großartiges Geschäft zu machen. Inzwischen habe ich da meine Zweifel. Über die Ploka-Fladen-Packungen, die jetzt meine Lagerräume verstopfen, will ich gar nicht erst reden. Das Zeug schmeckt furchtbar. Ich wette, die verkaufen deine eigenen Chips zum doppelten Preis an dich zurück."

Ich schüttelte den Kopf. „Wenn ich diese Lieferung nicht loswerde, brauche ich mich in der Firma nicht mehr sehen lassen."

„Versuch die Sache entspannt anzugehen", entgegnete Brian. „Die Kaldaner haben die besten Werbestrategien des Universums. Teuer, aber effizient. Das zu verkaufende Produkt ist eigentlich uninteressant. Eine Dose Tobu-Bohnen, ein Unterwasser-Vergnügungspark für Weganer oder Deine eigene Großmutter. Die Kaldaner entwickeln für jedes Verkaufsobjekt die perfekte Werbestrategie. Lass Dich beraten und Du wirst deine Chips-Tüten an jeder Ecke der Galaxis los." Brian machte plötzlich ein sehr erstes Gesicht, welches so gar nicht zu seiner Person passen wollte. Dann plapperte er mit bedeutungsschwerer Stimme weiter: „Aber Vorsicht! Kauf dir dort bloß nichts! Die drehen dir den eigenartigsten Kram an - und das auch noch zu deutlich überhöhten Preisen. Interessant ist auch, dass die Kaldaner nichts von dem Zeug, was sie verkaufen, selbst herstellen. Eigentlich sind es kleine Parasiten. Clevere Parasiten ..."

Ich unterhielt mich noch eine ganze Weile mit Brian, während wir, immer lauter werdend, vier Flaschen Wein leerten. Die Zeit verging, und bald musste ich mich verabschieden. Wir tauschten die besten Wünsche aus, und ich machte mich wieder auf den Weg nach Kaldan I

○ ○ ○

Das riesige, rot lodernde Zentralgestirn Kaldan verfügte ganze vierundzwanzig Planeten. Der vierte war Kaldan I. Mein Schiff war nur eines von vielen, die sich hier durch den Raum schlängelten. Wie funkelnde Kristalle schwebten sie in der kosmischen Schwärze, und warteten auf die passende Gelegenheit, andere aus den Landefenstern zu drängen.

Ich zog mit LILA WOLKE an trockenen Planetenleichen vorbei und knabberte meine Kartoffelchips. Kaldan I war schon von weitem auszumachen. Eine bunte Einkaufswelt, deren Farben sich weit in den Raum hinaustasteten. Farbformer schrieben funkelnde Buchstaben ins Vakuum und machten auf unbekannte Produkte aufmerksam.

Ich steuerte den Handelshafen an und reihte mich in die Schlange der Wartenden. Es dauerte vierzehn Stunden, bevor ich zur Landung ansetzen konnte. Mein klappriges Schiff zwängte sich genau zwischen zwei große Handelsraumer (in denen mein Schiff mehrere Male platz gefunden hätte), und das Triebwerk erstarb mit einem beleidigtem Fauchen. Ich ergriff die Mappe mit den schon vorbereiteten Verträgen (digital und analog) und verließ LILA WOLKE. Wie auf allen Raumhäfen war einem Shuttle-Service weit und breit nicht zu entdecken, und ich musste den Weg zum Hafengebäude laufen.

Wer – so wie ich im Augenblick - noch nie Vertreter der kaldanischen Intelligenz gesehen hat, war bei ihrem Anblick entsetzt. Sie waren humanoid, ja bis ins Detail menschenähnlich, jedoch sehr groß, selbstsicher und stolz. Genau das war es, was mir an ihnen missfiel: Die Kaldaner waren eingebildete und hochmütige Außerirdische!

Ich stellte mich an die Schlange einer Abfertigungskabine und fummelte meinen ID-Stick aus der Mappe.

„Planet Erde?“ fragte der Beamte, als er den Daten-Stick durchsah.

Ich nickte und musterte seinen athletischen Körper. Er begann plötzlich zu grinsen, und ich hoffte, nichts Idiotisches angestellt zu haben. Er zog den Stick durch einen schwarzen Kasten und gab ihn mir zurück.

„Kabine acht“, sagte er und deutete mit dem Daumen in die entsprechende Richtung. Ich war auf eine Leibesvisite gefasst und begab mich mit finsterer Miene in den zugewiesenen Raum. Doch anstelle eines Beamten, der nur darauf aus war, Verbotenes an mir zu entdecken, stand ich einer Kaldanerin gegenüber. Ihr überwältigender Anblick traf mich wie ein Schlag und übersah im ersten Moment die riesigen Berge von Werbeprospekten.

„Willkommen auf Kaldan I, dem faszinierensten Handelsplaneten der Galaxis.“

Normalerweise verabscheute ich Übertreibungen dieser Art, aber ihr war ich bereit, alles zu glauben ... abzukaufen.

„Wir würden uns sehr freuen, Ihren Wünschen gerecht zu werden“, hauchte sie mir entgegen, während fast unhörbare Stimmen im Raum ständig 'Kaufen, kaufen kaufen!' flüsterten. Eine süßliche, schwere Duftwolke hüllte mich ein und ich bekam immer mehr Schwierigkeiten, mich auf meinen eigentlichen Auftrag zu konzentrieren. „Eine Vorauswahl aus unserem reichhaltigen Warenangebot können Sie unseren Prospekten entnehmen. Oder Sie besuchen eine unserer bequemen Virtual-Reality-Kabinen. Findet etwas Ihren Gefallen, vermitteln wir ihnen gern einen sofortigen Kontakt mit der zuständigen Händlerfirma.“

Mir brach es fast das Herz, ihr sagen zu müssen, dass ich eigentlich zum Verkaufen hergekommen war. Um sie nicht völlig zu enttäuschen, kaufte ich dreißig Kisten kaldanische Grobsers. Das Zeug sah wirklich witzig aus.

Mit der Bestellung für die dreißig Kisten in meiner Mappe lief ich zur Importgesellschaft des Planeten. Das Gebäude war genau neben dem der Exportgesellschaft errichtet.

Ich trat durch den Eingang und stieß gegen einen umgekippten Mülleimer. Es roch widerlich. Ich trat vor einen Schalter, über den in wechselnden Sprachen ANMELDUNG geschrieben stand. Der Sessel hinter dem Glasverschlag war leer. Ich wartete einige Minuten, eine Viertelstunde und noch etwas länger. Als der zuständige Beamte endlich an seinen Platz schlurfte und mich finster musterte, hätte ich mich am liebsten in einer Ecke verkrochen.

„Warten Sie schon länger?" nuschelte er undeutlich.

„Ja, ich ..."

„Dann hätten Sie klingeln müssen!" Er wies auf einen unscheinbaren Sensor vor mir, schniefte und hielt mir die offene Hand entgegen. „Ihren ID-Stick! ... Bitte!"

„Die Zollkontrolle habe ich schon hinter mir", protestierte ich vorsichtig.

Der Beamte verschränkte seine gewaltigen Arme vor seiner Brust und starrte mich an. Eine weitere Viertelstunde verging. Da ich keine andere Chance sah, an dieser Stelle weiterzukommen, tat ich ihm den Gefallen.

„P l a n e t E r d e", sagte er und zog die Worte dabei künstlich in die Länge. „So, so ..." Leicht angewidert wanderte sein Blick über meinen Körper und ein gewaltiges Lächeln schien seinen Kopf in zwei Teile zu spalten. „Wirklich erstaunlich!"

„Erstaunlich?" fragte ich verständnislos. „Wollen Sie sich über mich lustig machen?"

„Besuchen Sie das HAUS DER WERBUNG“, antwortete er, mühsam ein Lachen unterdrückend, „da erfahren Sie mehr. Mich geht das wirklich nichts an.“

Ich winkte ab. „Darf ich meinen ID-Stick wiederhaben?“

„Zimmer 13!“ sagte er, reichte mir den Datenträger und prustete los. „Das Handelsvertretungsbüro ... für die Erde ... erst vor wenigen Wochen eingerichtet.“ Sein Gesicht wurde immer rotfleckiger.

Ich ergriff den Stick, drehte mich grußlos um und machte mich auf die Suche. Ich konnte sein Lachen noch Minuten später vernehmen.

Schnell stellte ich fest, dass sich das Gebäude in verwirrender Weise in unzählige Etagen und Gänge verschachtelte und die Nummerierung der Zimmer keiner menschlichen Logik entsprach. So musste ich in den sauren Apfel beißen, steckte zwanzig Kredits in einen der an jeder Ecke ausgehängten Wegweiserautomaten und zog ein dünnes Heftchen aus dem Ausgabeschlitz.

Fünf Minuten später stand ich vor Zimmer 13 und musste feststellen, dass sich die Kaldaner mit ihrer Größenvorstellung des Menschen doch ziemlich verschätzt hatten. Ich legte mich auf den Boden, kroch durch die viel zu enge Öffnung und gelangte in einen großen, jedoch sehr dürftig ausgeleuchteten Raum. Auf einem riesigen Podest stehend und von einer, das Zimmer in zwei gleich große Hälften unterteilenden durchsichtigen Scheibe, getrennt, blickte ein Kaldaner aus drei Metern Höhe auf mich hernieder.

„Sie wünschen?“ donnerte es mir lautstark aus mehreren Lautsprechern entgegen. Mein Trommelfell schien in Fetzen zu liegen. Mein Kopf dröhnte und ich war kaum noch zu einem klaren Gedanken fähig.

„Ich bin Kemashi-Handelsvertreter und vertreibe Kartoffelchips“, erwiderte ich noch immer leicht benommen und verrenkte mir beim hochstarren fast den Hals. „Sie hatten Interesse für das Produkt bekundet."

Mein Gegenüber schwieg und wartete.

„Die Kartoffelchips von Kemashi sind die knusprigsten, würzigsten und bekömmlichsten ihrer Art." leierte ich mechanisch die primitive Werbebotschaft herunter. „Eine Geschmacksexlosion! Sie werden begeistert sein."

„Die Chips scheinen nichts zu taugen", tönte mir die lautsprecherverstärkte Stimme entgegen. „Ein Produkt, bei dem man die Vorzüge erst erwähnen muss ... und bei dem man einen Handelsvertreter ihrer Art schickt ... „ Es entstand eine unangenehm lange Pause, bevor er weitersprach „Haben Sie noch weitere Produkte im Angebot?"

Ich schluckte und hob in einer Geste hilfloser Resignation die Schultern. „Ich bedauere. Wegen der Chips bin ich hergekommen."

„Der Preis?" Ein gelangweiltes Murmeln. „Wie ist der Preis?"

„Fünf Kredits!" stieß ich ohne groß zu überlegen hervor. „Für jede Tüte!"

„Weil ich gutmütig bin ... weil ich heute morgen über eine anstehende Gehaltserhöhung informiert wurde ... und weil unsere Handelsbeziehungen zu ihrem Planeten noch relativ jung sind, bin ich bereit, Ihnen ... ein Kredit pro Tüte zu zahlen."

„Einen Kredit ..." rief ich Mir wurde augenblicklich übel. „Das ist ein Scherz?! Ich kann allenfalls auf vier Kredits runtergehen. Alles andere wäre mein Ruin."

Er lachte. „Wenn Sie zur Erde zurückfliegen, ohne die Chips verkauft zu haben, ist Ihr Verlust noch größer. So haben sie zumindest Ihre Flugkosten drin. Ihnen bleibt keine Wahl!"

Ohne eine Wort herauszubringen, stand ich da und blickte nach oben.

Ich entsann mich plötzlich der Worte von Brian und wusste, was ich zu tun hatte. Ich lächelte ein samtweiches Lächeln (ich hatte das oft und lange vorm Spielgel trainiert), drehte mich um und rief zum Abschied: „Vergessen Sie's!“

„Aber darüber läßt sich doch reden“, rief mir der Kaldaner hinterher. „Ich wäre sogar bereit, auf eineinhalb Kredits hochzugehen. So warten Sie doch ...“

○ ○ ○

Das HAUS DER WERBUNG. Laut, bunt und schrill. Ich schmuggelte mich durch den Boteneingang, um nicht wieder in die Verlegenheit zu geraten, wegen meiner Herkunft belächelt zu werden. Ich empfand diese Erniedrigungen langsam unerträglich.

Drinnen wimmelte es von Fremdwesen. Sie platschten, rubbelten, trippelten und stampften so durcheinander, dass mir jede Übersicht abhanden kam. Der Boden war von fremdartigen Körpersekreten bedeckt, so dass ich nur sehr langsam an einen der unzähligen Schalter heranrutschen konnte. Irgendwie war ich sicher, nun an der richtigen Adresse für meine Kartoffelchips zu sein. Hier war wirklich was los.

Die wunderschöne Kaldanerin hinter dem Schalter blickte mich sanftmütig an, bevor sie ihre engelsgleiche Stimme zu einfacher Kommunikation missbrauchte: „Für welches Produkt möchte Sie unsrer Dienste in Anspruch nehmen?“

„Kartoffelchips!“ antwortete ich mit schmerzenden Wagen, weil ich scheinbar schon die ganze Zeit blöd grinsend in der Gegen herumstand.

Sie befragte ihren Computer. „Kartoffelbrei ... Kartoffelbazze ... Kartoffelchips.“ Ihr Augenaufschlag jagte mir einen Schauer über den Rücken. „Sie müssen zu Zimmer dreizehn!“

Ich zuckte zusammen und trat einen Schritt zurück.

„Zimmer dreizehn“, wiederholte sie. „Stimmt etwas nicht?“

„Schon gut“, sagte ich. „Alles in Ordnung.“

Diesmal hatte ich keine Schwierigkeiten, den richtigen Raum zu finden. Die Tür war groß genug, und ich genoss es, aufrecht ins Zimmer zu gehen. Als erstes fiel mein Blick auf ein Bild des Planeten Mars. Seinen beiden winzigen Monden im Vordergrund. Wie kamen die Kaldaner zu diesem Foto, und vor allem, was hatte es hier verloren?

„Nehmen Sie bitte Platz“, bat mich ein kleiner, recht auffällig bekleideter Mann. „Wobei dürfen wir für Sie tätig werden?“

„Ich benötige eine gute Verkaufswerbung für Kartoffelchips“, antwortete ich. „Sie sind allerdings schon verpackt.“

„Kein Problem“, erwiderte er. „Verpackung war früher wichtig. Heute ist sie nahezu überflüssig. Wir arbeiten beispielsweise mit wirksamen optischen Mitteln im kosmischen Maßstab. Wie Ihnen sicherlich bekannt ist, ist unsere Gesellschaft schon sehr lange auf dem Gebiet der Werbung tätig. Es sind um die vier Milliarden Jahre, und wir haben bis heute keine nennenswerte Konkurrenz. Unsere Techniker sind erfahrene Spezialisten. Es ist schon erstaunlich, welche Produkte und Dienstleistungen wir durch unsere Arbeit schon unter die Leute gebracht haben. Werbung ist ein psychologischer Prozess. Der Kunde muss soweit gebracht werden, dass er glaubt, ohne das angepriesene Produkt nicht mehr leben zu können, ob es sich dabei nun um eine Lakritzstange oder eine Antimateriebombe handelt. So besteht ein großer Teil unserer Kundschaft aus Regierungsberatern ferner Planeten, die für die Politik ihrer Regierung Werbekampagnen in Auftrag geben. Viele Regierungen – die meist im Auftrag großer Wirtschaftsimperien arbeiten – müssen die zur Gewinnmaximierung notwendigen Stukturmaßnahmen, wie zum Beispiel Kinderarbeit, Kriege, Umweltverschmutzung oder Steuererhöhungen, bei der Bevölkerung durchsetzen.“

Ich nickte verstehend: „Mein Produkt hat sogar den Vorteil, einen gewissen Zweck zu erfüllen. Es dürfte also keine Probleme geben. Hätten Sie vielleicht einige Beratungsbeispiele für mich?"

Er lächelte, aktivierte das 3D-Interface in der der Vertiefung seines Schreibtisches und schaltete den *Homo* ein.

„Hier sehen Sie erste Entwürfe einer großangelegten Kartoffel-Werbekampagne. Die noch recht simplen Visualisierungen entstammen einem Großauftrag kurz nach der Gründung unseres Unternehmens. Damals war dieses Nahrungsmittel in der Galaxis eine echte Neuheit. Heute gibt es sie auf fast jedem fruchtbaren Planeten. Wir hatten sogar geplant, PSI-Sender in die Werbeplastiken einzubauen, um eine nicht wahrnehmbare Beeinflussung des Unterbewusstsein zu erreichen. Die Plastiken sollten in die Umlaufbahn des Erzeugerplaneten gebracht und zu einem witzigen Schriftzug angeordnet werden."

Ich traute meinen Augen nicht. Das, was ich dreidimensional vor mir sah, waren Bilder des Planeten Mars und seiner beiden – zugegebenermaßen sehr kartoffelförmigen – Monde.

Er bemerkte meinen erstaunten Gesichtsausdruck und versicherte schnell: „Diese Exemplare sind sicher etwas zu naturalistisch. Die später verwendeten Werbekartoffeln sind ästhetischer und befriedigen selbst ein kritisches Käuferauge."

Ich schüttelte den Kopf. „Ich meine ... äh ... Wo haben Sie diese Aufnahmen gemacht? Mir kommt diese Gegend bekannt vor."

„Sie sehen hier das größte Testgelände unseres damaligen kosmischen Werbestudios. Um von Konkurrenten unbeobachtet zu sein, errichtete man es In einem völlig unbedeutenden und unspektakulären Planetensystem am Rand unserer Galaxis. Es war die Zeit unserer spektakulärsten Experimente, die uns im gesamten Universum berühmt machten. Der fünfte Planet des Systems wurde dabei sogar zerstört. Nur ein Ring pulverisierten Planetenmaterials hat sich auf der ehemaligen Umlaufbahn verteilt. Das verrückteste wurde jedoch mit dem dritten Planten des Systems angestellt. Im Vertrauen gesagt, in unserer Anfangszeit waren wir aus finanziellen Gründen gelegentlich gezwungen, auf unseriöse Mittel zurückzugreifen. Doch das liegt weit zurück! Wir erhielten damals von einem Kunden den Auftrag, für eine völlig neue Technologie der Planetensäuberung Werbung zu machen und dachten in diesem Fall an die alte Methode der Vorher- und Nachher-Bilder. Wir machten von dem Planeten also zuerst eine Nachher-Aufnahme. Es war ein langweiliger und jungfräulicher Planet. Alles schön sauber, ohne den üblichen Zivilisationsmüll, der sich in nur wenigen Generationen ansammelt. Den Planeten frisierten wir dann dann für das zweite Bild. Durch einen Vertrag mit einem Abfallverkäufer kamen wir an genügend Müll, den wir in die Atmosphäre des Planeten kippten. Somit hatten wir die fehlende Aufnahme. Leider sind dadurch die riesigen und wirklich putzigen Lebensformen auf seiner Oberfläche zugrunde-gegangen."

Ich rutschte unruhig auf meinem Stuhl umher. Mir kam eine Idee. „Haben Sie vielleicht um einen der größeren Planeten dieses Systems einen Ring modelliert?"

„Ja, die Werbung für ein Kinderspielzeug. Leider ein Flop! Der Kunde hatte sich etwas Auffälligeres gewünscht. Sie scheinen diese Gegend zu kennen? Dort hat sich jetzt, wie ich hörte, eine Zivilisation entwickelt - und das aus dem Schmutz und Dreck des Dritten. Ich glaube ERTE nennen ihn seine Bewohner."

„Bin mal in der Nähe vorbeigekommen", log ich und mir wurde schlagartig bewusst, warum die Beamten grinsten, als sie meinen ID-Stick scannten.

„Welches ist eigentlich Ihre Heimatwelt?" fragte er plötzlich.

„Ich ... ich muss jetzt leider weg", stieß ich hervor, während ich spürte, wie mir das Blut ins Gesicht schoss. „Ein andermal vielleicht ..."

Ich erhob mich unbeholfen und warf dabei einen Aufsteller mit Werbeflyern um. Beinahe über die eigenen Füße stolpernd verließ ich das Zimmer und hatte plötzlich das Bedürfnis, so viel Raum wie möglich zwischen mich und Kaldan I zu bringen.

○ ○ ○

Ich habe diesen Planeten nie wieder aufgesucht (trotz der guten Geschäftsmöglichkeiten, die er bis heute bietet). Die Kartoffelchips habe ich im Laufe der Jahre selbst gegessen und mich von meinem Auftraggeber ferngehalten.

Eine Wahrheit hat sich jedoch für immer in mein Gedächtnis eingebrannt: Man kann, wenn man es richtig anstellt, mit allem ein gutes Geschäft machen. Bis heute kann ich recht gut davon leben.

Übrigens, wissen Sie, wozu man Grobsers braucht?

Der Abfallverkäufer - Regierungsfragen

Die purpurnen Planetenwüsten verschmolzen mit dem sich dunstig abzeichnenden Horizont. Ich war seit drei planetaren Rotationsperioden auf Wanderschaft und hatte sämtliche Nahrungsreserven aufgebraucht. Mein zerschelltes Schiff lag weit hinter mir und meine letzte verzweifelte Hoffnung verging in den sengenden Strahlen einer Sonne, die scheinbar bewegungslos am Himmel stand. Ich sank zu Boden und grub meine Finger in den Sand. Mir war bewusst, dass ich bald sterben würde.

Schon einige Meter weiter verließen mich die letzten Kräfte. Ich fiel ... doch kurz bevor ich auf dem heißen Wüstensand aufschlug, schlang sich plötzlich ein pulsierendes Seil reiner Energie um meinen Körper. Ich schrie auf, aber schon wurde mir von hinten ein Knebel in den Mund geschoben. Ich riss mich los und drehte mich mit einem harten Ruck um. Was ich sehen musste, nahm mir fast den röchelnden Atem. Da hockte eine grausige Kreatur, die ihre glitschigen Fangarme nach mir ausstreckte. Das Fahrzeug hinter ihm, das ich mit meinen umnebelten Sinnen gar nicht näherkommen gehört hatte, ähnelte auf erschreckende Weise einem Toilettenbecken.

„Mas moll mas?“ fragte ich.

„Ich bin der Kloakenflutsch“, blubberte es mir stinkend entgegen. „Du wirst dir kaum vorstellen können, wie viele bedauernswerte Wesen von mir schon durch das Rohrsystem der Kanalisation gezogen wurden. Meist Männer, denn die bekommt man leichter zu packen.“

Mir gelang es, den Knebel aus dem Mund zu stoßen. Laut brüllte ich los.

„Bist du bescheuert?“ fragte der Kloakenflutsch. „Hier hört dich kein Lebewesen.“

„Was…“, ich rang nach Luft, „was willst du von mir?“

„Och“, schlabbelte er wehmütig, „ich habe im Tempel der tausend Gerüche meinen Sexualpartner verloren … und muss deshalb fressen, fressen, fressen.“ Die letzten Worte klangen irgendwie unangenehm und der Kloakenflutsch schwappte mir mit einem riesigen, starr blickendem Auge entgegen. Ich holte tief Luft und schrie erneut, was offensichtlich weniger ungehört blieb, als mein Peiniger vorausgesagt hatte. Ein Energiestrahl zuckte vom Himmel und der Kloakenflutsch verwandelte sich innerhalb von Sekundenbruchteilen in ein dampfendes, eierkuchenähnliches Gebilde. Ich blickte nach oben. Ein goldenes Raumschiff sank auf die Ebene herab. Eine ornamentverzierte Brücke senkte sich majestätisch zu Boden und eine energieumflutete, halbnackte Frauengestalt entschwebte der Ausstiegsöffnung.

„Wir wollen Frieden und Liebe“, flüsterte es in meinem Kopf. „Wir sind DIE Superzivilisation, von der das ganze Universum schon Jahrmillionen geträumt hat und wir beobachten euch schon länger, als wir selbst existieren. Das beruht auf einem Zeitparadoxon, welches nicht einmal uns zu begreifen vergönnt ist. Doch das soll dich nicht weiter verunsichern. Frohlocke, denn du bist frei!“

Die Superzivilisationsfrau hatte mich errettet und schließlich kam mir meine Furcht vor dem Gullitypen lächerlich vor, denn in einem funktionierenden Universum befindet sich nun mal das wirklich Gute nicht weit vom Bösen entfernt. Ich erhob mich, gar nicht mehr schwankend, streckte die Arme meiner Erretterin ent …

+++ FREMDKÖRPER IM ANFLUG +++

… gegen und ging, dabei auf ihre Superzivilisationsbrüste …

+++ FREMDKÖRPER IM ANFLUG +++

… schielend, auf sie zu. …

+++ FREMDKÖRPER IM ....

„Bei allen kosmischen Anomalien“, brüllte ich. Ich riss mir den 3-D-Simulator vom Kopf und brauchte einen Augenblick zur Orientierung. Dieser verdammte Steuercomputer hatte sich wieder einmal selbständig in den Übertragungskanal geschaltet.

„Was ist los?“ fragte ich zähneknirschend. Ich war wütend bis in die Knochen (auch wenn sich das jetzt merkwürdig anhörte)!

+++ VON SEKTOR 266/45b NÄHERT SICH EIN UNBEKANNTES KOSMISCHES OBJEKT +++

„Hätte es wirklich keine halbe Stunde mehr Zeit gehabt, mir diese Information mitzuteilen?“ fauchte ich. „Das ist immerhin ganze 0,2 Lichtjahre von hier.“

Ohne eine Antwort abzuwarten schaltete ich das Sprachzentrum der Steuereinheit ab und schaute mich etwas planlos im Cockpit um. Auf den Erlebnissimulator war mir die Lust vergangen, obwohl etwas, das die Bezeichnung „Lust“ verdient hätte, erst noch hätte passieren sollen. Statt dessen versuchte ich - wie immer vergeblich - etwas gegen die Unordnung in meinem Raumschiff zu tun. In einem Abfallraumer jedoch ein fast unmögliches Unterfangen. Die in den Lagerräumen herrschende Unordnung übertrug sich seltsamerweise ganz von selbst bis in die Steuerkabine. Als Abfallverkäufer war ich daran gewöhnt. Nachdem ich meinen Kram etwas weniger chaotisch sortiert hatte, griff ich nach meiner elektronischen Bibliothek. Als letztes hatte ich eine Abhandlung über die Entwicklungsunterschiede von Bäumen mit links- und rechtsgebogenen Bananen gelesen. Wie ich aus dem Nachwort erfuhr, war derselbe Autor auch für die vielbeachtete Dokumentation über die Überlebenschancen von Regenwürmern in Trockenmilch, bei ungleichmäßiger Erdrotation, verantwortlich (sie lag bei Null). Er war mit diesem Buch auf erbitterten Widerstand bei Tierschützern gestoßen. Es ist wirklich kaum zu glauben, wie wenige Menschen wirkliche Gedankengröße zu schätzen wissen.

○ ○ ○

Ich lutschte gerade genüsslich an einem extra gesüßten Kaffeekonzentratstreifen, als ich ein Massepünktchen auf dem Bildschirm bemerkte. Ich hatte den Fleck zuerst für einen angetrockneten Spritzer Tomatensoße gehalten. Als es nach einer halben Stunde noch immer nicht verschwunden war, begann ich mir Sorgen zu machen, denn es folgte mir in einem Abstand von nur wenigen Kilometern. Widerwillig aktivierte ich das Sprachzentrum der Steuereinheit.

„Hat das etwas mit dem unbekannten Objekt zu tun?" fragte ich und tippte dabei mit dem Finger gegen die altmodische Bildschirmanzeige.

+++ .... +++

„Dann eben nicht", brummte ich, öffnete manuell ein Containersegment und beobachtete, wie das Massepünktchen den mit Flüssigkeitsabfällen befüllten Behältern auswich. Ich grinste. Einige davon waren hochexplosiv. Ich wollte zum besseren Gelingen gerade das Containersegment mit den radioaktiven Abfällen öffnen, als ich eine militärisch gedrillte Stimme vernahm: „Unterlassen Sie das!"

„Die Stimme kam aus dem Wandschrank!" flüsterte ich aufgeregt.

„Die Stimme kam aus dem Wandschrank!" wiederholte sie meine Worte.

„Das habe ich doch eben gesagt", erwiderte ich.

„Das habe ich doch eben gesagt", kam prompt die Stimme.

„Was'n nu?" rief ich.

„Was'n nu?" tönte es mir wieder entgegen. Doch dann änderte sich der Tonfall: „Achtung, folgen Sie den Instruktionen! Begeben Sie sich sofort zum Steuerpult und verlangsamen Sie Ihre Geschwindigkeit um dreißig Prozent. Sollten Sie den Anweisungen nicht folge leisten, sehe ich mich gezwungen, Ihr Schiff anzugreifen und gegebenenfalls zu vernichten."

Die Stimme erstarb und machte dem sonst üblichen kosmischen Rauschen Platz. Das war zu viel! Wutentbrannt öffnete ich das Segment mit den magnetischen Haftbällen und startete die Triebwerke. Danach griff ich nach einem neuen Kaffeekonzentratstreifen, aktivierte meinen Musikspeicher und hörte mir ein dreistündiges Stück moderner Siriusmusik an. Die ungeheure Emotionalität der achtdimensional ausgeloteten Lautlosigkeiten war überwältigend. Nur die sehr eingeschränkte Raumakustik schmälerte den Kunstgenuss.

○ ○ ○

Es dauerte nicht lange und ich wurde wieder aus meiner Ruhe gerissen. Ein Raumtaxi überholte mich mit überhöhter Geschwindigkeit, fauchte an der Spitze meines Frachters vorbei und gab wilde Lichtsignale. Ich öffnete den Kommunikationskanal.

„Was soll das werden?" rief ich verärgert.

„Lassen Sie uns unter vier Augen miteinander reden", schlug mir die selbe Stimme von vorhin vor. „Eine geschäftliche Angelegenheit, die Sie nicht ausschlagen sollten!"

Ich überlegte einen Augenblick. „Gut, kommen Sie rüber. Benutzen Sie aber die Notschleuse, der übliche Ein- und Ausstieg ist im Moment durch Kisten verstellt."

Ich wartete am Schleusenausgang. Die Luke öffnete sich, und eine, mit einem Laser bewaffnete kleine, graue Gestalt, trippelte in meine Steuerzentrale.

„Los, los, an die Wand!" rief er mit befehlsgewohnter Stimme. Die Spitze des Strahlers an meinen Rücken gepresst, tastete er mit der freien Hand meinen Körper ab. Außer einer ausgedrückten

Zahnpastatube und einem unbenutzten Kondomspender, den ich schon seit einem halben Jahr mit mir herumtrug, fand er nichts weiter. Er ließ von mir ab und schaute sich um.

„Um was geht es eigentlich“, fragte ich mit geschäftsmäßiger Miene und wies auf einen Stuhl.

Er setzte sich. „Wie Sie...“, begann er, bevor ihn der als Stuhl getarnte Müllschlucker in eine durchsichtige Abfalltüte einschweißte und somit nahezu bewegungsunfähig machte. Er zappelte hilflos hin und her. Ich suchte inzwischen in einer Kiste nach einem passenden Werkzeug, lief zu ihm hin und stach ihm mit einem antiken Korkenzieher mit handgeschnitztem Harlekingesicht zwei Öffnungen unter die Nasenlöcher. Danach sprühte ich ein Lösungsmittel auf die Plastikschicht vor seinem Mund. Es zischte kurz und ein kleines Schmelzloch entstand.

„Sie haben mich reingelegt“, stellte er überflüssigerweise fest, bevor er ausgiebig zu husten begann. „Sie werden Ihr Handeln spätestens dann bereuen ... erneutes und langanhaltendes Husten ... wenn sie erfahren haben, warum ich sie hier abgefangen habe.“

„Das glaube ich nicht“, erwiderte ich und warf ihm meinen lange eingeübten gleich-bist-du-erledigt-Blick zu. „Keine zwei Minuten und mein Bordcomputer wird einen erhöhten Anteil an biologischen Abfällen aufzeichnen. Homogenisiert und Pasteurisiert.“

„Sie begehen einen großen Fehler“, rief er mit sich überschlagender Stimme. „Es handelt sich um einen Auftrag meiner Regierung. Meine Instruktionen stammen vom Präsidenten persönlich. Sie lassen sich einen Haufen Geriebenes durch die Lappen gehen!“

Ich hielt mit der Hand vor dem riesigen roten Button der Einsaugvorrichtung inne. „Um was genau geht es? Sie sollten sich mit Ihrer Antwort beeilen.“

„Das möchte Ihnen der Präsident nur unter vier Augen mitteilen. Eines kann ich ihnen zumindest schon verraten. Es geht dabei um Ihre besondere Befähigung als Abfallverkäufer.“

Ich überlegte einige Sekunden und zog dann am Hebel, der die Abfalleinsaugvorrichtung entriegelte. Mit trockenen Rascheln löste sich die Plastikumhüllung von ihm.

„Auf gute Geschäftsbeziehungen!“ rief ich und reichte ihm die Hand.

○ ○ ○

Ein kleiner, von schmierigen, grauen Wolkenbändern umschlossener Planet trudelte von Rand des Kontrollschirms in dessen Mitte.

„Ist er das?“ fragte ich zweifelnd.

Sein patriotischer Blick verscheuchte all meine Zweifel.

„Der großartigste Planet im Universum.“ platzte er in voller Überzeugung und mit beängstigender Lautstärke heraus. „Glückliche und zufriedene Bewohner bewohnen die prachtvollsten und schönsten Städte des Universums. Eine perfekte Gesellschaft, die einer goldenen Zukunft entgegensieht. ... Leider haben es nur noch nicht alle begriffen. Daran ist unter anderem ihr Planet schuld! Seine dekadente Gesellschaft mit all ihren seltsamen, sinnlosen und perversen Konsumartikeln wie Gartenzwergen, G-Punkt-Vibratoren, Wünschelruten, Wackeldackeln, Lavalampen, Musik von Whitney Huston, Tetris oder Noppenkondomen. Unser Planet wird auch Ihnen ein leuchtendes Vorbild sein.“

„Bestimmt nicht“, konterte ich gelangweilt. „Es gibt hunderte, die imposanter sind! Zudem würde ich ihnen raten, nicht zu häufig die Programme von terranischen Shopping-Kanälen zu frequentieren. Diese Sendungen haben so gut wie nichts mit der Wirklichkeit auf meinem Planeten gemein. Der größte Teil der

Fernsehleute verfügt nicht einmal über unterstes soziales Niveau. Die Branche hat inzwischen einen schlimmeren Ruf als Politiker, Gebrauchtraumschiffhändler und Versicherungsvertreter zusammen.“

„Schweigen Sie!“ rief er und fuchtelte bedrohlich mit den Händen. „Ich lasse Sie sonst aus dem Schiff werfen.“

Ich hielt mich an seinen Rat und lehnte mich, ohne einen weiteren Mux von mir zu geben, in meinen bequemen Schalensessel zurück. Es hatte nur wenig Sinn, Fanatikern zu widersprechen. Das Schiff steuerte währenddessen rasend schnell auf den schmutziggrauen Planeten zu. Seine Scheibe füllte bald den gesamten Sichtschirm aus und man konnte erste Einzelheiten auf den, nicht von Wolken bedeckten Gebieten, ausmachen. Sofort fiel mir ein riesiger Schriftzug in galaktischer Universalsprache auf:

UNSER ERFOLG IST UNSER STAAT.

Und etwas darunter:

UNSER STAAT IST UNSER ERFOLG.

„Wir haben dafür ein mehrere hundert Quadratkilometer großes Waldgebiet gerodet und den Schriftzug aus ineinander verschränktem Granitgestein geformt“, sagte er auf meinen Blick. Ich zuckte mit den Schultern und er wand sich mit starrem Blick ab.

Das Schiff durchstieß die Wolkendecke und steuerte eine riesige, streng geometrisch angeordnete Stadtstruktur an. Kurz darauf landeten wir auf einer großen Betonpiste. Bis auf einen blau leuchtenden Transporter, der augenblicklich auf unser Schiff zufuhr, war das Landefeld leer.

Wir verließen das Schiff und bestiegen den geräumigen Transporter, der uns von der Landepiste brachte und auf eine breite, jedoch völlig leere Straße fuhr. Tausende Bewohner säumten die Fahrbahn und schwenkten kleine Fahnen mit aufgedrucktem Regierungssymbol. Nach einer halben Stunde zügiger Fahrt, erkannte ich direkt vor uns eine winzige Ausbuchtung am Horizont. Sie wurde immer größer, je näher wir kamen und entpuppte sich schlussendlich als riesige Skulptur.

„Der Palast des Erhabenen!“ rief mein Begleiter. „Ein naturgetreues Abbild von ARSON, unserem größten Nationalhelden und dem derzeitigem Präsidenten des Planeten.“

Das Fahrzeug verließ die Straße, die links und rechts an dem beeindruckenden Bauwerk vorbeiführte und hielt vor einer gewaltigen Treppe. Die Treppe reichte vielleicht einhundert Meter in die Höhe und mündete genau in einem Tor zwischen den in Pose gespreizten Beinen der Skulptur. Wir stiegen aus.

„Er erwartet Sie schon.“ sagte mein Begleiter und wies nach oben.

Ich nickte und begann mit schnellen Schritten die Treppe hinaufzusteigen. Schon nach der Hälfte des Weges war ich außer Atem. Als ich das Tor endlich erreicht hatte, tropfte mir der Schweiß von der Stirn. Jetzt bedauerte ich, mein Trainingsprogramm zur Körperertüchtigung so schlecht eingehalten zu haben. Ich war fett und nahezu untrainiert. In diesem Zustand wollte ich nicht vor den Monarchen treten. Ich drehte mich um, setzte mich auf die Stufen. Währenddessen keuchte ich wie ein Asthmakranker. Langsam beruhigte sich mein Körper wieder, während eine lästige weiße Sonne vom Himmel brannte.

Hinter mir knirschte es bedrohlich, als ob gewaltige Steinplatten aneinander rieben. Ich schaute mich um und sah das riesige Tor aufschwingen. Angenehme Kühle schlug mir entgegen. Treten Sie ein!“ dröhnte mir eine lautsprecherverstärkte tiefe Stimme entgegen.

Ich zog ein Taschentuch aus meiner Hosentasche und tupfte mir den Schweiß vom Gesicht. Langsam erhob ich mich und betrat die kühle Dunkelheit eines Saals. Nur wenige Sonnenstrahlen, die durch gefärbte Fenster in schwindelerregender Höhe über mir fielen, drangen in die mich umgebende Finsternis. Ein seltsames

Gefühl von Angst und Beklemmung bemächtigte sich meiner und ich begann mit zügigen Schritten voran zulaufen.

„Bleiben Sie verdammt noch mal stehen“, befahl die Stimme mit leicht schrillem Unterton. „Dies ist eine Audienz. Ihr Benehmen ist nicht akzeptabel. Sie bewegen sich wie ein ... Bauer!“ Dann etwas leiser: „Die ganze Wirkung ist dahin ...“

Ich verharrte. Sekundenlang geschah nichts. Nicht das kleinste Geräusch drang an meine Ohren. Plötzlich blendeten mich mehrere gewaltige Scheinwerfer, die auf einen hochaufragenden Thron in der Mitte des Saales gerichtet waren. Auf dem Thron hockte ein alter dürrer Mann. In seinem runzligen Antlitz, erkannte ich jene Gesichtszüge wieder, die sich auch in der Skulptur wiederfanden, deren Inneres ich gerade betreten hatte. Eine rote, mit aufwändigen Stickereien versehenen Kutte lastete auf seinen Schultern. Es gab einen Tusch und ARSON beugte sich vor ein goldenes Mikrofon, dass von der Decke baumelte. „Dir ist doch niemand gefolgt? ... Ich darf doch Dir sagen. ... Natürlich darf ich Dir sagen!“ Er hustete ein trockenes Lachen hervor und blickte zu mir herab.

Ich schaute mich suchend um und zuckte dann mit den Schultern. „Nein ... Ich glaube nicht.“

ARSON machte einen leicht verwirrten Eindruck. So, als würde er viel zu selten Gesellschaft haben und oft in Selbstgespräche vertieft sein.

„Gut, gut.“ sagte er. „Komm ein Stück näher, ich kann dich kaum verstehen.“

Ich trat einige Schritte vor und blickte in seine kleinen, zwischen den Runzeln hervorblitzenden Augen. Ein kalter und tiefe Verachtung ausstrahlender Blick traf mich. In diesem Augenblick wurde mir bewusst, in welcher Gefahr ich mich befand.

„Ich freue mich sehr, einen Erdenbürger auf unserem Planeten Willkommen zu heißen. Allein schon in Anbetracht der Tatsache, dass die Bewohner dieses Planeten zu den Nachfahren einer vor achthundert Jahren gestrandeten Kolonisten-Gruppe der Erde zählen. Sicher hat man die Expedition schon längst als verunglückt und gescheitert abgeschrieben. Aber wie du sehen kannst, geht es uns gut. Sogar sehr gut. Und das Dank meiner straffen und klugen Staatsführung. Ich dulde daher keinen Ungehorsam oder abweichende gesellschaftliche Entwicklungen. Mein Volk kennt keine Aufstände oder Revolutionen. Ich habe einen Weg gefunden, einen perfekten Einklang zwischen meinen Untertanen und mir als Anführer herbeizuführen.

Dies wurde allein durch eine winzige Sprengkapsel möglich, die jedem Bewohner bei seiner Geburt in den Schädel eingepflanzt wird. Bei ketzerischen Gedanken ... nun ja ... detoniert sie einfach. Nicht schön, aber wirkungsvoll.“

ARSON machte eine Pause und seine faltigen Lippen verzogen sich zu einem Lächeln. Ich wich einen Schritt zurück. Meine Füße schienen wie mit Blei gefüllt. Ich verfluchte mich wegen meiner Geldgier und meiner unglaublichen Naivität.

„Du möchtest jetzt sicherlich wissen, warum ich Dich herbringen ließ. Es wartet keine leichte Aufgabe auf Dich. Du solltest ihre Erfüllung deshalb als Bestimmung betrachten.“ Eine kleine Zunge leckte über runzlige Lippen und seine Augen fixierten mich. „Unser kleiner Planet hat ein Abfallproblem. Die Lebensqualität meiner Bevölkerung leidet immer mehr darunter. Dies führt zu Unzufriedenheit und damit zu einer Unmenge an Toten. Jede Stadt wird von ihren immer größer werdenden Müllbergen eingeschlossen. Ihre Bewohner ersticken am eigenen Unrat! Unsere Meere und Seen stinken zum Himmel, die Wälder siechen dahin: Verdorrte und verkrüppelte Bäume, welche die stärker werdenden Stürme wie Streichhölzer zerknicken. Du bist Abfallverkäufer. Ein Spezialist auf diesem Gebiet. Denk nach! Ich vertraue auf deinen Einfallsreichtum.“

„Ich kann nicht“, platzte ich heraus.“Bei der Menge ... Unmöglich!“

„Natürlich kannst Du“, erwiderte er bedächtig. „Ich wäre sonst gezwungen, Dir bei deiner Entschlussfindung zu helfen. Dein Raumschiff liegt Dir sicher am Herzen. Außerdem ... es genügt eine winzige Operation, um Deinen dreisten Ungehorsam zu besänftigen. Ich bin mir jedoch sicher, dass sich meine Leute dann sofort nach einem neuen Mann für den Job umsehen müssten.“ Ein Lächeln überflog seine Lippen. „Es ist wirklich nicht einfach ohne ausreichendes Training seine Gedanken so völlig unter Kontrolle zu halten.“

ARSON kicherte leise und lehnte sich zurück. Das Licht der Scheinwerfer erlosch. Hinter mir öffnete sich mit bedrohlich klingendem Knirschen das Tor.

○ ○ ○

Mein Begleiter, der sich in distanzierte Schweigsamkeit zurückzog, fuhr mich zu einer Unterkunft außerhalb der Stadt. Das weiße, zweistöckige Gebäude, von zwei eindrucksvollen gläsernen Dachkuppeln überspannt, befand sich inmitten eines lichten Parkgeländes. Kleine Baumgruppen dienten als Sichtschutz und Segmentierung für die Wohnanlagen. Wir betraten das Haus, durchquerten hohe, geschmackvoll eingerichtete Räume und erreichten ein Appartement im zweiten Stock. Das Appartement war großzügig geschnitten und mit reichlich Mobiliar ausgestattet. Ein riesiger Bildschirm beherrschte die Wohneinheit.

Mein Begleiter blieb in der Tür stehen. „Diese Räume und ein Bediensteter stehen von jetzt an zu Ihrer Verfügung. Sollten Sie Fragen oder Wünsche haben, wenden Sie sich bitte an ihn.“ Er wies auf ein kleines Bedienfeld. „Eine Berührung des Rufers genügt.

Ihr nächstes Treffen wurde für morgen, zur selben Zeit wie das heutige, festgelegt. ARSON erwartet erste Ideen von Ihnen. Ich hole Sie rechtzeitig von hier ab. Sollten Sie sich entspannen wollen, steht ihnen das großzügig angelegte Parkgelände für einen Spaziergang zur Verfügung.“ Er machte eine Pause. „Nur für den Fall, dass Sie das Gelände aus Unachtsamkeit verlassen. Jeder unserer Bürger wurde angehalten, Sie in diesem Fall zu melden oder unseren Sicherheitsorganen zu übergeben. Diese Maßnahme dient allein Ihrer Sicherheit.

Ich sehe Sie also morgen ...“

Er lächelte und verließ das Zimmer. Etwas später hörte ich den Transporter davonfahren. Allein und noch ziemlich ratlos ließ ich mich in einen bequemen Sessel fallen. Auf dem Bildschirm, der sich bei jeder meiner Bewegungen in meine Richtung drehte, konnte ich jubelnde Menschenmengen erkennen. Sie flankierten einen fahrenden Wagen, auf dem ARSON stand und ab und an zurück winkte. Die Aufnahme musste älter oder computerbearbeitet sein, da ARSON'S Gesicht jung und frisch wirkte. Nachdem das Programm ohne Änderung eine Stunde so weiter lief, suchte ich nach der Fernbedienung oder einer anderen Möglichkeit den Sender zu wechseln. Vergebens. Um dem Programm zu entgehen, verließ ich das Zimmer und lief nach Draußen. Die Dämmerung begann einzusetzen, während ein milder Lufthauch durch meine Haare strich. Vielleicht kam mir unter freiem Himmel eine geniale Idee. Ich würde einfach ein wenig den Park erkunden. Ein gutes Gefühl hatte ich allerdings nicht.

Ein mit flachen bunten Steinen gepflasterter Weg führte zu einem kleinen See, in dessen Mitte ein erhöht stehender Brunnen plätscherte. Die ganze Szenerie wirkte künstlich. Seltsam unreal. Fledermausähnliche, graue Flugwesen, mit bestimmt einem Meter Flügelspannweite, kreisten über der Wasseroberfläche und stießen spitze Schreie aus. Hin und wieder stießen sie nach unten, tauchten blitzschnell ihren Kopf unter Wasser und fischten wild zuckende Beute heraus. Langsam lief ich weiter. Ein Geruch nach Erdbeeren lag in der Luft. Ich fühlte mich frisch und ausgeglichen und hätte stundenlang so weiterwandern können. Meine Gedanken suchten jedoch beständig nach einer Lösung für das mir auferlegte Problem, ohne auch nur einen Schritt weiterzukommen.

Ein Knacken! Ganz in meiner Nähe. Eine schnelle Bewegung am Rand meines Blickfelds. Ich schaute mich blitzschnell um und sah gerade noch eine graue Gestalt geräuschlos durchs dichte Gebüsch gleiten. Augenblicke später war sie im Dickicht verschwunden.

Ich lief zu jener Stelle, an der ich die Gestalt zuvor gestanden haben musste und suchte alles genau ab. Am Boden wurde ich schließlich auf drei nah beieinanderliegende kleine quadratische Löcher aufmerksam. Zudem war auf einer Fläche von etwa einem Meter der blaugrüne Bodenbewuchs niedergetreten. Ich ging weiter und stolperte kurz darauf fast über ein am Boden liegendes Kabel. Ich hob es an und begann mich Stück für Stück an ihm entlangzuhangeln. Wenige Meter später endete es an einer winzigen, in einem Baum versteckten Kamera. Ich riss das Kabel aus dem Gerät, löste es aus seiner Halterung und warf es zu Boden. Dort zertrümmerte den kleinen Spionageapparat mit mehreren kräftigen Tritten. Nach meinem Zerstörungswerk begab mich wieder auf den Wanderweg zurück. So allein, wie man mir glauben machen wollte, war ich also doch nicht.

Es wurde langsam immer dunkler und die Sichel eines winzigen Mondes tauchte die Umgebung in kaltes Zwielicht.

Ich entschied mich, zur Unterkunft zurückzugehen. Dort erwartete mich ein reichhaltiges Abendessen. Ich aß allein. Erst spät in der Nacht schlief ich ein

○ ○ ○

„Guten Tag!“ begrüßte mich mein Begleiter. „Sind Sie mit Unterbringung und Service zufrieden?“

Ich nickte und unterdrückte nur mühsam ein Gähnen. Ich hatte den ganzen Vormittag vorm Bildschirm gesessen und Berichte von ARSONS Lebensgeschichte, der florierenden Wirtschaft dieses Planeten, Umweltkatastrophen, Sportwettkämpfen (alle paar Minuten von der Nationalhymne unterbrochen) vom scheinbar einzigen Fernsehkanal des Planeten über mich ergehen lassen. Das Abfallproblem betreffend, fiel mir natürlich Nichts ein.

„Ich folgte meinem Begleiter zum Fahrzeug und stieg ein. Schweigsam, wie schon gestern Abend, fuhr er mit dem Transporter auf die Hauptstraße und brachte uns in die Stadt zurück. Wieder war die breite Straße mit jubelnden Menschenmassen gesäumt, die uns mit Fahnen zuwinkten. Ich konnte besonders viele Kinder drunter erkennen.

„Was für eine ...“ begann ich und stockte, als ich mich plötzlich an eine Anschaffung erinnerte, die ich mir vor gut vier Wochen von einem Großnebelabsauger-Händler (Keine Probleme mehr mit Dunkelnebeln auf abgelegenen Raumtrassen!) hatte aufschwatzen lassen. Der Großnebelabsauger war ein riesiges klobiges Gerät mit einem schier unglaublichen Fassungsvermögen (so die Worte des Händlers). „Sie lösen damit unter anderem Ihre gesamten Lagerprobleme“, hatte er mir versprochen. „... und Sie werden mir ein Leben lang danken!“ Vielleicht hatte er damit sogar recht, obwohl ich ihm das Gerät nur abgekauft hatte, um ihn endlich loszuwerden und nicht noch eine weitere Woche lang seine ständigen Vorträge ertragen zu müssen. Das monströse Teil musste nur so gut wie bei seiner Vorführung funktionieren. Die gesamte aufgebaute Spannung fiel augenblicklich von mir ab. Ich hätte vor Erleichterung meinen Begleiter umarmen können. Der blicke jedoch nur leicht irritiert in meine Richtung, als er die Änderung meines Gemütszustands bemerkte. Ich grinste, bis mir die Wangen schmerzten. Wenn ich meinen Einfall, der in meinem Kopf immer greifbarere Formen annahm, umsetzen konnte, hatte ich nichts mehr zu befürchten.

○ ○ ○

ARSON presste mich, trotz seiner schmächtigen Gestalt, mit so beängstigender Kraft an sich, dass ich glaubte, meine Knochen knacken zu hören.

„Ich bin sehr stolz auf Dich", kam es fast feierlich über seine Lippen. „Und das ist keine Übertreibung. Jetzt kann ich Dir auch sagen, dass ich an einen Erfolg eigentlich nie so richtig geglaubt hatte. Aber irgendwann klammert man sich an den letzten Strohhalm, der sich einem bietet." Er löste seine Umklammerung und strahlte mich an. „Den ganzen Abfall einfach im Nichts verschwinden zu lassen. In einer Dimensionsblase ... Meine Wissenschaftler ahnten nicht einmal, das es so etwas überhaupt gibt!"

„Auf der Erde ist in den letzten achthundert Jahren auch einiges passiert", erwiderte ich und musste ein Grinsen unterdrücken. Etwas, das ARSON noch nicht wusste, war der Ort, an dem ich die Dimensionsblase positioniert hatte (Ich hatte in den letzten Tagen harte Arbeit geleistet.). Sie schwebte, in den Metaraum hineinreichend, fünfhundert Meter über seiner Skulptur. Die Abfalleinleitung befand sich jedoch unauffällige zehn Kilometer von der Skulptur entfernt. Ein Überraum-Überbrücker machte dies möglich. Ich hatte einen Schleimumwandler dazwischen geschaltet, so dass sich die Dimensionsblase mit widerlich stinkendem Glibber füllte. Auch wusste ARSON nichts über das begrenzte Fassungsvermögen solcher Dimensionsblasen. Sie würde, bei entsprechender Ausdehnung, einfach platzen und ihren Inhalt in den Normalraum zurückstoßen. Ich musste mich also (berücksichtigte ich die Menge des eingeleiteten Abfalls) beeilen, von hier wegzukommen.

„Du musst uns noch deine Kontodaten übermitteln, damit das Finanzministerium die versprochene Summe überweisen kann.“ sagte ARSON. „Ein von Herzen kommender Obolus meiner Steuerzahler.“

„Gerne“, sagte ich und reichte ihm meine vorbereitete Karte. „Es war mir ein Vergnügen, für Sie arbeiten zu dürfen.“

ARSON drückte noch einmal kräftig meine Hand und entließ mich.

○ ○ ○

Mein Raumschiff hatte man - von oben bis unten grundgereinigt - auf dem Landefeld bereitgestellt. Ich hastete so schnell wie noch nie in meiner Berufslaufbahn die Stufen zur Schleuse empor, stürmte in den Steuerraum, ließ mich in den Pilotensessel fallen und startete sofort die Triebwerke. Erschütterungen ließen das Schiff erbeben und ich sah die Oberfläche des Planeten unter mir wegrutschen. Erst als der Planet als große graublaue Kugel hinter dem Schiff schwebte, atmete ich auf und schaltete die Triebwerke runter. Scheinbar harmlos schwebte der Himmelskörper im Raum. Eine kleine Hoffnung hegte ich noch: Vielleicht hielt die Dimensionsblase noch so lange durch, bis ARSON den Betrag von einer Million Stellardollars auf mein Konto überwiesen hatte.

Ich löste die Schnallen des Sicherheitsgurts und wollte gerade die Flasche eines sehr alten synthetischen Hennessy aus meinem Geheimversteck holen, als mein Blick auf eine Speicherkarte fiel, die an mein Steuerpult geheftet war. Ich löste sie ab und steckte sie in meinen Multi-Reader (liest über Zweimillionen verschiedene Speichermedien).

"Lieber Freund", vernahm ich die Stimme von ARSON. "Obwohl ich vermute, dass die Vorsichtsmaßnahmen meiner Sicherheitsbehörde völlig unnötig sind, muss Dir zum Abschluss Deines Auftrages noch mitteilen, dass gestern Nacht eine Microgiftkapsel in Deinem Körper implantiert wurde. Sie wurde mit einem hochsensiblen Microcomputer kombiniert. Solltest Du - und ich zweifle daran, dass du auch nur einen Augenblick auf den Gedanken gekommen wärst - ein einziges schlechtes Wort über unseren Planeten verlieren, wird sich diese auflösen und ein Gift freisetzen, welches einen langsamen und schmerzhaften Tod zur Folge hat. Es tut mir leid, dass wir dir diese Ungelegenheiten bereiten müssen, aber meine Sicherheitsbehörde ist diesbezüglich unerbittlich." Sein langsames, trockenes Lachen drang aus den Lautsprechern. „Ich wünsche dir einen guten Flug" Die Aufnahme endete mit einem metallisch klingendem Knacken.

"Verdammter Mistkerl!", rief ich laut, obwohl es mich gewundert hätte, hier ungeschoren davonzukommen. Ich ließ mich in meinen Steuersessel fallen und stöhnte. Ich würde wohl auf dem nächsten Planeten einen sehr guten Chirurgen aufsuchen müssen.

Über den Autor

Gerd Frey war in seiner Jugend ein begeisterter Amateur-Astronom. Die Faszination zu fremden Sternen und Planeten führte ihn schließlich zur Science Fiction. Er liebte besonders farbenfrohe Weltraumabenteuer. Später entdeckte er die eher gesellschaftskritische und/oder psychologisch orientierte Spielart dieser Literaturgattung, der er bis heute treu geblieben ist.

Gerd Frey war Gründungsmitglied und Mitarbeiter des 1990 gestarteten Science Fiction-Magazins „Alien Contact". Dort erschienen auch ein großer Teil seiner belletristischen Texte und grafischen Arbeiten. Einige seiner Kurzgeschichten wurden für den Kurd-Laßwitz- und SFCD-Literaturpreis nominiert.

Seit 1995 bemüht sich Gerd Frey verstärkt um eine Popularisierung interaktiver Science Fiction und Fantasy im Bereich Computerspiele.

Im April 2014 erschien sein Roman „Transition – Evolution 2.0 bei Droemer Knaur als ebook.